创·造·教·育·书·系

创造教育概论

（第三版）

刘道玉▸著

WUHAN UNIVERSITY PRESS
武汉大学出版社

图书在版编目(CIP)数据

创造教育概论(第三版)/刘道玉著.—武汉：武汉大学出版社,2009.4
名家学术·创造教育书系
ISBN 978-7-307-06716-5

Ⅰ.创… Ⅱ.刘… Ⅲ.创造教育—概论 Ⅳ.G40

中国版本图书馆 CIP 数据核字(2008)第 194947 号

责任编辑:夏敏玲　　责任校对:刘　欣　　版式设计:马　佳

出版发行:**武汉大学出版社**　(430072　武昌　珞珈山)
(电子邮件:cbs22@whu.edu.cn　网址:www.wdp.com.cn)
印刷:荆州市鸿盛印务有限公司
开本:720×1000　1/16　印张:17.75　字数:253 千字　插页:2
版次:2009 年 4 月第 1 版　2012 年 10 月第 2 次印刷
ISBN 978-7-307-06716-5/G·1269　定价:33.00 元

总　序

自20世纪80年代初，我开始研究创造教育，在长达1/4世纪里，共撰写了5本书。它们是：《知识·智力·创造力——谈创造教育》，1989年9月由湖南教育出版社出版；《创业与人生设计》，1995年由中国青年出版社出版；《创造思维方法大纲》，2002年由湖北教育出版社出版；《创造教育新论》，2003年由武汉大学出版社出版；2006年又完成了《创造：一流大学之魂》一书的初稿。平均算来，大概是5年写一本书。它们分别反映了我在创造教育基本理论、创造思维方法培养、对大学生进行创业教育和怎样建设世界一流水平大学等方面的基本观点，是我学习、研究和实践创造教育的心得体会。

2006年初，我意欲约见武汉大学出版社陈庆辉社长，想与他们洽谈我的新作《创造：一流大学之魂》一书的出版事宜。不料，庆辉社长却礼贤下士，执意要到寒舍拜访。在交谈中，他得知我先前在创造教育方面已出版了4本书，建议我将这4本书与将要出版的新书结集为“创造教育书系”出版。这在全国教育研究领域似乎尚没有先例。我接受了庆辉社长的好意，表示愿意修订旧作，出版我的“创造教育书系”（5本），以了却我毕生研究创造教育的夙愿。

原已出版过的4本书中，其中有3本书的版权在湖北教育出版社（列入其“创造教育丛书”），另1本版权属于武汉大学出版社。显然，要实现结集出版书系，必须得到湖北教育出版社的版权转让授权。我立即与湖北教育出版社联系，希望得到他们的支持与授权。湖北教育出版社的领导十分开明，邱菊生社长亲自批准，正式行文同意将3本书的版权转让给武汉大学出版社。

自2006年2月，我开始系统整理“创造教育书系”，认真校读书中内容，对各本书的书名、结构等也作了适当的修订。确定各本书的书名为《创造教育概论》、《创造教育新论》、《创造：一流大学之魂》、《创造思维方法训练》、《大学生自我设计与创业》。其中，《创造教育概论》（原《知识·智力·创造力——谈创造教育》）删去了原附录；《创造思维方法训练》在原《创造思维方法大纲》的基础上增加了第15、24、25、26、27章；《大学生自我设计与创业》在原《创业与人生设计》的基础上增加了第4、6、7章，把原来的第8章编入第11章。

在整个校读的过程中，我尽可能地对旧作进行必要的内容订正和增补。这套书的写作时间跨越二十多年，在新的资料不断涌现、新的学术观点层出不穷的现状下，几本旧作颇有落后之感。但是，我仍没有对它们作伤筋动骨的修改，资料和案例的过时并没有影响思想的表达，并且它们也见证了中国教育历史的发展以及我个人的教育理论研究与实践的过程。按照新的国家出版标准，我尽力完善了各本书的注释，但由于时间久远，一些资料无法找到完整的信息，在此特向有关作者表示歉意及感谢。

这套图书的出版，如果能对倡导和实施创造教育、培养大学生的创造能力、促进大学毕业生的创业以及建设我国一流水平的大学有某些参考价值，那将是我最大的欣慰了！

刘道玉

2007年10月16日

于寒宬斋

第二版前言

《知识·智力·创造力——谈创造教育》是我11年前出版的一本书，由于特殊的原因，它出版后未作任何宣传，我甚至怀疑根本就没有正式销售过。但是，消息还是不胫而走，我不断收到青年读者的信，甚至10年后仍有来信，他们希望能买到该书，但是一直没有机会再版。

幸好，去年10月我去湖北教育出版社联系我的新作《创造思维方法大纲》的出版问题，受到娄齐贵社长和袁定坤总编的热情接待。承蒙他们的关爱，同意将《创造思维方法大纲》与我早先出版的创造教育方面的两本书一起出版，使之构成一个完整的体系。

因此，在《知识·智力·创造力——谈创造教育》重新印刷之际，特说明如下：

1. 为了与本丛书各册的书名相呼应，特将该书的书名改为《创造教育概论——谈知识·智力·创造力》。

2. 我研究创造教育20多年，《创造教育概论——谈知识·智力·创造力》、《创造思维方法大纲》、《创业与人生设计》是我学习与研究创造教育的主要心得。实际上，它们正好反映了创造教育的理论、方法和实践三大部分。因此，可以把它们看作是我在创造教育研究上的“三部曲”。

3. 该书早年出版时，作者未能进行勘校，故书中错漏不少，借重新出版之机，又一一作了校订。同时，为了使书中章节格式统一，也作了必要的技术处理。此书虽是10多年前写成，但基本内容和观点仍没有过时，因此再版时基本上保持了它的原貌。

4. 作者至今不忘感谢湖南教育出版社现任总编辑陈民众先生

（当时任本书的责任编辑），正是由于他据理力争，排除了阻力，才使得拙作得以付梓出版。同时，我也要衷心地感谢湖北教育出版社的领导，正是由于他们对创造教育的热心支持，也才使得拙作得以再一次出版。我衷心地希望这套“创造教育丛书”的出版，对于推动当前正在大力倡导的创新教育，能够起到一点微小的作用。

作者谨识

2000年10月14日

于武昌珞珈山

第一版序言[①]

现代科学的一个很重要的特点，是各学科纵横交错，既不断地高度分化，又不断地高度综合，但系统综合化则是当代学科发展的主要趋势。科学上的这种分化与综合，致使在原来一些学科的交叉点或边界处，诞生了或孕育着一批新兴的学科。

现代教育科学的情况也是这样。近半个世纪以来，随着科学技术的迅猛发展，一批教育新学科相继产生。这是人类教育意识的又一次新的觉醒，它标志着人类教育将进入一个新的发展阶段。正是在这一时代背景下，我们决定编撰一套《教育探索者》丛书。

《教育探索者》丛书将以马列主义、毛泽东思想为指导，坚持一切从实际出发和理论联系实际的原则，贯彻“百家争鸣、百花齐放”的方针，对当代新兴的教育学科要认真地进行研究，对各种教育理论问题要大胆地探索，对外国有益的教育新经验要善于借鉴。具体来说，撰写这套丛书的目的有三：

第一，探讨和建立一批新兴的教育边缘学科。教育从柏拉图的学园算起，迄今已有两千多年的历史，其间经历了古代、近代、现代几个阶段，形成了与之相适应的各个时期的教育思想、教育理论、教育方针和教育制度。教育科学是随着教育实践和各门科学的发展而不断发展的。

当今，教育科学正向着两个方向发展：一是向着纵向深化，既包括教育学的繁衍与分化，也包括一门学科的丰富与发展。例如，教育

---

① 这是为《教育探索者》丛书写的序言，该丛书共7册，《创造教育概论——谈知识·智力·创造力》是其中之一。

学、高等教育学、普通教育学、儿童教育学、学前教育学、超智教育学和继续教育学，等等。二是向着横向渗透，即教育学与其他有关学科的交叉。维纳曾说过："在科学发展上，可以得到最大的收获的领域是各种已经建立起来的部门之间的被忽视的无人区。"维纳对此体会是很深刻的，他创立了控制论科学，从而享有国际盛誉。他的成功，正是产生于数学与工程、医学和物理学等学科之间。在教育学上也是如此，例如教育哲学、教育伦理学、教育社会学、创造教育学等，就是教育学与哲学、伦理学、社会学、创造学相互渗透而产生的。

教育新学科到底有多少？目前尚无准确统计，看来对动态中发展的新学科，似乎难以准确统计，不过，粗略地统计了一下，至少也在五十个以上。在这些新学科中，情况也不尽相同，有的已经成熟或基本成熟，有的尚处在发展阶段，还有的孕育于胚胎之中。就我国而言，关于教育新学科的研究，起步较晚，充其量也只不过三五年的时间，对某些新学科的研究甚至尚未起步。有鉴于此，加强教育新学科的介绍和研究是很有必要的，这对于克服我国在教育理论研究上的落后状态，缩小同外国在教育新学科研究上的差距都是很重要的。

第二，鼓励创新，支持青年研究者脱颖而出。我历来崇尚创新，对那些勇于创新的人深为景仰，对于创造性的成果也极为赞誉，就我个人来说，也一直是把致力于创造性的工作奉为毕生的追求。

一个月以前，美国《纽约时报》刊载了一则消息：鉴于诺贝尔奖金不承认教育和政治方面的成绩，所以肯塔基州退休实业家查尔斯·格劳迈耶捐赠了1200万至1500万美元，作为设立教育和政治学的奖金的基金。查尔斯·格劳迈耶说："我认为我也许能填补这项空白。"他还说："这两种新设立的奖金不同于诺贝尔奖金，它们奖励的是创新精神，而不是一项具体的成就。比如，就拿教育奖金来说吧，参赛者必须提供新的主张、政策或能加强教学的技术性建议。"对于查尔斯·格劳迈耶的倡议，我是很欣赏的。我认为他颇有远见，这一奖金的设立与颁发，一定会推动教育学、教育新兴学科和教育改革在全世界范围内的深入发展，也一定会对创造型人才的成长起到激励的作用。

创新是一种高智能活动。所谓创新，就是开拓，即走前人未走过的路，做前人未做过的事。从这个意义上说，《教育探索者》丛书的撰写，也是一种创新的尝试。

参加本书编撰的作者，人数甚众，他们之中有教育界的专家学者，有长期从事教育行政工作并具有丰富管理经验的领导干部，也有正在崭露头角的研究生。我们在组织这套丛书时，立下了这样一个原则：不慕名人，要慕名文。名人与名文当然是紧密联系在一起的。但是，在现实的学术研究中，情况又不尽然一致，往往有这样的情况：名人之作并非全然名作，名作亦非皆名人之作。这就是为什么我们要不拘一格选题和选人的原因。对于那些名人名作，我们极表欢迎；但是对那些不见经传的凡人名作，我们更要力荐。从长远来看，我国教育学的振兴，新学派的发展，将寄希望于他们。

编撰《教育探索者》丛书，虽然是一件新的工作，但要做到创新是不容易的。这里，就编撰丛书而言，也有两种方法：一是编，我暂且把它叫作编书法。采用这种方法，仅仅是把零星的教育新学科知识汇集起来，编辑成册。这虽然也是一种劳动，但缺乏创造性，尽管介绍了百家，但唯独没有自家之言，这就是所谓的编书。二是研与编相结合。这是一种研究式的方法，它包含着两方面的意思：一方面，它不光是收集资料，而更重要的是消化、研究所收集到的资料，发表自己的评论，进行纵向和横向的对比，引出新的观点和结论；另一方面，又要善于总结个人和我国教育工作者的实践经验，反映我国正在进行的教育改革的经验，把感性认识上升为理性认识，以便建立我国教育新学科，发展我国教育学的新学派。

第三，传播当代教育学的新信息，促进传统观念的转变，推动教育改革。由于我国在较长时间内实行闭关锁国政策，使得我们在学术上与世隔绝了许多年。这一情况，在包括教育学在内的哲学、社会科学方面，尤为突出。这是因为，由于意识形态上的对立，我们长期把西方国家的社会科学的理论视为对立面，从而影响了我们对它的研究和借鉴。

现在看来，这种观点是形而上学的。中共中央关于社会主义精神文明建设指导方针的决议指出：“近代世界和中国的历史都表明，拒绝接受外国的先进科学文化，任何国家、任何民族要发展进步都是不可能的。”“对外开放作为一项不可动摇的基本国策，不仅适用于物质文明建设，而且适用于精神文明建设。”中央的方针是完全正确的，为我们广泛地研究和吸取世界各国包括资本主义发达国家的先进的科学技术、经济行政管理经验和其他有益文化指明了方向。

教育学和其他社会科学一样，受着社会制度和政治观点的影响。但是，教育作为人类一项共同的实践活动，又不同于政治、哲学、法律和经济等这一类社会科学，它又具有自己的规律。因此，对于外国教育理论和教育新学科的研究，视野还应更开阔一些，步子要更大一些。

当前，我国教育理论界不仅落后，而且比较沉闷。搞教育工作的不懂教育学；当教师的不关心、不研究教育学和教学法；搞教育学研究的不重视研究教育改革的实际，以揭示教育改革的规律，指导教育改革的进行……此类情况，所在多有，着实令人焦急。

在中共中央关于教育体制改革的决定指导下，我国的教育改革取得了很大的成绩，这是有目共睹的。但是，我从实际工作中深深感受到，要深化教育改革，不仅面临着新的高度，而且还存在着很大的阻力。从根本上来说，教改中的一切阻力均来自陈腐的传统教育思想。这种教育思想可归结为一个“旧”字，也就是用旧思想来指导新的改革，用旧标准衡量新型人才，用旧方法教授新内容，用旧眼光看待新事物。很显然，教育改革必须先改思想，陈腐的传统思想不转变，教育改革的阻力不排除，要获得教育改革的根本性突破是不可能的。

《教育探索者》丛书，有意想打破我国教育理论界沉闷的气氛。本丛书在内容上，力求反映世界教育理论近三十年的成果，尤其是近十年的最新观点。我深信，对这些新学科、新理论的介绍和研究，一定会有助于活跃人们的学术思想，转变陈腐的传统教育思想，推动正在进行的教育改革。

德国作家茨韦格曾说过：“一个勇敢者的成功，总会激起整整一代人的奋发努力和勇往直前。”我不敢自诩《教育探索者》丛书一定是成功的，但它无疑是勇敢的尝试。我深信，这套丛书一定能激起大家对教育新学科的兴趣，它将与新时代一道，唤起这一代人对发展教育新学科的执著追求和探索！

刘道玉

1987年8月9日

于武昌珞珈山

目　录

第一章　知识、智力和创造力释义

概念，是人的思维器官反映客观事物本质属性的思维形式。知识、智力和创造力是教育学上的三个术语，也是三个概念，它们有着不同的含义。我们讨论这些术语，并不是出于纯概念上的兴趣，而是作为探讨创造教育的入门。不区分它们的异同，我们就不能区分创造教育与传统教育的界线，也不会明白教育的真正目的。

第一节　从培根的名言说起

弗朗西斯·培根（Francis, Bacon, 1561—1626）是英国著名的哲学家。他所生活的年代，正是欧洲文艺复兴运动时期。那时，资本主义文化思想开始萌芽，新兴的资本主义生产关系也处在襁褓之中。正在这个时候，培根提出了一句脍炙人口的名言："知识就是力量。"这的确是一句至理名言，苏联和中国先后以之为刊名创办了一本科普杂志，流传极广，以至影响了全世界。

1. 在历史上的进步作用

在教育上，培根坚持认为知识给人以控制环境的力量，而知识只能通过经验而获得。他的这个观点，对英国当时的教育改革和教育理论的发展，都起到过重大的影响。

文艺复兴以前，英国的教育主要掌握在教会手中，其目的是培养和训练国家和教会的首领，所学的课目如神学、法学、医药和文学等，也都是为这一目的服务的。到了16世纪后期，欧洲已经出现了新的民主势力，他们向教会提出了挑战，向神权质问，呼吁教育改革，提出修订课程，主张开设英语、科学、政治和经典名著等课目，使学校教育为自由、民主服务，为社会生产发展服务。毫无疑问，在民主进步势力同统治学校的宗教势力作斗争时，培根提出的“知识就是力量”的观点，不仅是极其鲜明的，而且对批判诋毁知识、扼杀科学的教会，强调知识的重要性和鼓励人们去获取知识，都具有十分重要的进步作用。

“知识就是力量”这一名言，凝聚着培根对知识的极大的兴趣，反映了他对知识的深邃的见解。培根自幼喜爱研读比较高深的书籍，他认为“阅读使人充实”①，并且一直认为，“研究真理（就是向它求爱求婚），认识真理（就是与之同处），相信真理（就是享受它）乃是人性中最高的美德”②。培根对知识的看法，主要是基于他对当时英国教育制度的看法，他不仅认为当时许多“学问”是空虚无聊的，而且认为英国的学校教育制度是根本有害的。他说：“可悲者，最有效的工具，目前是正用以求达到最要不得的目的呢。”③

知识是人类共同创造的财富，是人类社会赖以存在、继承和发展的重要资源，是推动生产力和科学技术发展的重要因素。今天，人类面临着“知识爆炸”的时代，知识正深刻地影响着科学技术、经济社会以及文化教育各个方面。近年来，在世界范围内兴起的第四次工业革命，也正是以“知识爆炸”为其背景的。这里，我想就“知识爆炸”一词作一点解释。“知识爆炸”是外来语，是由英文“knowledge explosion”译过来的④。有人反对使用这个词，他们质问说知识怎么能爆炸呢？牛顿的三大力学定律和爱因斯坦的相对论能炸掉吗？加减乘除法能炸掉吗？其实，这种反诘是苍白无力的，这种担心也是

---

① ［英］培根，著．培根论说文集［M］．水天同，译．北京：商务印书馆，1987：180.

② ［英］培根，著．培根论说文集［M］．水天同，译．北京：商务印书馆，1987：5.

③ ［英］培根，著．培根论说文集［M］．水天同，译．北京：商务印书馆，1987：145.

④ 张建邦，等．知识的爆炸［M］．台北：惊声文物供应公司，1971：23.

完全不必要的，甚至连中学生也会正确理解“知识爆炸”的含义，而不致造成误解。同样的译法，还可以从《英华大辞典》(1984 版)中找到例证①，如把“population explosion”译为“人口爆炸”。既然“知识爆炸”的概念已为大家所接受，而且还比较形象地反映了当代知识急剧增加的特征，那么就没有必要在枝节问题上去计较了。重要的是要认清形势，认真地研究由此而对教育提出的挑战，切实采取必要的对策，深化教育改革，培养同这一要求相适应的人才，这才是一个教育家应持的正确态度。

2. 知识到底是什么?

在论述了知识的重要性以后，不能不问道：什么是知识？知识的属性是什么？知识的本质是什么？

知识是很复杂的，它既是一个十分广阔的领域，又是一个非常抽象的概念。唯物主义认为，所谓知识，是人们对自然界和社会进行观察、认识与实践而获得的感知的总和。知识的获得，主要依赖于三个因素：一是认识的主体，即具有思维活动能力的人；二是被认识的客观实体，如地球、宇宙、生命体、社会等；三是实践，即主体参与到改变客体的活动中去。

关于知识的属性问题。什么是属性？知识有没有属性？所谓属性，是指事物的特殊的矛盾以及由此而产生的特殊性质或特点。知识作为客观事物运动规律的反映，当然它毫无例外地也具有自己的属性。从知识现象和人们对知识认识的过程来看，知识的属性有三：

一是客观性。知识有感性知识和理性知识之分，不管哪一种，它们都直接或间接地反映了客观事物的运动及其发展的规律。承认了这一前提，也就划清了唯物主义在知识问题上同唯心主义以及由此而衍生出来的各种观点的界线。

二是可认识性。人的认识能力，就个人而言是有限的，特别是要受到个人的能力、环境和认识的工具等条件的限制，有时只能停留在

① 郑易理，主编．英华大辞典［M］．北京：商务印书馆，1984.

一定的阶段上。但是，作为人类来讲，特别是从发展的观点来看，客观世界中的一切事物都是可以认识的，即使现在未被认识，但随着人的认识能力的深化，那些未被认识的隐秘也会被揭开。

三是知识的无限性。宇宙是无限的，人类的认识能力也是无限的，所以必然得出知识是无限的逻辑结论来。人类的发展史，就是人们认识和改造客观世界的历史，是知识不断累积的历史，而且还将以更快的速度延续下去。

知识分类问题比较复杂，从不同的角度，有着不同的分类方法。

从认识论上划分，可以分为感性知识和理性知识。毛泽东同志把前者称作直接知识，把后者称为间接知识。就个人而言，不能样样事情都亲自去实践而获得直接知识，大量的还是需要吸收间接知识。这一点，对于学校来讲特别重要，因为学生在校学到的知识，绝大多数均属于间接知识。学校虽然也开设了实验课、设计课、生产实习和社会调查等，但所占比例很小，仅仅只是起到理论联系实际的作用，为学生们日后自己去获得直接知识打一个初步的基础。

从学科上划分，可以分为自然科学和人文社会科学两大类知识。由于学科性质不同，所以人们对于这两类知识的认识和应用也是迥然不同的。例如自然科学知识，除了观察外，还可以通过工具和实验手段来获取；除了以文字符号等信息反映外，还可以用物质的形式如工厂、电站、导弹等来反映。社会科学知识主要通过观察、社会调查和推理来获得，其表达方法主要是文字，其主要作用是解决社会和文化建设的问题。

按照知识的可靠性来看，知识又分为真知和假知。所谓真知，是经过实践检验了的、能合理地解释自然和社会现象并能正确地指导人们实践活动的知识；反之，就是假知。例如哥白尼和伽利略创立了“日心说”，这是划时代的贡献，但在那时却被咒骂，遭到迫害，布鲁诺和伽利略为此而落得杀身之祸。但是，实践是检验真理的标准，事实已证明“日心说”是真知（真理），而托勒密的“地心说”是假知（谬误）。虽然时隔三百年，但在强大的真理面前，罗马大主教不得不为坚持真理而受到迫害的布鲁诺平反昭雪！

如果撇开阶级偏见和人为的干预，就知识的真与假而言，又具有相对性的一面。这就是说，有些知识原来是正确的，但由于事物本身发展变化了，或认识深化了，原来的结论显得不完全、不适用甚至是不正确的；相反的情况亦有，这些在科学发展史上均属屡见不鲜之事。这说明，人们的思想无论何时都不能僵化，要不断地用实践来检验我们的认识，做到坚持真理，修正错误。

事物的本质是回答事物究竟是什么，是说明事物的本相。其实，知识的本质又与知识的属性分不开，本质是决定属性的，而属性又是反映本质的。前面已经认定知识的客观性即物质性，这就是它的本质。但是令人难解的是，既然知识是客观性的，那么我们为什么又不能像从有机体中分离出氨基酸那样把它分离出来呢？这又回到知识的属性上来了。准确地说，知识的物质性是指它的基础或者来源是物质，但知识本身却是从物质运动中抽象出来的观念。所以，从表现形式来看，知识又是看不见、摸不着的东西。这里又提出了另一个问题，知识又是如何存在、传播和发挥作用的呢？为了形象地说明这些问题，我们可以把一个科学上的名词“载体”（supporter）引入知识论的领域。所谓载体，就是一种支撑或负载其他物质的物体，如导线是电的载体，硅藻土是催化剂的载体，火箭是宇宙飞船的载体，等等。

既然知识是通过载体而存在的，并且通过它传播和发挥作用，那么什么是知识的载体呢？根据对实践的观察与概括，我认为知识的载体主要有三种：

第一是人，这是最大的、能动的载体。人既是认识的主体，同时又是知识的载体，人的大脑就是一个最大的信息库。人的一生所见所闻，包括直接的和间接的，都储存在这个脑库之中。人的大脑不仅仅是一个知识的储存器，而且还是知识的加工厂，是知识应用的能源站，这是大脑与其他载体根本不同的地方。

第二是书刊资料。这不仅是知识储存的主要形式，而且也是人类知识继承、传播的主要媒介。我们试想一下，如果没有纸张、印刷出版的发明和图书馆的建立，人类的思想精华怎么能延续至今？世界各个国家的优秀文化和先进的科学技术，又如何能相互交流和借鉴呢？

第三是仪器与设备。这也是一类很广泛的载体，凡是依据一定知识制造出来的物质成果，又成了这些先进知识的载体，例如电子计算机、太阳能电站、激光器、空中快车、宇宙飞船等。

不同的载体以不同的形式储存着知识，同时又以不同的方式传播这些知识。例如有经验的人向无经验的人传授知识，这就是传播人这个载体所储存的知识；人们阅读图书、报刊或向一些人宣读这些资料，这就是利用图书、报刊等媒介传播知识；参观工厂，拆卸或安装一台仪器，也是在学习由它们所负载的专门知识。我们认识了知识的载体、知识储存和传播的形式，那么我们就会更加自觉地去应用人类的知识，能动地去创造知识，把它们通过一定形式再储存、传播出去，为丰富人类的知识宝库作贡献，为人类的文化建设服务！

第二节　知识不等于力量

在上一节中，我们着重阐明了培根关于“知识就是力量”这一论点的意义，以及它在历史上的积极作用。从字义上理解，“知识就是力量”亦即“知识等于力量”。但是，我早在1980年就已经提出，知识不等于力量，并指出这一论点没有揭示出知识与能力的关系①。这一看法不仅从现代智力论科学的论述中得到了支持，而且国内不少研究者也表示赞同。

我深知，应当以历史唯物主义的观点来看待培根在三百多年以前的论述，也不能苛求他以现代的观点论述知识与智力的关系。我并不喜欢吹毛求疵，这很可能与我的职业有关。作为一个教育工作者，我深感陈腐的教育思想影响是很深的，学校仅仅是传授知识的场所，培养的人才也基本上是知识型的。这就使我很自然地联想到如何理解“知识就是力量”这一命题。我也无意非难这一观点，而只是想较正

① 刘道玉，等著．高等教育改革的理论与实践［M］．武汉：武汉大学出版社，1986：111.

确地用现代科学知识去说明知识本来的意义，让当代的青少年树立一个正确的知识观、人才观，认识到知识是智力的基础，创造才是最伟大的力量！

在说明了我的意图之后，我还想费一点笔墨，说明为什么知识不等于力量。

首先，从实际情况来看，长期在学校工作的教师，往往会观察到这样的矛盾情况：考分高的学生，往往不一定智力很高；在校学习成绩优秀的学生，在实际工作中不一定都有创造性的成果。据反映，我国派送到欧美各国的留学生，他们在考试中都能获得优异的成绩，明显高于这些国家的学生。但是，一旦进入科学研究或实际工作后，他们又明显地不如欧美一些国家的学生。这不仅说明了知识与能力的差别，而且还反映出我国大学教育制度上的严重弊端。这种高分低能的情况，不仅在学校有，而且在社会上也不乏其例。我们固然看到"读书破万卷，下笔如有神"的智者，但也见到"满腹经纶无所用"的夫子。前后两者的共同之处是，他们都读了很多的书；但不同之处是，前者学以致用，故而下笔如有神，而后者读死书，因而成为夫子。

其次，从知识的属性看，它不能像数学等式那样直接等于力量。知识也是一种信息，它通过载体而存在。例如北京图书馆，藏有千万册图书，堪为世界上最大的图书馆之一，是一座知识宝库。但是，如果人们不去查阅和使用这些图书，那么这些知识也只能储藏在那里。又如科学发明专利，也是知识，而且是创新的知识。据统计，300 余年来，世界上 90 多个国家共登记专利 2000 万项，仅美国就占 400 万项，居世界第一位。现在，每年的科技发明专利以 30 万~40 万项的速度递增，平均每天有 1000 项左右专利产生。科技发明专利是很宝贵的知识资源，但也并不是每一项专利都能被采用。据统计，当今专利的使用率仅为 10% 左右，对于已获得使用的专利来说，当然就变为了力量，但那些未被使用的专利，仍然是知识，或者说是一种潜在的力量。

再次，知识的能力化。我们说知识不等于力量，但是它可以转化为力量，这就是知识的物化或者能力化。知识的物化是有条件的，其条件是：知识必须通过认识它的主体而起作用；知识必须作用于客体并显示出效果；主体与客体必须结合。例如计算机软件，这时它还仅仅只是知识，如果要转化为力量，还必须把它放入计算机里，由人进行操作，这时它才能起到代替人运算和记忆的作用。反之亦然，如果计算机没有软件和人的操作，那么功能再大的计算机也发挥不了作用。

第三节　知识是智力的基础

知识与智力的关系，一直是教育学家、心理学家和生理学家们研究的重要课题。围绕着这一问题，发表的论著不少，但至今尚不能说对这一问题已经研究清楚了，更不能说对这一问题的认识统一了。恰恰相反，目前对知识与智力的关系的阐述仍然是各种各样的，关于智力概念的争论也一直没有停止过。我不想去探究知识与能力关系中的那些不同的观点，但有意把那些比较一致的东西肯定下来，并且尽可能地予以说明。

1. 知识是构筑智力大厦的基石

俗话说："为学当如金字塔，要能博大要能高。"这里，我们把学习比喻为构筑金字塔，对于个人来说，是通过学习构筑自己的智力金字塔；对于学校来讲，是帮助学生构筑他们智力的金字塔。我们用金字塔比喻智力有两层含义：一是说明智力重要，贵重如金；二是反映出智力的形成也像金字塔一样，是由知识这种基石一块一块地垒砌而成的。

知识与智力的关系，是互为条件、互相促进的关系。这种关系既有相互依赖的地方，也有相互独立的方面。主要表现为：智力是获取知识的前提，知识是发展智力的条件。一般说来，只有具有一定智力的人才可能理解和掌握知识，知识掌握得越多，越对智力发展起促进作用；智力水平越高，越容易掌握知识，应用知识，甚至于创造新的知识。有关研究表明：智力的发展与高低，并不总是与知识的多少成正比的关系。也就是说，知识多的人，不一定智力高，而且知识与智力的发展多半是不同步的。一般来说，人的知识随着年龄的增加而日益充实，随着经验的积累而增加，随着阅历的加深而丰富。也就是说，知识的增加是没有终止的。我们常说的“活到老，学到老”，正是这个意思。但是，智力的发展就不同了，它不仅不能够无限制地增加，而且还有着一定的发展规律。根据心理学家和生理学家研究的结果，我们可以把人的智力发展归纳为三个时期：敏感期、发展期、成熟期。开发智力一定要抓住对智力发展起决定作用的关键时期，即8岁以前的敏感期。人的智力发展不仅会受到总的发展阶段的影响，而且每种独特功能智力的发挥也有最佳的年龄区间。现代生理学家研究表明，以知觉能力而言，最佳年龄是10～17岁；以记忆而言，最佳年龄是18～29岁；以动作和反应速度而言，最佳年龄是18～29岁；以比较和判断能力而言，最佳年龄是30～49岁。当然，这个规律虽然具有一定的普遍性，但也不能绝对化，有时由于受到环境等因素的影响，某些智力发展提前或推迟的情况也是有的。

概括以上情况，我们可以把知识与智力的关系归纳为：高知高能、高知低能、低知高能和低知低能四种情况。毫无疑问，在科学史上和现实生活中，我们可以找到每一种情况的例子。问题是，在这些关系中，到底哪些是主导方面？哪些是特例？我们应当如何根据这些现象去培养人才，开发智力？我认为，在正常情况下，高知高能和低知低能的情况总是有的。对于前者，正是我们学校培养人才的方向；对于后者，那是我们要力求避免的。至于高知低能和低知高能的情况，这是特定环境造成的，前者是“知识型”人才，是旧教育制度和方法的产儿，对此，我们应当改革旧的教育思想和教学方法，尽可能不出或少出“知识型”人才。在过去我国高等教育尚不普及的情况下，低知高能的人才，所在多有。

2. 教育要把开发智力放在首位

长期以来，一直把学校看成传授知识的场所，“传道、授业、解惑”也就成了教师的主要职责。把知识与教育联系在一起，这是合乎逻辑的，问题是，教育的功能是否仅仅是传授知识。

新的技术革命的出现，世界范围内经济和技术的竞争，这些对教育都提出了挑战。于是，教育上这一流传了千百年的传统观点开始动摇了，我们不得不重新认识大学的功能是什么，学校应当培养什么样的人才等问题。

就知识而言，应当包括三个部分①：一是知识的生产（或创造），二是知识的传播，三是知识的应用。这本来就是系统的知识观，可是我们往往孤立地看问题，把知识的生产看成是科学家们的事，把知识的应用看成是大学毕业后的事。这样一来，大学的任务就仅仅是传授知识，而把知识最重要的两个环节丢掉了，这正是导致我国大学教育质量不高的重要原因。对此，杨振宁先生曾一针见血地指出：“中国学生研究能力不强的原因是因为受了传统的教学方法的影响。这个传统的方法是：一步步地教，一步步地学，从小就灌输进去了。”“一般来说，学习是照着已有的路子走，而研究是自己找路。”②

大学教育应当把开发智力放在首位，这既是一个老问题，也是一个新问题。其实，在过去的几十年中，不少著名科学家就曾对此发表过感想或提出过呼吁。爱因斯坦曾说过：“想象力比知识更重要，因为知识是有限的，而想象力概括着世界上的一切……”③ 日本学者川上正光也曾说过：“知识，百科全书可以代替，而考虑出来的新思想、新方案，却是任何东西也代替不了的。”可是，这些真知灼见，一直未引起教育界的重视，传统的教育思想在大学一直起着主导的作用。

工业革命的浪潮猛烈地冲击着大学教育，引起了世界各发达国家政府对教育的关注，并且形成了世界性的教育改革的浪潮。作为教育改革的潮流，其基本趋势是：教育要面向未来，重点是要考虑培养和储备21世纪所需要的合格人才；面向世界，培养国际通用的人才，

---

① 张建邦，等．知识的爆炸［M］．台北：惊声文物供应公司，1971：15.

② 光明日报，1984-05-18.

③ 外国教育资料，1985（2）.

能适应国际范围内的各种竞争；面向现代化，培养适应现代经济、科技和文化发展需要的人才，要重视智力的开发，研究如何充分利用人的潜在智力，寻求培养和发挥人的才能的最有效的教育制度和教学方法。从各国教育改革的动向来看，这种趋势还在不断地加强，并且逐步从理论探讨深入到改革的实践。依我看，这次世界性的教育改革浪潮，不管是就其规模或是深刻性，都将超过历史上任何一次教育改革。伴随着这场改革的必然结果，将是实现人类智力发展的又一次飞跃，将使教育科学、心理学、思维科学等方面的一些新兴学科得到更大的发展。

第四节　创造力是智力发展的最高表现

智力与创造力是什么关系呢？它们既相互联系又是有区别的，绝不能把它们等同起来。一般来说，智力是开发创造力的基础，而创造力则是智力发展的最高表现。只有明白了这个道理，我们才不至于仅为智商（智力）高而津津乐道，而应当重视培养人的创造力。

1. 脑资源的开发

世界上有各种各样的资源，如矿藏资源、水利资源、能源资源、植物资源、人力资源等，其中人力资源是最宝贵的，因为任何其他资源的勘探、开采、加工、利用，也都必须依赖于人的智力。有人从一个角度统计过世界上的四大资源①：全世界约有 8000 亿美元的银行存款和游资；有 100 多万项成熟的先进技术和专利；有各类教授、专家（包括退休的）约 200 万人；每天有 40 亿信息单位的信息量向世界各地发送。在这四项资源中，智力资源就占了三项，由此可见，当今世界各发达国家都把脑资源的开发放在十分重要的战略地位。世界上国与国之间的贫富差别，固然是由多种因素造成的，但是最根本的原因还是脑资源开发上的差距。可以肯定地说，在信息时代的今天，

① 科技咨询报，1986-08-26.

谁掌握了脑资源的优势，谁就能在经济和技术竞争中取得胜利。

人的大脑的确是一个特殊的器官，正是因为它的特殊的功能，才使得人与其他动物产生了根本的区别。人的创造性和主观能动性，反映了人类生活的复杂性，也反映了大脑皮质的复杂性。长期以来，对人的大脑的研究，吸引了神经学、心理学、生理学等方面的专家们的兴趣，至今仍然是一个研究的重点。这些研究，不仅导致人们对大脑功能的认识更加深入，而且还将促使像脑科学这样一些边缘学科的形成和发展。

脑资源的开发，也就是人的智力资源的开发。人的大脑的构造虽然是固定了的，但这并不是说，人们在开发脑资源上是无所作为的。事实上，人的脑资源正是通过教育而不断开发的。脑资源非常丰富，人们对它的开发和应用只是很小很小的一部分。据生理学家的研究报告①，人的大脑皮层有150多亿个神经细胞，9000万个辅助细胞。也有人统计，每个人的大脑可储存1千万亿个信息量，比世界上最大的计算机的储存量还要大，相当于一个拥有7000亿册图书的图书馆所储存的信息量的总和②。但是，目前一般人大脑记忆的信息是很少的，只占大脑总储量的10%。这就是说，人脑资源的开发，其潜力是很大的。人的大脑分左右两侧：左侧的功能是记忆、逻辑思维和实践；而右侧具有想象和创造等功能。我们的教育只重视大脑左侧的开发，却忽视了右脑。由于教育制度的弊病，40岁左右成人的创造力只有儿童的5%。

下面，我想介绍一下美国加利福尼亚崛起的故事，也许可以借以说明教育对脑资源开发的重要性。早在19世纪40年代，美国东部居民纷纷移向西部加利福尼亚，于是在那里掀起了“淘金热”，这被称为加利福尼亚的“黄金时代”。但是，自那以后直到20世纪60年代的一百多年里，加利福尼亚却被人们遗忘了。从20世纪60年代开

① 文汇报，1984-12-29.

② ［美］阿西莫夫，著. 人体和思维［M］. 阮芳斌，张大卫，等译. 北京：科学出版社，1979：176.

始，又出现了一幅“天堂般的加利福尼亚”的图景，她迎来了自己的第二个黄金时代。原因何在呢？根本原因就在于智力开发。1955年，有远见的威廉·肖克利（William Shockley，1910—1989）博士在圣克拉拉谷创立了晶体管公司，这成了美国硅谷发展的开端。硅谷是世界上最大的电子研究与制造中心，是智力的产物，同时它又吸引了美国许多优秀的人才。据说，美国的诺贝尔奖获得者，只要是现在还健在的，几乎全部移居到了加利福尼亚州。加利福尼亚的高等教育是很发达的，这是促进加州高技术和经济发展的重要原因。据统计，加州现有高等学校268所，公立加州大学有13万学生，它不仅是培养人才的中心，同时也是世界闻名的学术研究中心。南加州理工学院从1891年建校至今，在不到100年的时间内，共有19名诺贝尔奖获得者。

加利福尼亚州政府对教育一贯很重视，仅对高教拨款每年就高达4.5亿美元，比其他任何州都要多。为了提高教育质量，加州很重视教育改革，1960年曾制订了高等教育的总体计划，它一直是全美高等教育改革的先驱。1987年，加州又成立了一个16人组成的特别委员会，起草了一份“加州高等教育改革方案”，提出了一系列重要的改革建议，如招生制度、学费制度、奖学金制度、教师聘任制度等①。加利福尼亚州腾飞的经验说明：企业生命的血液是大学的科学研究，而大学对企业的贡献就是提供“头脑”。

2. 思维能力是智力的核心

一提到智力，总不免要涉及智力的含义，但这又是一个众说纷纭的问题，见诸书刊中的定义，至少也有几十种，真是莫衷一是。对于心理学家来说，也许对探讨智力的定义和本质更有兴趣，而对于教育家来说，更重要的是要弄清楚智力的结构和如何开发智力。我试图从教育的角度把智力定义为：人们能动地掌握知识和应用知识解决实际问题的综合能力。从教育上看，智力有以下的特征：潜在性，也就是

① 外国高等教育资料.1988（1）：50-52.

说它是一种可以开发的潜在的心理能量或潜在的能力；早熟性，也就是说智力要早开发，要抓好学前教育、中小学教育，这是培养人才的基础；综合性，即智力的开发必须采用多种方式，如学校教育、家庭教育、社会教育、继续教育等。我们认识到了智力的上述特点，就可以按照智力发展的规律，最大限度地去开发人的智力。

智力是人的聪明才智的总称，它包括的内容是很多的。人的智力到底有多少种？1967 年，美国心理学家吉尔福特根据三维结构模型推算，人类存在 120 种不同的智力①。当然，这仅仅是从理论上预言的，是否有这么多的智力以及每一种智力的功能如何，尚待以后的实践证明。目前，人们已知五十多种智力，这是指能够列出名称的。不管人的智力有多少种，但是最主要的是五种，即观察能力、记忆能力、思维能力、想象能力和实践能力。至于其他各种智力，我想大概也是从这五种智力衍生出来的，这正如学科的分化与繁衍。

大多数的研究者都承认，智力是由五种要素构成的，是哪五种要素，认识就不一致了。有人认为②，智力的五要素是：观察力、想象力、记忆力、思维力和注意力。但是，我觉得注意力似不属于这一层次的能力，因为在观察力和其他能力中，也包括了注意力。那么，另一种智力是什么呢？我认为是实践能力，这是由它在人的整个智力中的重要性决定的。在现实生活中，我们可以找到不少例子，有些人观察能力和想象能力很强，但由于实践能力太差，所以任何设想的方案都实现不了，到头来还是一事无成。这说明，实践能力在人的智力结构中占有重要的地位，所以我们应当全面地开发人的智力。

在这五种智力中，也并不是每一种智力都处在同等重要的地位，其中思维力是智力活动的核心。之所以这样说，是基于两点：

第一，思维能力在整个智力中占有十分重要的地位。思维是人脑对客观事物间接和概括的反映。如果没有思维能力或思维能力不强，

---

① ［美］吉尔福特．关于创造力研究：回顾与展望［J］．外国教育资料研究，1986（1）．

② 教育研究．1984（11）：47．

那么单凭感观得到的只能是僵死的、杂乱无章的材料。这正如恩格斯所断言的："没有理论思维，的确无法使自然界中的两件事实联系起来，或者洞察二者之间的既有的联系。"① 所以，如果没有思维能力，特别是创造性思维能力，就不可能对观察到的原始材料进行抽象、概括、推理，从而实现认识上的飞跃，产生新的知识、新的概念、新的发现、新的发明。

第二，思维能力与其他四种智力的关系很密切，思维能力在某种程度上对其他四种智力的功能起着一定的影响。就拿记忆力而言，怎么才能记得快、记得牢呢？显然，采用一些科学的记忆方法是大有裨益的，如类比、归纳、联想等，而这些方法恰恰是思维能力所起的作用。

3. 创造力是智力的最高表现

人的智力的高低，是通过智商的测量来衡量的。智力测验的创造人，是法国的比奈（A. Binet，1857—1911）。早在 1905 年，他受法国巴黎教育局的委托，与另一名医生西蒙（T. Simon）合作设计了第一个测量智力的工具，即比奈量表。这种测量方法公布以后，受到广泛的重视，后经几次修订，直至今天比奈量表仍然是很多智力测验的检验标准②。

智商的计算公式是：$\text{IQ（智商）}=\dfrac{\text{MA（智龄）}}{\text{CA（实龄）}}\times 100$。

国内外的心理学家对大量的、未经过任何筛选的儿童进行了智力测验，结果发现人的智力是符合常态分布的，即具有中等水平智力的人占 60%，聪明人和愚笨的人各占 18% ~19%，天才和低能的人各占 1% ~2%。这种分布情况，与我们在现实中所观察的规律也是一致的。

智商是衡量智力高低的量度。智力的发展，受遗传、社会环境和

① 马克思恩格斯选集（第 4 卷）[M]. 北京：人民出版社，1995：300.

② 武连江. 智力测验简介 [J]. 浙江教育（小学版），1980（10）.

教育等多种因素的影响。智力虽然是一种心理的、客观的潜在能力，但它是可以随着教育条件的改变而变化的。从教育上来说，我们的责任是：尽可能最大限度地开发全体人民的智力水平；尽可能把处于中等智力水平人的智力提高到优秀的或最优秀的智力程度；把少数天才或类天才的智力，通过教育发展成为创造力。

创造是人类心理活动的最高级过程，是包括兴趣、情绪、意志、性格、意识等各种心理活动在最高水平上的综合反映。创造能力是人才成功的最基本、最重要的能力，它既是一种高层次的思维能力，又是一种高层次的实践能力，二者缺一不可。如果仅仅只有创造性的思维能力，而没有高层次的实践能力与之配合，那也是不可能产生发明创造的。

人们对创造力的理解，往往是从生活领域的某一角度、从创造行为的结果去提出问题的，因此创造力的每一个定义都只是代表了一个人看问题的一个角度。这正如美国心理学家 J. 爱肯所说："心理学文献中没有再比'创造性'这个课题被人研究得更多和被人理解得更少的了。"① 我在仔细地研究了各式各样的揭示创造力现象和本质的定义以后，也试图对创造力的含义作一概括。

我认为，人们根据一定的需要、目的和任务，积极主动地发挥创造思维的作用，去发现未被人知的新事物或对原有的知识、信息、经验进行重新加工、组合、归纳、演绎、实践等，从而得到新的知识、新的概念、新的产品、新的理论的综合能力称为创造力。

这一定义与其他的一些定义有以下的不同：一是突出了一定的需要和目的性，这是每一种发明创造的力量源泉；二是突出了创造力的高级心理过程，它是创造性思维能动作用的结果；三是突出了创造力的独特性、新颖性、实用性等；四是突出了创造的过程也是一个实践的过程，创造力不仅仅是一种高层次的思维能力，而且也是一种高层次的实践能力；五是概括了创造的两种类型，即发现从未有过的新事物和从已知事物中发现新事物。

---

① 外国心理学，1982（3）.

第五节　必须重视的新课题

有段时期，清朝著名书法家郑板桥先生的“难得糊涂”的条幅，竟成了一些书店里的抢手货。我对此事感触极大。今天，是改革、开放的时代，是英雄大有用武之地的时代，正需要发挥每一个人的聪明才智。但是，为什么人们大肆信奉起“难得糊涂”的信条来了呢？这不能不说是一种反常的心态，也是一种精神上的病态。但是，要治疗这种病症，还必须诊断病因，对症下药，方可见效。

人本来就有聪明与糊涂之分。从教育上来说，糊涂的人（智力缺陷者除外）通过教育，可以变得比较聪明起来；而聪明的人通过教育，可以变得更聪明。从本能上来说，糊涂人本来就不明白，不需要装糊涂，那么，装糊涂者，自然都是些聪明的人了。奇怪的是，为什么聪明人要装糊涂呢？这大概是因为：聪明人不吹不拍，故上不用之；聪明人敢于直言，故官必怒之；聪明人才高于人，故众必非之。在遭到这一系列的打击之后，聪明人为了不再吃亏，于是不得不装糊涂了。“难得糊涂”正是扬州八怪之一的郑板桥坎坷一生的总结，是他心灵的写照。当今，创造学在国外已经不是停留在学术理论研究上，而是早已渗透到了教学、工业、商业等一切活动中，形成了广泛的创造实践活动。同国外对比，关于创造力的研究与开发，我们至少要落后半个世纪。在世界发达国家大力倡导创造精神的时候，我国一部分人中却流行着“难得糊涂”的信条，这是多么鲜明的对比，多么不合时宜，又是多么令人深思呀！

欣喜的是，十余年前，我看到著名经济学家、思想家于光远同志在《方法》杂志上发表的一篇文章①，他呼吁建立和发展聪明学和创造学。他说：聪明和创造可以成为新学科建立的对象，选择它们建立聪明学和创造学，本身是一件聪明的事，也是一个创造。我完全赞成于光远先生的倡议。我深感，研究创造学，开展创造教育，培养创

---

① 方法，1988（1）：6-7.

造型的人才，是极其重要的。纵观历史，一个社会是否进步，是同创造和革新的精神紧密联系在一起的。社会的进步与繁荣，同人的聪明才智和创造力的开发又是相辅相成的。也就是说，人们愈聪明，则社会愈进步；社会愈进步，人们的聪明才智和创造力愈能得到充分的发挥。

恩格斯曾说过："一个民族要想登上科学的高峰，究竟是不能离开理论思维的。"① 现在，是中华民族应当再一次地站在科学最高峰的时候，是实现建设民主、文明的社会主义强国的时候，摆在全国人民面前的一个新课题就是大力开展创造学的研究和大力激励创造性活动。这是涉及各个部门的任务，离开了各方面的配合与支持，是绝对搞不好的。

从教育部门来说，要开展从幼儿园到大学的创造教育，改革一切不适应这一目标要求的旧的教育思想、教育制度、教学内容和教学方法，培养和输送创造型人才。从各物质生产部门来说，应该大力普及创造技法的活动，调动广大职工的主动性和创造性，提合理化建议，开展技术革新，最大限度地应用新技术，提高生产率。从领导与管理部门来说，应该制订奖励发明创造的条例，大力奖励在发明创造上作出重大贡献的一切有功人员。从组织人事部门来说，要打破传统的选人、用人制度，要善于把那些有创新精神的人才选拔到重要岗位上来，委以重任。要敢于保护有才华的人，并同妒忌人才、打击人才的恶习作斗争。就理论研究部门来说，要从各学科出发，大力开展创造学、创造教育学、创造心理学、创造工程学的研究，一方面丰富本学科的内容，另一方面又要为全民族创造力的开发服务。

我们一定要树立一种良好的社会风气，为创造而学，为创造而教，为创造鸣锣开道！在社会主义国家中，创造性劳动是至高无上的，应当受到政府的保护和奖励，应当受到全社会的尊重和敬仰，因为唯有创造，才有人类的彻底解放，才有光辉灿烂的未来。

---

① 马克思恩格斯选集（第4卷）[M]. 北京：人民出版社，1995：285.

第二章 人类文明发展的轨迹

大约六十万年以前，历史进入到一个新时期，开始了人类的纪元。五千年以前，人类发明了文字，从而开创了有文字记载的文明史。人类是如何从低级动物进化到万物之灵，从愚昧到文明，从手工制作到智力密集的产业呢？这一切，都是源于劳动，是劳动锻炼了人的创造的大脑，是人脑的创造力创造了世界上的一切文明。

第一节 人类的历史就是一部创造的历史

无神论者和有神论者各有自己的创世纪的理论。有神论者认为，世界本身以及世界上的万事万物，都是上帝创造的，这就是《旧约·创世纪论》的基本观点。无神论者认为，世界是物质的，世界的历史是由具有高等思维能力的人创造的。这是两种根本对立的世界观。

至于有神论者是如何杜撰创世纪论的，我们且不去考究它。重要的是，如何认识人类创造的历史，并且引出必要的规律，以便更自觉地、有目的地推动人类社会向前发展。

1. 人类的发展离不开创造

人类的发展离不开创造。事实上，人类的历史，就是一部翔实地记载着人类一切发明、发现和创造的历史。让我们简单地透视一下人类的文明史，那些在文学、艺术、科学和技术领域中闪烁着璀璨光泽的成果，又有哪一项不是通过创造而得来的？又有哪一项不凝聚着人们创造性劳动的智慧？所以，可以毫不夸张地说，没有创造，就没有人类，就没有人类的历史，也就不会有人类更加美好的未来！

人类是如何通过创造来谱写自己的文明史的呢？人类所从事的实践活动是广阔的，广至无边无际的宇宙，阔至整个人类社会。人类的实践活动，按照对象划分，可以分为认识、改造自然界的实践活动和认识、改造社会的实践活动。按照产品的性质划分，可分为物质产品的创造和精神产品的创造。创造存在于一切实践活动中。物质生产者，不断创造新的物质产品，以满足人类不断增长的物质需要。社会实践者，不断创造新的社会理论，不断地调整生产关系，推动着社会向前发展。教育工作者，不断地进行教育改革，培养创造型人才，并通过他们再去创造物质的和精神的财富。精神产品生产者，通过学术研究，不断地创造有价值的精神产品，包括学术理论著作、文学创作、美术工艺作品等。体育工作者，不断地创造新的教练方法，创造高雅、高难度的动作，创造世界的新纪录等。各个部门的这些创造，构成了整个人类的创造。正是各个部门的这些创造，并通过它们的相互影响、相互促进的作用，不断地丰富和推动着人类精神文明和物质文明的发展。

2. 创造引起的革命

在人类历史上，曾发生过多次的科学革命和技术革命。一般来说，科学革命是技术革命的先导。科学革命是指科学上的重大发现，它的直接后果是引起一门或相邻近的数门学科的发展，也随之导致人们思想方法上的改变。技术革命是指在科学技术领域的重大突破，它将导致生产力的巨大提高，同时也导致人们生活方式和社会生产方式的变革。不论是科学革命还是技术革命，它们都是创造引起的，是以一项或几项重大的发明创造成果为标志的。

人类有文字记载的历史已有五千多年，我们无须去追溯那遥远的过去，仅通过近现代几次工业革命，便可以窥见到人类文明发展的几条线索。

第一次工业革命发生在18世纪60年代，主要是在英国、美国，后来影响到整个欧洲。这次工业革命，主要是由纺织机和用煤炼铁两项发明引起的。纺织机于 1764 年由哈格里沃斯（James Hargreues, 1745—1778）发明，它不仅提高了纺织业生产的效率，而且还推动了其他行业生产的机械化。用煤冶炼铁矿石的发明，它的直接意义在于使炼铁生产工业化成为可能，并为其他工业的发展打下了物质基础。这次工业革命，其进步意义在于，初步实现了用机械代替手工劳动。既然是革命，总免不了有阻力。在纺织机发明后，一些工厂的工人拒绝使用机器，并为此而采取了对抗的行动。所以，一项新的技术的发明，不仅引起生产方式的变革，而且还要触及人们思想观念的变革。

第二次工业革命发生在 19 世纪 40 年代，也是在以英国为中心的欧洲出现的。这次工业革命是以蒸汽机的发明、铁路的营运和转炉炼钢为标志的。关于蒸汽机的发明，还有一段神秘的故事。过去都认为，是瓦特（James Watt，1736—1819）在烧开水时产生了灵感，于是就发明了蒸汽机。事实不是这样的，瓦特的发明，也是集前人发明之大成。事实上，在瓦特发明新型蒸汽机的一百二十多年前，在英国亚历山大城就出现了一种用水蒸气推动的机械。18 世纪初，英国铁匠纽科门发明了第一台矿山抽水用的蒸汽机，并且在煤矿生产中使用了半个多世纪。瓦特恰恰是在修理纽科门蒸汽机时，克服了它的缺点，发明了新型的蒸汽机，为此他耗费了 10 年的心血。新型的蒸汽机不仅降低了原来能耗的 3/4，将热效提高 4 ~ 6 倍，而且使其成为一种工业上普遍使用的原动机。

第三次工业革命于 20 世纪初发生在美国。这时的工业革命中心已由欧洲转移到美国。这次工业革命是以汽车制造、电力的广泛应用和化学制品的大量发明和生产为标志的。电动机是 1829 年发明的，从发明到使用，历时 57 年。汽车是 1868 年发明的，从发明到生产使用，历时 27 年。这两项重大发明，的确是重大事件，它们是工业的先行和原动力，给各工业生产部门都带来深刻的影响。19 世纪末到 20 世纪初，是化学及其工业蓬勃发展的时期，许多新的化学制品，如塑料、尼龙、农药、抗菌素、避孕药、精神病药、染料等，都是在这一时期发明的，它们不仅给其他工业提供了所必需的原材料，而且也满足了人们生活所需要的各种物质。

目前，正在兴起的是第四次工业革命，它是从20世纪70年代初就开始了的，现正在向着纵深方向发展。这次工业革命，是以材料、电子计算机、激光、生物工程和能源方面的重大发明为标志的。这次革命不论是在规模上或是在深刻性方面，都将超过历史上任何一次工业革命，它从各方面影响着社会的深刻变化。

综上所述，我们可以清晰地看到，创造发明是如何推动科学技术的进步，而科学技术又是如何促进经济和社会的发展的。反之，经济和社会的发展，又为发明创造提供了物质基础。这正如马克思所指出的："一切创造力量都要从它所引起的反应中汲取进行新的创造的力量。"① 总之，人类的文明发展史，就是一串发明创造的连锁反应过程。

3. 创造对人类的馈赠

人类为发明创造，呕心沥血，前仆后继，付出了巨大的代价。但是，创造也不是无情物，它对人类的馈赠也是巨大的。请试想一下，我们今天所享受的一切物质文明，又有哪一种不是由于创造而带来的呢？

今天，科学发明以更快的步伐进入社会生产和人们的日常生活，从发明到应用的周期，已明显地缩短，一般不超过4～5年。我们今天享受的消费品，90%是在20世纪初还不曾有的。这就是说，现在与80年前的世界相比，我们似乎是生活在另一个物质文明更丰富的星球上了。可以预言，到21世纪末，由于某些科学技术的重大突破和物质文明的更加丰富，人们有可能完全或部分地摆脱疾病的威胁和对自然条件的依赖。这说明，人们在改造客观世界的过程中，也不断地改善了自己的物质文明和生活，从中也享受了创造的无限乐趣和意义。

---

① ［德］弗·梅林，著．马克思传［M］．樊集，译．北京：人民出版社，1965：291.

发明创造给人类带来的好处是无穷无尽的。我们不可能也不必去一一列举。我只想从放射性元素的发现到原子能的和平利用这一事例，说明创造带给人类的财富是多么的巨大。

这项创造性的研究，是从柏克勒尔（Antoine Henri Becquerel，1852—1908）在1896年发现铀矿放射现象开始的。经过若干年的研究，居里夫人（M. Curie，1867—1934）和她的丈夫比埃尔·居里（P. Curie，1859—1906）一起，证明了钋也具有天然放射性质。这些工作奠定了原子物理和化学的开端，因此居里夫妇和柏克勒尔一起获得了1903年的诺贝尔物理奖。为了获得新的放射性元素，居里夫妇在极其简陋的屋子里，经过4年的繁重劳动和实验，从数吨沥青矿残渣中提炼出微量的氯化镭，并分离出了镭，研究了它的性质。由于这一重大发现，居里夫人又荣获1911年的诺贝尔化学奖。她是世界上仅有的3个两次诺贝尔奖获得者之一，也是唯一的两次荣获诺贝尔奖的女性。由于她对放射性元素发现的重大贡献，她曾获得10多次科学奖金，16次获得奖章，获得各种荣誉职衔107个。她曾有一句名言："在科学上我们应该注意事，而不应该注意人。"因为创造，她获得了极大的荣誉，但也作出了巨大的牺牲。由于放射性中毒，她于1934年早逝。

自从铀的放射性被发现以后，人们就想利用原子能。但是，一个关键性的问题是铀-235的分裂问题。直到1932年英国物理学家查德威克（James Chadwick，1891—1974）发现了中子，才找到了打开铀核的钥匙，使人类利用核能成为可能。这一发明使其获得了1935年诺贝尔物理学奖。发现中子后10年，即1942年12月，世界上第一座原子能反应堆在美国成功地运转了。1942年，美国制订了曼哈顿计划，集中15000名科技人员，耗资10亿美元，于1945年5月研制出了第一颗原子弹。1954年，世界上建立了第一座原子能电站。到目前为止，全世界共有375座压水堆核电站。

伴随着原子能的利用，苏联于1957年成功地发射了第一颗人造卫星，从此开始了人类对空间的探索与竞争。自1960年至1972年，美国又制订了庞大的阿波罗计划，耗资300多亿美元，集中了42万人力。这一计划的实施，把宇航员首次送上了月球。到1984年底，人类已将3270个航天器送上了太空，它们分别执行着军事、科学试验、导航、通讯、气象和空间站的功能。这些巨大的创造工程，不仅说明人类的创造力是无穷的，而且也预示着人类开发宇宙的时代已为期不远了。

4. 诺贝尔的伟大力量

诺贝尔（Alfred Nobel，1833—1896）于1833年10月21日出生于瑞典斯德哥尔摩的一个工程师和发明家的家庭，兄弟四人，他排行第三。他幼时随父亲到了俄国。由于经常流动，他没有受到很系统的教育，也未能上大学。但是，他自幼勤奋好学，视野开阔，被自然科学、技术科学、历史、哲学、文学所吸引。他精通俄、英、法、德和意大利五种语言。为了学习和研究，从1849年开始，他先后在瑞典、英国、法国、德国、意大利和美国参观和从事炸药制造和爆炸技术的研究，但大部分时间是在法国的一个实验室工作，在那里他受到了良好的训练。

从1852年起，诺贝尔开始在父亲的工厂里从事爆炸物质的研究活动。他的第一个发明专利是1857年获得的，一生共获得355项技术发明专利权。他的重大发明有：硝化甘油引爆剂、雷管、硝化甘油固体炸药和胶状炸药等，故有“炸药大王”之称。他在合成物质方面也获得了卓越的成就，发明了合成橡胶、人造革和硝化纤维等。他既是一位成就卓著的科学家，也是一位成功的企业家。一生中，他在20多个国家开办了80多个企业，创造了3000万以上瑞典克朗的财富，是19世纪末最富有的资本家之一。

诺贝尔1896年12月10日病卒于意大利的圣雷莫。在逝世前的头一年，即1895年11月27日，他在法国巴黎写下了不平凡的遗言。他在遗嘱中说道：“我全部保留的现金财产，必须按以下方式分配：请我的遗嘱的执行人，把我的资本变换为有价证券和建立基金，它的利息每年以奖金的形式，授予在过去一年中为人类作出最大贡献的人……”按照诺贝尔的遗嘱，诺贝尔奖共分物理学、化学、生物或医学、文学以及和平奖五种，从1969年又增设了诺贝尔经济学奖。到2008年为止，全世界共有750人和20个组织获得各种诺贝尔奖，涉及40多个学科。

为什么自从诺贝尔奖金设立以来，它就享有如此崇高的威望呢？为什么历时一百多年而不衰呢？这是因为：第一，评选标准极高，强调根本性的突破，绝对保密；第二，颁奖场面壮观，王室莅临，国王授奖，群众欢呼；第三，奖金非常丰厚，每项奖大约为180万瑞典克朗（每年不等）；第四，不分国家、民族、性别，为的是让最有资格的人入选。总之，诺贝尔奖之所以如此受到人们的青睐，是因为它体现了创造，它所奖励的正是人类最宝贵的创造精神！

当然，对诺贝尔奖的建立和评选，也不是没有争议的，失误、遗漏、学科不全等缺点，也确实存在。但是，这些都是历史条件和某些人为因素造成的，诺贝尔本人并没有任何责任，也无损于诺贝尔奖金的崇高威望。

自从诺贝尔奖金建立以来，人们已经感受到诺贝尔和诺贝尔奖的伟大力量。这伟大的力量就是来源于无穷的创造性。那么，这种伟大的力量又起了什么作用呢？我以为，起到以下的作用：

激励着千百万科学家刻苦研究，勇于创造，努力去探索科学和技术领域中更困难的课题、更深层的奥秘、更广阔的领域。这正像1979年诺贝尔物理奖获得者温伯格（Steven Weinberg，1933—　）所说的：科学家的一个很重要素质是对自然的进攻性，不要安于书本上给你的答案，要去尝试下一步。

鼓舞着亿万青少年努力学习，刻苦钻研，效仿诺贝尔，争做发明家。全世界的青少年，几乎没有不知道诺贝尔的。这是多么巨大的教育力量！难怪世界上许多国家都挑选少数的优秀青少年，去参加一年一度的诺贝尔奖的授奖大会，让他们接受大会的洗礼，与获奖者会晤，受他们的熏陶，以培养夺取科学金牌的后备力量。

做出了创造性的成果，推动了经济社会的发展。一百多年来，获诺贝尔奖的成果中的大部分都在实际上获得了应用。在此奖的鼓舞下，每年全世界获得的科学发明及专利更是不计其数。这些成果虽然没有获得诺贝尔奖，但它们的创造价值和所起的作用却是巨大的。

推动了国际合作，促进了学科的交叉，形成了一些新兴的学派。翻开诺贝尔奖获奖者名单，我们看到有不同国籍的科学家或不同学科的科学家同获一种奖，这是合作与交流的典范。有人统计，从1901年到1972年，在286名获奖者中，就有185人是由于与他人合作而共同获奖的。

诺贝尔奖金评委会的工作和诺贝尔奖获得者们创造性的学术活动，本身就足以写成一部创造学的巨著。这是研究创造学、科学方法论和科学发明史的最珍贵的材料。我们应当从中找到发明创造的规律，创造型人才培养和成长的规律，用以指导科学研究和大学的人才培养工作，期望出更多、更高水平的创造型人才和创造性的成果。

第二节　国外创造学发展的概述

人类的发明创造史，已经历了相当久远的历史年代，可以认为：有文字记载的文明史，也就是人类创造发展的历史。但是，把发明创造当作一门学问，人们自觉地、科学地认识自己的创造行为，那还是20世纪上半叶才开始的事，至今充其量也只有七十多年的历史。

在国际上，创造学的研究，最早始于20世纪30年代。那时，世界科学技术中心已由欧洲转移到美国，新的科学技术发明大批涌现，新兴工业也相继诞生，所以，创造学在这个时期出现在美国，绝不是偶然的。由于创造学的研究与人的智力开发和科技水平及工业基础关系很密切，所以在它诞生后的头30年内，仅仅局限在美国，并未引起其他国家政府和学者们的兴趣。后来，创造学虽然陆续传播到了日本、苏联和东欧一些国家，但研究并不深入，发表的学术论文和资料也很有限，所以当时要对创造学的研究作出概括，确有困难。

有的研究者把创造学的研究分为三个时代：“创造的文科时代——从哲学、心理学的角度来探讨人类的创造性；尔后又进入了工科时代——把它视作一项应用技术，开发具体的创造技法；目前它正迈向理科时代——探讨人类创造的科学机理。”①以上这种分期方法，无疑是一种创新的尝试，并且也确有参考的价值。但是，到底如何划分为好，似乎还可再作探讨，以期更实事求是地反映出创造学研究的历史。

在浏览了大量的有关创造学研究的历史资料以后，我似乎还不能理出一条很清晰的线索。我总的印象是：这门学科尚不成熟，资料零碎不全，前后交织，认识也不甚一致。尽管如此，我还是想尝试一下，期望理出一个条理来。

回顾创造学研究的历史，我认为它经历了初级、发展、深入与普及三个阶段。

1. 初级阶段

这一阶段是从20世纪30年代开始的，到50年代为止，前后约20年。这个时期的研究特点，是以发明创造人物或某些天才人物为中心的，主要任务是研究他们的事迹，总结和传播他们的经验。这时，研究者们对创造的认识还是感性的、经验式的，他们已经发觉在那些发明家们身上，确实有一种特殊的素质——创造力。他们通过调查发明者创造的方式，探讨创造的过程。这个时期代表性的研究和活动有：

第一次世界大战后，斯坦福大学教授特曼（Lewis Mcadison Terman）为了探索创造力与智力之间的相互关系，对在1921—1923年间挑选出的智商在130以上的1500名超常学生进行追踪研究。经过50年观察得出的结论是：创造力与智力的非正相关性。

1926年，约瑟夫·沃拉斯（Joseph Wallas）通过对发明者的调查，提出了沃拉斯模式，即创造过程包括准备、沉思、启迪和求证四个阶段。

从1935至1938年，凯瑟林·帕得里克（Catharine Patrick）对有创造性的诗人、艺术家和科学家进行大量调查，对沃拉斯的模式进行检验，结果证明了这些阶段的存在。

---

① 人民日报，1987-09-25.

接着,约瑟夫·罗斯曼(Joseph Rossman)用调查表的方式,考察了710名发明者的创造过程,把沃拉斯的四个阶段扩大为七个步骤。

1938年，美国纽约BBDD广告公司副经理奥斯本（A. F. Osborn）发明了创造技法“头脑风暴法”（Brain Storming），并把它用于发明创造实践，获得了巨大的成功。

1945年,格式塔学派心理学创始人M. 魏特海墨(M. Wertheimer)出版了《创造性思维》一书，提出创造是“一个连贯的思维过程”。他说：“思维的功能不仅是解决一个实际问题，而是发现、设想、更深入地思考问题。在伟大的发现中，最重要的往往是某个问题的发现。设想、提出创造性的问题总是比解决问题更重要，能取得更大的成就。”

同年，英国心理学家G. 沃勒斯出版了《思考的艺术》一书，把创造过程归纳为四个阶段：准备期、酝酿期、明朗期和验证期。

哈维·C. 莱曼收集了大量发明创造人物的传记，想通过对这些材料的研究，找出发明创造者的年龄与发明成果的数量与质量之间的关系。

2. 发展阶段

这个时期的研究，无疑是以美国心理学家J. P. 吉尔福特（J. P. Guilford，1897—1987）于1950年在美国心理学协会上的演说为序幕的①。他说：“心理学家研究的问题是创造性的个性问题。”他的引导性的演讲，不仅明确地提出了创造学研究的重点，而且也起到了动员心理学家来研究创造学的作用。

1952年，美国俄亥俄州立大学召开了一次关于创造力的座谈会，被邀请参加会议的有哲学家、心理学家、精神病医生、教育家和艺术界的人士，座谈会就社会对创造的需要、创造的过程、创造的动机、发展创造力的条件等问题进行了讨论，这是一次非常有趣和丰富多彩的座谈会，对推动创造学的研究起到了应有的作用。

---

① 外国教育资料，1985（1）：2.

1953年，奥斯本的名著《应用想象力》(*Applied Imagination*) 出版①。这本书把重点放在想象力的重要性和普遍性上，放在创造力在解决问题过程的作用和效果的评价上。这本书，首先在美国布法罗大学作为创造教学的教材使用，随后其他大学也采用了。由于这是一本阐述创造力较早的、较系统的著作，后被翻译成其他文字出版，在世界学术界有较大影响。

奥斯本最早于1938年发明了创造技法“头脑风暴法”。接着，他在美国通用电气公司（IBM）开办“创造性工程训练班”（creative engineering course），坚持15年之久。调查的结论是：凡是接受创造工程训练后从业的人员，其在以后研究发展新方法和新观念方面所表现出的成绩，比未接受训练的人平均高出3倍。

除上以外，奥斯本在创造学研究方面的贡献还有：创建了“创造力教育基金会”，建立了“应用创造力解决问题研究所”，创办了唯一的《创造行为》杂志，等等。由于奥斯本最早发明了创造技法“头脑风暴法”，并作过多方面的贡献，所以他本人被誉为美国的“创造工程之父”。

1955年，C. W. 泰勒（C. W. Taylor）在美国犹他大学开展了一系列有关创造的研究和实验活动。首先，他倡导开办了关于创造型科学才能的系列讲座，第一讲于1955年开始，后来转移到布法罗大学，从未间断。现在，全美各教育学院均开设了类似的讲座或课程。在办讲座期间，不仅培训了人才，而且还出版了五本著作，这也是创造观念激发出来的成果。其次，他还成立了一个委员会，专题研究“教学实验在创造性科学才能发挥中的作用”问题，通过六个计划的试验，得到了肯定的结论。1964年，泰勒还创制了《创造过程调查表》，对研究创造性行为很有参考价值。

1958年，J. W. 盖泽尔斯和P. W. 杰克逊在芝加哥大学开展了许多关于创造学的研究工作。他们工作的重点是，研究创造力与传统智力变量之间的关系，研究教育对创造力的影响。

---

① 外国教育资料，1986（1）：25-27.

在50年代末，E. 保罗·托兰斯（E. P. Torrance）对创造教育作了许多有价值的研究工作。在他的指导下，美国明尼苏达的“教育学研究所”的研究工作包括：儿童的创造性品质和作业，创造性思维与教师，有创造性成果儿童的年龄，环境对创造力的影响等。1965年，托兰斯对教师培养创造型学生提出教学原则：尊重与众不同的疑问；尊重与众不同的新观念；向学生证明他们的观念是有价值的；给予不计其数的学习机会；使评价与前因后果联系起来。

在这一时期，代表性的研究工作还有J. P. 吉尔福特在美国南加州大学“能力研究设计中心”所进行的工作。他研究的主要目的在于：了解人的普通智力,包括个人在创造性生产过程中的心理过程,研究创造思维与创造力的关系,研究大多数人的创造型思维的认知功能等。这些研究,都是富有成效的,所以这个中心颇受学术界的重视。

1962年，D. W. 麦金农（D. W. Mackinnon）等在伯克莱加利福尼亚大学进行着完全另一种形式的研究工作。由他领导的“个性和测量研究所”，广泛地研究文学、建筑、管理、数学等领域的杰出人物，找出不同专业的杰出人物的特殊品质或个性，同时也考察同专业的杰出人物之间特征的差异。

1963年，J. S. 帕内斯（J. S. Parnes）发表了一篇总结性的论文，对自1950年到1963年这一时期发展的创造教学作了概括。帕内斯本人在布法罗大学“运用创造力解决问题研究所”的工作，主要是组织和扩大创造思维课程的教学，检验这些教学是否在大学生身上产生了效果。他亲自讲授课程，也到中学去讲授，持续的时间最长，作出的努力也最大。实验的结果，所得结论正如他所说：“像这样的教学，就是有效的。”

在20世纪60年代，美国麻省理工学院华裔教授李跃磁建立了一个“创新中心”，研究如何培养大学生的创新能力。他们在机械设计课程中，发给每个学生同样的材料，要求他们独立设计出跑得最快的小汽车。应用这种方法，训练学生灵活运用基本理论解决实际问题的能力，收到了良好的效果。

在创造学日益发展的形势下，美国著名哈佛大学前校长普西

(Nathan Pusey, 1907—2001) 曾呼吁全美各大专院校，“应加强培养学生至关重要的创造才能，此项才能即为第一流和第三流人才的分野”①。于是，创造教学迅速在美国得到推广，普渡大学、明尼苏达大学、伊利诺伊大学、俄勒冈大学、匹兹堡大学等二十多所大学，先后都施行了创造性思考的训练。

在这个时期，美国三军也在积极推行创造性思考的训练，如美国空军预备军官训练团、陆军之哈里逊堡、陆军副官学校、海军兵工厂等。工业界为了谋求企业本身的发展，也更加重视创造力的训练和创造技法的应用，如美国铝业公司、波音飞机制造公司、通用汽车公司、国民现金计算机公司、RCA 公司、壳牌汽油公司、美国制钢公司等都加强了对本公司职员的创造思维能力训练，收到了明显的效果。

综上所述，这个时期是美国创造学、创造教育学研究最活跃的时期，其特点是围绕着创造力这个重点进行，而初级阶段则是围绕着创造型人物进行。这个时期的突出进展是：创造学与教育结合，创造性教学得到重视，教育对发展创造力的作用愈来愈明显地表现出来了；创造力和创造技法得到进一步推广，从企业到军队，从美国到日本、苏联等国家；创造学的理论研究获得了进展，创造学也愈加趋于成熟。其代表性的成果有：吉尔福特的智力结构学说，托兰斯的创造思维能力及其评估，泰勒的多种才能模型，奥斯本和帕内斯的关于创造性解题能力的教学计划等。

3. 深入与普及阶段

自 20 世纪 70 年代以后，创造学的研究向着纵深两个方向发展，这也是符合逻辑的。从深入方面看，主要是围绕着创造力的本质研究而进行的，目的在于真正认识人的创造过程的科学机理，揭开创造的秘密。这一任务当然是很艰巨的，需要经过心理学家、生理学家、精

---

① 陈树勋，著．创造力发展方法论 [M]．台北：中华企业管理发展中心，1985：12-13.

神病学家、脑科学家、人工智能学家长期探索方可获得结果。现在，只能说开始朝着这个方向努力，前景无疑是光明的。

由于资料缺乏，只能就我们所见的有限资料作一些简介。在这一时期，有代表性的一项工作，是由美国著名心理学家 S. 阿瑞提（Slivan Arieti）完成的。1976 年，他出版了新作《创造的秘密》（*Creativity: the Magic Synthesis*），如果把英文书名直译过来，应当是《创造性：幻觉的合成》。这本书反映了他长期对创造力的兴趣和某些探索的成果。他对创造力的心理成分作出了独到的分析，并建议把“深层心理学”的概念引入到心理学中来。他运用系统论原理，研究的方法也讲究科学性，体现了心理学研究的新方法、新观点、新理论在创造力研究中的实际应用。

美国 D. J. 特雷芬格对创造力的研究，也是近年的一个新进展。他在总结了 20 世纪 60 至 70 年代关于创造力研究成果的基础上，对创造力的鉴别、创造力的培养提出了看法，特别是他提出的“创造性学习模式”，在发展创造力的教学中是有普遍意义的①。

20 世纪 60 年代末到 80 年代初，是日本创造教育的昌盛时期。日本学者认为，“创造教育”是开发智力资源的重要手段之一。在这个时期，日本在创造教育研究方面取得了明显的成果，发表了大量的论著。1971 年，饭沼和正编著的《创造性与文化》出版了；1968 年出版了乌取大学教育部编写的《创造的过程与学习的开发》；1976 年出版了佐滕三郎撰写的《学习方法和学习新论》；1984 年出版了漆泽健的著作《锻炼创造的脑》。1982 年，日本建立创造学会和创造开发研究所，以推进和加强“创造教育”的研究②。1984 年，日本成立临时教育审议会，制订改革现行教育方针、制度的方案。日本文部大臣提出：“要提高教育水平，培养具有创造型人才。”事实上，日本政府在教育上所采取的对策，代表了世界各发达国家的动向，反映了 20 世纪 80 年代世界高等教育的发展趋势。

① 教育学，1987（11）：96.

② 外国教育研究，1986（3）：31.

日本政府明确地把培养创造型人才作为教育目标之一①。在小学培养目标中规定：培养学生正确的判断力和创造性，以及丰富的情操和坚强的意志。在初中培养目标中规定：以人的和谐发展为方针，特别是增进健康和体力，培养创造思维能力与设想能力。概括起来，日本创造教育特点有四：一是教学方面，强调教学是为了学生的发展；二是在师生关系方面，强调教师指导下的学生的主体性；三是在教学方法方面，以启发式等创造性教学方法为主；四是在评价学生方面，以学生的创造能力为重点。

从普及方面看，自20世纪70年代以来，创造学的研究与应用开始传播到世界上其他一些国家。日本是一个以模仿见长的民族，所以率先引进了美国创造学研究的成果。到了20世纪70年代，日本开始进行独立研究，结合日本的特点，发展了奥斯本的“头脑风暴法”，形成一系列新的创造技法，如KJ法、MBS法、SKS法、ZK法等(其名称多为创制者或公司名字的英文字母缩写)。创造力活动在日本的开展，给日本企业带来的好处，恐怕超过了所有的国家。

正因为日本尝到了创造力应用的好处，所以他们更加重视创造智力的开发。自20世纪50年代中期起，日本各县都创办了“星期日发明学校”，1974年又创办了“少男少女发明俱乐部”，开展创造思维的训练，15年来已经培养了一批发明家。

从20世纪70年代以来，苏联和东欧国家的一些学者，对创造学理论作了一些探索。他们编制了各种有关创造发明解题规律的“发明解题大纲”，在此基础上，形成颇具特色的发明方法学——物场分析理论②。

苏联也十分重视创造教育，1971年就在阿塞拜疆创办了一所发明创造大学，任务是培养和训练学生的发明创造的才能和艺术。该校开设的课程有：专利学、预测学、情报学、经济学、发明史和创造心理学等。到1978年为止，苏联在莫斯科、列宁格勒等八十余座城市

① 文汇报，1986-01-09.

② 光明日报，1986-09-23.

建立了近百所发明创造学校，大力培养创造型人才。在这一点上，应当说苏联比美国、日本有远见，把创造力的开发扎根于教育之中，这也许是苏联迎接新的技术革命所采取的重要措施之一。

第三节　创造学在我国的兴起

“如果诺贝尔奖在中国的宋代已经设立，各项奖金的得主，就会毫无争议的全部属于中国人。”① 这是美国学者罗伯特·坦普尔在他的《中国——发明的国度》一书中说的一段话。他在这本书中，用翔实的材料证明，中国在历史上的一段时期内，仅科学技术上领先于世界的发现与发明就有一百多项。这说明，在历史上的一个时期内，我们曾有过灿烂的古代文明，不愧为“发明的国度”。但是，到了后来，殖民地、半殖民地的文化教育，“崇古敬贤”的传统观念，“中庸之道”的道德规范等，窒息了中华民族的创造思想，使得我们的科学技术落后了。

在半个多世纪以前，著名的人民教育家陶行知先生曾大力倡导过创造教育，他认为教育的目的是“发古人所未发，明今人所未明”②。但是，他的倡导终未施行，传统的教育思想仍然禁锢着学校的教育。新中国成立后，在较长的时间内，教育上执行的是“左”的路线，当然不可能提出创造教育，这就使得我国在创造力的开发上，与发达国家拉开了很大的距离。

我国创造学的研究始于 1979 年，是上海交通大学的许立言同志把它引进到我国的。令人高兴的是，近十年来，创造学研究和发明创造活动，在我国已获得迅速的发展。概括起来，主要有以下几个方面：

(1) 国家颁布了多种发明奖励制度，大力鼓励发明创造。从中央到地方设立了许多不同层次的奖励。

---

① 转引自方法，1988 (1)：30.

② 陶行知全集（第 1 卷）[M]. 长沙：湖南教育出版社，1981：72.

1986年5月，国家科技进步奖首次授奖项目共1761项。其中，仅民用项目部分就创造经济效益累计达1108亿元。在这批获奖项目中，年经济效益1000万元以上的就有244项。

1982年，国家自然科学奖授奖项目125项，展示出了自1957年以来，在自然科学基础领域研究中所取得的重大成果，表明了我国科学技术发展的方针是在大力发展应用科学研究的同时，也重视加强基础科学研究。

1987年7月，国务院批准设立国家星火奖，奖励为促进中小企业、乡镇企业经济发展，推动农村科技进步，振兴地方经济及实施"星火计划"作出贡献的集体和个人。各种奖励制度的建立和实施，不仅大大推动了全国的科技发明创造活动，而且有力地促进了经济社会的发展，加快了社会主义现代化的建设。

自2000年起，国家颁布了最高科技奖，每项奖金500万元，每年评选一次。迄今，已评选了七届，共有12人获得奖励，获奖的学科涉及数学、物理、化学、航天、气象、农业等12个领域。

（2）在企业中，大力开展以提合理化建议为中心的群众性技术革新活动，调动了广大工人、技术人员的积极性和创造性。据上海的统计，1985年该市共有3931个企业开展合理化建议活动，共有55万职工参加，提出合理化建议32.8万条，完成技术革新项目1.7万个，其中有497个项目填补了国家的空白，有128个项目达到了国际先进水平。这些合理化建议活动实施的结果，共为国家创利5.05亿元人民币。

（3）群众性的发明活动迅速开展，涌现了大批的发明成果。群众性的发明活动普遍开展起来了。从城市到农村，从学校到军营，从科学家到中小学生，不断传出发明创造的捷报。通过这些创造活动，强化了人们的创造意识。涌现出的大批发明成果，有的获得了国际发明奖，有的打入了国外科技市场。同时，也成长起来了一批发明家，如军营爱迪生曹建国、毛发再生发明大王赵章光、青年发明家徐国强等。

（4）创造教育逐步开展起来了。在很多中小学中，开展了创造性教学的试点、科技小发明活动、各种类型的智力竞赛活动，所有这些都获得了较好的效果。从事中小学教育研究的研究者，在少儿的创造性思维训练、智力测验、超常智力教育等方面，做了很多研究工作。在少数大学里，开设了“创造思维”或“创造技法”的选修课。一些教育科学研究单位在创造力和创造心理学的理论研究方面，也开始起步。在创造教育方面的情况是，中小学走在大学的前面，基层走在上级主管部门的前面，在大学里是学生走在教师的前面。认清这种形势，便于有针对性地进行工作，推动创造教育的开展。

(5) 建立创造学的组织机构，加强对创造学研究和创造活动的领导。国家已建立了专利局，一方面保护发明成果，另一方面又要按照专利法充分利用和开发专利。经国务院批准，于1985年10月成立了中国发明协会，它组织和联络全国的发明活动，同时也加强同国外的发明组织和个人之间的交流。目前，中国发明协会已举办了几届全国发明展览会，推动了群众性发明活动，促进了发明成果的应用。同时，中国创造学学会也已经成立，它将成为全国研究创造学的学术团体，加强学术交流，推动创造学在中国的发展。

第四节　破除对创造的神秘感

迷信是愚昧和落后的表现。在人类文明程度还很低的情况下，人们往往把那些暂时未被认识或不理解的现象，看作是天意。对待人类的创造性也是一样，在还没有揭开创造力之谜以前，人们总不免把它看成是上帝的意志或少数天才的天赋。现代科学已证明：创造力是人类大脑所特有的一种高级功能，是人类智力发展的最高表现。因此，破除对创造的迷信，是普及创造学，发展创造教育，开展群众性的发明创造活动，最大限度地开发中华民族创造力的基本前提。

1. 解放思想，破除迷信

由于历史的原因和根深蒂固的旧文化传统观念的影响，对创造的神秘思想还是比较严重的。不仅在工人、农民中存在，而且在部分知识分子和领导干部中也存在。为什么在高等学校开展创造教育那么困难？为什么培养创造型人才提不到议事日程上来？为什么改革旧的教学内容和方法遇到阻力？原因也就在这里。

有些人公然说，培养创造型人才是不可能的，是好高骛远、华而不实的表现。说这话的还是某大学的负责人。按照这种看法，既然重点大学都不能培养创造型的人才，那么普通大学、中小学更是望尘莫及了。按照这种观点办学，那么我们的教育应培养什么样的人呢？是不是还要培养普通劳动者呢？创造教育不仅在国外大学已经实行了，美国、日本的中小学也都在推行，对比之下，我们这些同志的思想显得多么的不合时代精神。

另外，还有一种说法，认为教育要面向大多数，似乎提倡创造教育，就是搞天才教育。一提天才教育，不禁使我们一些老的教育工作者感到不寒而栗，因为这是我国教育上的一个禁区，如果谁提到天才，承认超智，给有才华的学生吃点小灶，那么就要给谁扣上“天才教育”的帽子。在他们看来，天才教育就是面向少数人的资产阶级教育，即反动的教育。我们由此就不难明白为什么创造教育在大学里推行不开，为什么不敢公开提出培养创造型的学生，原来根子还在于对天才与创造性的理解。天才与创造性，虽然不是等同的术语，但在概念上，它们却是基本相通的。辞海对天才的注释是：“卓绝的创造力、想象力；突出的聪明智慧。”这样看来，天才不仅不是要反对的，而且是我们教育工作所要追求的目标。

唯物主义从来都不反对天才，它与“神赐天才论”和“遗传决定论”是不同的，认为天才确与遗传方面的因素有关，但主要的还是后天智力开发的结果。法国唯物主义哲学家、文学家狄德罗(Denis Diderot，1713—1784)曾形象地描绘过天才，他说：“什么是天才？精神的浩瀚，想象的活跃，心灵的勤奋，就是天才。”

既然创造力是客观存在的，人人都存在创造性，那么我们主张创造教育，也就是面向大多数。但是，这是与那种“一刀切”的面向大多数的思想是不同的，他们是以“抑高就低”的办法来面向大多数，而我们是主张“拔高促低”来提高大多数。我们的目的是开发创造力，但我们任何时候都不赞成平均主义，不能用一把尺子衡量学生的创造力，而是尽可能地把每个学生的智力提高到他所能达到的最大值。

还有一种观点认为，培养创造型的人才会影响打基础。这里又提出了一个培养创造型人才与打基础的关系问题，似乎给人的印象是创造型的人才是不需要基础的。这是天大的误解，如果不是无知，那就是偏见。我们不知道，为什么要把培养创造型的人才同打基础对立起来？谁都知道，一个创造型的人才，不仅应具有超群的创造思维能力，而且还应有坚实的理论基础，否则他们的创造就成了"无源之水"了。我认为这里有一个关键的问题——对基础的理解。

什么是基础？如何打基础？在有些人看来，知识就是基础，"读死书"、"满堂灌"、"考高分"就是打基础。按照现代教育思想看来，这种认识至少是片面的，因为这只是打基础的一部分内容。作为一个创造型的人才，光有一定的知识是不够的，作为培养创造力的更重要的基础，还应当包括以思维能力为核心的各种智力的训练。可惜的是，在我们的现行教学制度中，根本没有这些训练。问题已经很清楚，不是培养创造型人才与打基础的对立，而是两种教育思想的对立。所以，不转变传统的教育思想，就不能推行创造教育。

当然，反映在培养创造型人才上的认识问题，远不止以上几点。但是，仅从这几点也足以看出，人们在人的创造性问题上还存在迷信思想。其主要表现：一是对发明创造有神秘感，似乎只有获得诺贝尔奖才算得上是发明创造；二是对创造型人才有神秘感，似乎创造型人才只是少数的天才。这两种观点有紧密的联系，前者是主要的，正因为把发明创造看作是极其神秘的，所以认为能够作出发明创造的人是极少数的。

历史是一面镜子，现实是最有说服力的。因此，我想列举一些大家所熟知的事情和浅显的道理，也许对破除发明创造的神秘是有益的。我通过对一些发明创造的长期观察和反复领悟，认为以下观点似乎是可以被普遍接受的。

2. 人人都有创造力

几十年以前，美国联邦法院曾规定：凡申请发明专利者，必须证明其人确实焕发出“天才的火花”方可①。这句话出自法官汉德先生的手笔。这是那个时代的产物，但是它反映出了对待发明创造的神秘感。据说，这一下可苦煞了那些法官们，他们哪有时间又到哪里去获得“天才的火花”的证据呢？随着发明创造的日益增加，也由于人们对创造力或天才的神秘感的破除，法院早已取消了那种不合时宜的规定。现在，申请发明专利正像人们从事发明创造一样，既是他们的义务，也是他们的权利。

据《人民日报》报道②：1987 年 4 月 28 日，在北京举办了“首都第三届青年‘四小’（指小发明、小建议、小革新、小窍门）成果展览”。在展出的成果中，行业领先的项目有 5511 项，填补了国内空白的项目有 1517 项，达到世界先进水平的项目有 20 项。开展“四小”活动 6 年来，首都有近 50 万青年参加，涌现出 6 万项小发明成果，为企业创造经济价值近 2.5 亿元。这个材料雄辩地说明，创造绝无神秘之处，人人都有创造力。

人人皆有创造力与创造神秘论的区别就在于：创造神秘论者把创造看成是高不可攀的事，认为只有少量天才人物才有创造力；不赞成创造神秘论者认为，创造力是一个多层次的思维心理现象。创造力与一切事物一样，是多维结构，是由各个层次组成的。根据这种观点，我们就不难得出人人都有创造力这一符合逻辑的结论。事实上，我们可以从每一个人身上找到创造力的表现。例如：对于科学工作者来说，发现了一种新的理论或研制成功一种新产品；对于作家来说，完成了一部小说的创作；对艺术家来说，设计或创作了一个新的作品；对于领导干部来说，作出的正确决策或总结出的新的工作方法；对于工人来说，为发展生产而提出的每一项革新方案或合理化建议；对于

① ［美］交流，1987（1）.

② 人民日报，1987-04-29.

农民来说，采用科学种田的一项新技术；对于教师来说，为培养创造型人才而提出的新的教学体系、教材和教学方法；对于学生来说，对书本知识提出的不同见解或对原有定理的发挥与发展；对于军人来说，一个新的战略、战术的制订或对军事技术的改进，等等。所有这些无疑都是发明创造的成果，是人们身上创造力的表现。这些事实也再一次证明了一个普通的真理："三百六十行，行行出状元。"三百六十行的含义是指全方位，比喻各行各业，状元即第一名，佼佼者。也就是说，各行各业都可以有发明创造，各行各业的人都可以成为发明创造者。

3. 天天都有发明创造

古希腊哲学家赫拉克利特，在两千五百年以前就说过："除却变化，别无永恒之物。"① 难道不是这样吗？宇宙在不停地运动，地球昼夜不息地转动，万事万物都在变化着。问题是，有些变化已为人们所认知，有些变化还未被认识；有些变化是明显的，而有些变化是不易被人们察觉的；有些变化是以光速进行的，而有些变化却以千万年的时速慢慢地演化着。人类要征服自然，要创造美好的未来，就要认识宇宙间的这些变化，从中发现新的现象、新的规律、新的物质、新的技术、新的理论，并使之为人类服务。

也许有人觉得这些描述太空洞了，那么就让我们看看生活中的变化吧。据报道，美国派克·汉劳尼公司的 W. 毕扬获得了 1984 年全美合理化建议"年度英雄"之殊荣。他在 1984 年共提合理化建议 220 多项，平均 1.65 天提出一项。这虽然是一个特例，但它可以说明人是天天在发明创造，而发明成果天天都有。

从集体和社会来看，这种现象就更明显。据报道，日本索尼公司每 6 个月内，就要向英国推出 101 种新的音响设备、电视机和录像机。美国苹果电脑公司，每周有一种新产品问世。意大利贝纳通服装公司，每个月要把它的各店铺的服装款式更新一次。在 20 年以前，

---

① 张建邦，等．知识的爆炸［M］．台北：惊声文物供应公司，1971：21.

日本的电子产品一般要维持3年，而现在却只有3个月。为了不断创造发明新产品，日本松下公司派“生活方式研究员”到大街上去调查，以寻求新发明的启迪。这些统计说明，知识在不断地剧增，产品在迅速地更新，技术越来越精致。这一切靠什么呢？靠的是人们的创造力！

4. 处处留心皆发明

曹雪芹在《红楼梦》中写道：“世事洞明皆学问，人情练达即文章。”这话虽然很浅显，但寓意却极其深刻，可以作为自然科学家和社会科学家从事学问研究的座右铭。观察自然现象，关键在于“洞明”，研究社会问题，要害是“练达”。

在阐明了人人都有创造力和天天都有发明创造以后，也许有人要问：为什么我没有发明创造呢？这个问题提得好，的确不是每个人都有发明创造，而且在通常情况下，发明创造者总是少数。要回答和解决这个问题是不容易的，涉及主观和客观两方面的因素。关于客观因素，我想暂且搁在一边，我主要想谈一谈主观因素。不妨也允许我提一个问题：你们是不是发明创造的有心人？你们的“洞明”和“练达”做得如何呢？我提到的要求虽然属于非智力因素，但是如果我们不增强这方面的素质，即使你具备了创造的素质，那你也很难抓到发明创造的机遇。

美国“刀片大王”吉列的发明轶事，也许对我们如何捕捉“发明的灵感”有所启发。“刀片大王”原是个做小生意的人，他是如何成为“刀片大王”的呢？看来，他是个有心人，是两句话触发了他的发明灵感。有一次，一个顾客对他说，如果你能发明一种“用过就丢”的小商品，保证你的生意一定兴隆。从此以后，他记住并总是琢磨这句话。另一次，他出差到外地，下榻在一家旅馆，他在刮胡子时因剃刀不利而疼痛不已，于是产生了想把剃刀丢掉的想法。这两次“丢掉”的念头，诱发出他要发明用一次就丢的刀片的灵感。经过反复研制，他终于试制成功了一种安全刀片，并于1903年建立了自己的公司，后来他成为拥有10亿美元资产的富翁。

这个故事说明，发明的机会对每个人都是均等的。但是，为什么有人作出了发明而另外的人又没有呢？这是因为，机遇偏爱有心人，发明创造这玩意儿，本是一位要求绝对忠贞不渝的淑女。

第三章 创造教育概说

创造教育学是一门新兴的学科，是横跨于教育学与创造学之间的边缘学科分支。创造教育学在我国的兴起，比美国晚了半个世纪。尽管国内出版了一些创造学或创造教育学的书著，但编者多，著者少，尚不能说形成我国对创造教育学的系统研究。下面，我不揣陋见，仅就创造教育学的目的、性质和任务作一些初步的探讨。

第一节 创造教育是时代的产物

教育是社会实践的产物，并且随着社会生产力的发展而不断发展，自公元前3世纪在罗马出现学校以来①，学校教育的历史已有两千年之久了。其间，学校教育经历了各个历史发展阶段，出现过许多很有影响的教育学派，形成了各个时期的教育思想体系。创造教育正是集人类教育之大成，是为适应新的技术革命和社会生产力高度发展的需要而诞生的。

1. 传统教育与创造教育

传统教育以德国哲学家、教育家赫尔巴特（Johann Friedrich Herbart，1776—1841）为代表，现代教育以美国哲学家和教育学家杜威(John Dewey，1859—1952）为代表，这两派教育学家在一些主要问题上，如教学的指导思想、传授知识与培养能力、教师与学生的关系

---

① ［美］S.E. 佛罗斯特，著. 西方教育的历史和哲学基础［M］. 吴元训，等译：北京：华夏出版社，1987：89.

等方面，都持有不同主张。

赫尔巴特是最早提出分科教学、分班教学和分阶段教学的，也是近代教育家中第一个试图把教育学建立为一门独立学科的人。他的教学论揭示了教学过程的各个环节和基本特征，从而摆脱了教学活动无章法的状况，有利于教师组织教学，也明显地提高了教学的效果。但是，赫尔巴特的教育思想有着明显的局限性和片面性，主要表现在：把教学过程中的教与学割裂开了，把教学过程仅仅看成为“灌输”知识的过程；把教师与学生对立起来了，只强调教师在教学过程中的作用，主张“学生对教师必须保持一种被动状态”；只重视书本知识，不重视实践活动，不了解教学过程中传授知识与发展学生智力的辩证关系。正因为赫尔巴特的教育思想存在着这些弊端，所以杜威第一个向他的教育思想提出了挑战①，并把赫尔巴特的教育思想称为“传统教育”，把自已的教育思想称为“现代教育”或“进步教育”。

杜威在批判赫尔巴特的传统教育过程中，提出了一些新的教育观念，采取了一些新的做法。例如，他反对学校教育脱离社会，提出了“学校即社会”；反对以教师为中心，主张发展学生个性，提出“以儿童为中心”；反对以书本为中心，提出“从做中学”，要在学校设立活动场所等。杜威教育思想中的某些构想和做法，如强调学校与社会联系，强调学生的主体思想等，对于改变学校封闭僵化的状况和培养学生独立思考的创新精神，都是有积极意义的。但是，杜威在批判赫尔巴特的传统教育时又犯了全盘否定的毛病，从而使自己走上了否定学校、否定书本、否定课堂、否定教师在传授知识过程中的主导作用以及崇拜儿童自发倾向的错误道路。

用辩证唯物主义和历史唯物主义来分析教育史上关于传统教育与现代教育的争论，我们可以得出两点结论：第一，这两种教育思想在历史上都起到过一定的进步作用；第二，这两种教育思想各有可取之处，但又存在着各自的局限性和片面性。虽然传统教育比现代教育早

---

① 余立，主编．现代教育思想引论［M］．上海：华东师范大学出版社，1986：157.

出现将近百年，但由于它有着比较稳固的社会基础，所以它比现代教育有着更广泛的影响。事实上，赫尔巴特的教育思想，特别是他的教学论思想，在欧洲、日本、中国等地，一直有着很深远的影响，就连实用主义教育发源地美国，至今仍然沿用着班级上课制的教学组织形式。

我们回顾教育史上关于传统教育与现代教育的争论，其兴趣不在于学术上的探讨，而是想从中引出可资借鉴的东西，以推动当今正在进行的教育改革。近年来，关于教育思想的讨论很多，其中也提到了传统教育思想与现代教育思想问题，但一般是从广义上来说的，已超出了教育史上的传统教育与现代教育的概念。传统与现代是一个相对的概念，在每个历史时期都有传统与现代之分。一般是把早期的当作传统的，把近期的当作现代的。本来从字面上看，尚不能说明传统教育思想与现代教育思想孰是孰非。在传统教育中，也有合理的东西，而现代教育也有各种派别，既有正确的，也有错误的。对传统教育肯定一切，就会思想僵化，妨碍接受新的思想，影响教育的发展。对传统教育否定一切，又会陷入历史虚无主义，对继承优秀的文化遗产也是不利的。正确的态度应当是，尊重传统，但又不固守旧的东西，把传统中所包含的正确与错误的东西分离出来，吸取那些有生命力的东西，扬弃那些陈腐的糟粕。

现代教育思想也是一个很笼统的观念，既不能用时间来划分，也不好用一成不变的观点来概括。不过人们在理解上，往往是把现代教育思想看成是积极的和进步的，是和当代科学技术与社会生产力发展相适应的一些教育思想和观点。当代教育学中的流派不少，但是还没有一种思想占支配的地位。新的技术革命对教育提出了严重的挑战，围绕着培养什么样的人的问题，教育学家们展开了热烈的讨论和各种形式的改革试验，也提出了一些新颖的教育观点。其中比较有代表性的有教育社会化、教育信息化、教育民主化、教育个性化、终生教育以及创造教育等，虽然这些观点都是从某一角度强调了教育发展的趋势，但是更能反映时代精神的却是创造教育。正是由于这个原因，所以人们把21世纪称为“创造教育的世纪”①。

从创造学的萌生到创造教育的兴起，大约经历了40年。为什么自80年代以来，创造教育首先在一些发达国家获得了迅速的发展呢？这里有着深刻的历史背景。自20世纪70年代末以来，在世界范围内出现了导致对整个社会大震荡的新的技术革命，它要求教育培养和输送富有竞争性的创造型人才。为什么在今天创造型人才显得如此重要呢？这是因为：

第一，人类面临着环境的竞争。自20世纪60年代以来，随着工业化的高度发展，人类面临着人口爆炸、资源激剧减少、生态平衡受到破坏等三大严重问题的威胁。面对着这种严峻的形势，人们要么消极等待，正像悲观派所主张的那样，“世界正站在毁灭的门口”；要么能动地改造世界，凭借高技术创造人类赖以生存的物质和环境。正确的选择当然只能是后者。但是，要能动地改造世界，必须依靠人的创造力，以发明创造出更丰富的物质财富来满足人类的需要。

第二，人类面临着高技术和商品经济的激烈竞争。当今，智力特别是创造力已成为资本，而且是决定性的资本。世界范围内的一切竞争，归根结底都是智力的竞争。一切有战略眼光的企业家，都把引进创造型人才放在头等重要的地位。难怪美国已故的钢铁大王卡内基断言：“将我所有的工厂、设备、市场和资金全部夺去，但只要保留我的组织人员，四年以后，我将仍然是一个钢铁大王。”

第三，近代科学技术已有三百多年的历史，其间已经积累了人类无数的发明创造成果。虽然我们尚不能说人类对客观世界的认识已经穷尽了，但至少可以说，那些显而易见的领域，已经被人们认识得差不多了，而剩下的往往是那些难度大的问题和更深层的研究课题。很显然，要攻克这些领域的难题，非创造型的人才和最新的技术是难以奏效的。

第四，从教育发展史来看，当教育尚不发达时，主要是大力倡导教育的普及，但是一旦教育实现了普及，那么强调提高教育的质量是

① 教育科学研究（辽宁师范大学），1986（3）：2.

十分符合逻辑的事。教育的功能本来就是开发人的智力，但是人的智力至今尚有90%未得到开发，创造教育正是为了适应人的“潜能”的开发而产生的。我们毫不怀疑，如果人的创造力得到充分的开发，人类又将进入更文明、更发达的社会。

综上所述，无论是社会、科技或人类自身的发展，都需要创造型的人才。人才从哪里来呢？当然主要靠教育培养，但是传统的教育又不能适应这一要求，所以导致了20世纪80年代以来世界范围内的教育改革运动。作为这一改革的共同趋势，已不再追求教育数量上的发展，而是致力于高质量的卓越教育或创造教育。

2. 创造教育学是一门边缘学科

早在20世纪30年代，创造学就在美国诞生了，但是创造教育学的诞生却比它晚了15年的时间。这是符合学科发展规律的：一方面任何学科的发展都必须遵循从实践到认识的发展规律；另一方面分支学科只有当母体发展到一定阶段时才能分蘖出来。

关于创造教育学的形成时间，文献资料中的叙述颇不一致，有的认为20世纪20年代已开始了研究，30至40年代进行了比较多的研究①；也有的把1945年魏特海墨出版的《创造性思维》，看成是创造教育的萌生②。这些资料无疑是可信的，也反映出了创造教育孕育的过程。

在参阅了有关创造教育发展的资料以后，我认为把1953年认定为创造教育诞生的时间是比较合适的。

第一，一门学科的形成，不仅有着明确的研究对象，而且至少要有一个学科体系的雏形。1953年奥斯本的名著《应用想象力》的出版，可以认为是创造教育学诞生的标志。虽然这本书的书名没有冠以创造教育的字样，但是它却是系统阐述创造力与教育最早的书之一，而且当时就被许多大学列为创造教学的教材，即使在今天，仍不失为

① 宁泽．关于创造教育［J］．高教研究（北京师范学院），1986：2.
② 帅常恺，胡象笃．关于创造教育［J］．教育学，1987（10）.

一本创造教育学的经典著作。

第二，我历来认为：一门新兴学科的诞生，必须与教育结合，如果不能在大学的教学中生根，那么这门新学科是没有生命力的。我们看到，自1950年开始，在美国的布法罗大学、犹他大学、明尼苏达大学、麻省理工学院、南加州大学、俄亥俄州立大学等，先后开设了创造力开发课程，成立了创造教育研究机构，进行了一系列的创造教育的试验。也就是说，这时对创造教育的研究，已经不仅仅是停留在理论上了，而且把创造教育引入到教育实践中去了。

创造教育学作为教育学的一个分支，应当说是无疑义的事了。但是，人们对任何事物的认识都是有差异的，人的认识有先有后，因此还不能说创造教育学已经立稳了脚跟，甚至包括创造学在内，至今也仍然有着不同的看法。

从科学发展的历史来看，一门新兴学科的产生，一定是从诸种客体中分出自己的研究对象，它们可能是客观世界中的某一存在形式，自然或社会发展的某一个方面。任何一门学科的独立性，首先决定于它自己具有的独特的研究对象，也就是说不同于任何其他学科所专门研究的对象。创造学和创造教育学的形成，完全符合这一学科划分的原则。它们不仅有着自己的独特的研究对象，而且已经初步形成了各自的学科体系。问题本来已经很明白，但有些人仍然表示难以接受已成的现实。我认为，关键的问题是对创造力和创造型人才的看法，到底有没有创造力？学校能不能培养创造型的人才？如果我们承认了这两个命题，那么接受这两门新兴学科也就水到渠成了。有不同的认识是很自然的事，包括教育学本身在内，在相当长的时期内，人们也不认为它是一门学科。但是，在经过了漫长的、曲折的道路之后，今天成了家喻户晓的一门学科。恩格斯曾断言："社会一旦有技术上的需要，这种需要就会比十所大学更能把科学推向前进。"① 创造教育学是应社会生产和技术发展的需要而诞生的，无疑它有着强大的生命力。我毫不怀疑，随着时间的推移，人们不仅接受它，而且还会适

① 马克思恩格斯选集（第4卷）[M]．北京：人民出版社，1995：732.

应它。

我曾说过：现代科学技术的一个很重要的特点，是各学科纵横交错，既不断地高度分化，又不断地高度综合，但系统综合则是当前学科发展的主要趋势。创造教育学的诞生，正好反映了这一趋势，它主要是在创造学与教育学之间形成的一门新兴的边缘学科。作为这一新兴学科的特点，它以创造力的开发为目的，以教育的实施为手段，而创造教育恰好把目的与手段结合在一起了。

创造教育学不仅仅涉及创造学和教育学，它还与心理学、思维科学、脑科学、社会学、人才学等学科有着密切的关系。创造教育学还是一门很不成熟的学科，它的发展一方面要大力开展创造教育实践，把实践经验上升到理性认识，不断充实和完善创造教育学的内容；另一方面，要善于从其他学科中汲取自身发展的养料，在理论和方法上日趋完善。

第二节　创造教育的目的

教育是以人为对象的实践活动，因此教育的目的也就是培养和造就一定规格的人才。教育目的实际上是教育本质的反映，它决定着教育的方向、内容、形式和方法等诸方面。因此，无论是对于一个国家的政府或对于教育科学研究者来说，教育目的乃是一切教育理论的出发点，也是教育科学研究的永恒主题。

1. 创造教育的人才观

顾名思义，“人才观”是培养、衡量、判别人才质量的一种观念，作为这种观念的具体化就是培养目标。无论何种社会、何种国家或何种历史时期，每种教育都有其自已的培养目标和衡量教育质量的人才观。

纵观教育发展的历史，我们可以把人才观归纳为五种类型，即“工具型”、“知识型”、“全面型”、“智能型”和“创造型”。

自学校教育出现到资本主义发展的早期，在这一相当漫长的时期内，教育的功能主要是培养“工具型”的人才。这正如马克思所说：“教育到处都掌握在天主教教士手里，而教士的首脑们像大封建地主一样，是迫切需要保存现有制度的。”① “知识型”的人才观，主要是东方教育的特点，特别是在我国，由于儒家教育思想的影响，至今依然在我们的教育工作中起着重要的作用。“知识型”人才的特点是死读书，死记硬背，囿于传统的老框框，善于模仿而无创新精神。列宁批评说：“旧学校是死读书的学校，实行强迫纪律的学校，死记硬背的学校。”② “知识型”的人才，正是这种旧学校、旧教育制度的产儿。“全面型”的人才观是根据马克思主义关于人的全面发展的理论提出的，社会主义国家大多基于这种理论而制定其教育方针。例如原民主德国的教育方针是：“为现代工农业生产及科学技术的进步，培养具有一定新专业知识和劳动技能的全面发展的劳动后备军……”③ 毛泽东同志提出的教育方针是：“应该使受教育者在德育、智育、体育几方面都得到发展，成为有社会主义觉悟的有文化的劳动者。”④ “智能型”人才观是近20年来欧美各国教育改革趋向的反映。1983年召开的世界大学校长会议讨论了大学的培养目标，提出了理想的大学毕业生的三条标准：坚实的专业知识，并掌握所攻读的学科的方法论，方法论比专业知识的价值更为持久。具有把所修学科知识同实际相结合的能力，并且还应该具有同其他学科成果相结合的能力。大学毕业生不仅要成为一个训练有素的专家，而且乐于听取别人的意见，能把他们的知识进行国际交流⑤。这些标准，实际上是衡量“智能型”人才的标准，也是当代高等教育关于人才观方面的权

---

① 马克思恩格斯选集（第1卷）[M]. 北京：人民出版社，1995：507.

② 列宁选集（第4卷）[M]. 北京：人民出版社，1972：346.

③ 国家教委教育发展与政策研究中心，编. 七十国教育发展概况 [M]. 天津：天津教育出版社，1986：303.

④ 毛泽东. 关于正确处理人民内部矛盾的问题 [M]. 北京：人民出版社，1957：23.

⑤ 蔡郁毓. 新技术革命中发达国家高等教育的动向 [J]. 外国教育，1986 (3).

威观点。

以上四种“人才观”，反映了各个历史时期教育目标的主要观点。从教育目的的沿革中，我们可以看出两条规律：一是每种人才观一定是和那个时期的社会生产关系和社会生产力相适应的；二是人才观的变化不仅反映了人类社会逐步走向开明、进步，而且还反映出人类教育也逐步向更深的层次发展了。

“创造型”人才观与前四种人才观有着质的不同，虽然与“智能型”人才观有着密切的联系，但它却又将“智能型”的人才观提高到了一个新的阶段。“创造型”人才观是创造教育目的论的反映，它既规定着人才产品的规格，又是检验这些产品的标尺。“创造型”人才观规定着教育要培养富有创造力的人才，它提倡自由思考，鼓励发明创造。“创造型”人才观不是完全按照考试分数的高低来衡量学生的优劣，而主要是根据学生的创造性的学习能力、应用和创造知识的能力以及科学研究中的发明创造能力来评价他们的才能。

我十分羡慕奥运会颁发的金牌，所以我愿意用“金牌观”来形象地比喻“创造型”人才观。著名的心理学家阿瑞提（Silvano Arieti）在谈到创造教育的作用时说：“那些对于个人或群体所采取的方法步骤即便不能促使产生伟大创造力或新的一群天才，那么似乎至少也能对这个年龄里的个人发生着作用。他们似乎能够感受更多的事物，体验到更多的内容，以更多样的方式去思考，勇于进行更多的实践活动。”① 这段话很深刻地说明，创造教育不仅在人的创造性素质、创造力的培养上，而且在教育的总体效果上，都是传统教育所不能比拟的。

2. 人的创造性素质的培养

在心理学上，有人把人的素质看成是人的神经系统和感觉器官的先天特性的反映。按照唯物主义的观点，人的素质既有先天的，也有

---

① ［美］S. 阿瑞提，著．创造的秘密［M］．钱岗南，译．沈阳：辽宁人民出版社，1987：469.

后天的，而且主要是后天培养的。

“创造型”的人才必须具备创造性的素质，而创造教育的目的之一，就是赋予受教育者创造性的素质。所谓创造性的素质，即指创造个体所具有的个性特征。一个具有高度创造力的人，到底应当具备哪些素质呢？这的确是一个十分诱人的问题，受到教育学家、心理学家、生理学家、遗传学家的青睐。

许多心理学家从不同的角度，对人的创造性的素质作了描述，散见在各种文献资料中的提法，简直多得不胜枚举。大多数的研究者是用演绎法和归纳法来研究的，前者是先提出假设，然后再去从具有创造力的人身上验证；后者是通过对大量有创造成就的科学家进行调查，找出某些共同的素质。例如托兰斯在考察了大量研究成果的基础上，汇集了84个特性，目的在于区分有高度创造力的人与没有创造力的人①。吉尔福德从认识的角度，归纳了人的创造性的素质是敏感性、流畅性、灵活性和独立性。巴伦（Frank Barron）是久负盛名的学者，他对创造力进行了卓有成效的研究，并著有《独创性的气质》一书，其中，他把有创造力的人的素质归纳为12个基本特征。这里不再一一列举了。

在分析了大量材料的基础上，我想从另一角度对人的创造性的心理素质进行归纳。我认为，人的创造性的心理素质包括好奇心、求异心、自尊心、进取心和恒心。

有人说，一切科学发现源于好奇心，我认为这话并不过分。在科学史上，这种例子屡见不鲜。如果没有好奇心，也许牛顿的万有引力、凯库勒的苯分子结构、魏纳格的大陆漂移学说、弗莱明的青霉素等项发明或发现至今尚不会问世。我们常说，科学发明偏爱有心人，这里的有心人也就是具有好奇心的人。

求异心理是一项十分重要的创造性素质，它包括对现成事物敢于质疑、挑剔、批判的特性。创造对于旧事物来说，就是求异求新，也

---

① ［美］S. 阿瑞提，著. 创造的秘密［M］. 钱岗南，译. 沈阳：辽宁人民出版社，1987：441.

就是标新立异。古人说："学贵知疑，小疑则小进，大疑则大进。"古训是良言，但可惜的是，在强大的"只求同不求异"的传统文化观念统治下，温顺的学生有谁敢在课堂上发异论？又有谁敢同老师商榷、争论呢？大学生、研究生已经具有较强的独立思维能力，应当培养他们敢于求异的精神。要让人说话，即便是说错了，也不能耻笑或者批评。如果我们鼓励学生盲目求同，不保护不同的意见，那么培养创造性的素质只能是一句空话。

自尊心无疑也是创造型人才必不可少的一项素质。自尊心是建立在自信的基础上的，它是独立个性的表现，有时甚至表现为倔强和固执，但它却是自我实现的一种力量。据我的观察，凡有创造力的人其思想内涵都很丰富，但感情又很脆弱。因此，每个教师都要尊重学生的志趣，要以平等的思想对待学生，要善于保护他们的自尊心。

一个有创造力的人，毫无疑问是进取心很强的人。科学发明是极其艰苦的思维活动和实践活动，没有强烈的事业心是办不到的。一个有事业心的人，也一定是有理想和道德高尚的人，愿意为科学和人类进步事业献身。创新的事业是没有终点的旅途，对一个有进取心的人来说，要永不知足，要有勇争第一的思想。

恒心即意志和毅力的表现，任何发明创造，没有锲而不舍的毅力和不怕牺牲的精神是不可能成功的。在科学史上，很多重大发明都是以极大的代价换来的。发明大王爱迪生为了进行发明实验，被车长打聋了右耳；化学家戴维为了分离钠和钾，被炸瞎了右眼；诺贝尔为了发明无烟炸药，自己被炸伤，他的弟弟和四个助手被炸死，等等。这些科学先驱们的可贵品质，值得每个有志于创造的青少年效法。

3. 创造能力的培养

人的创造性素质的培养是创造教育的培养目的之一，而它的另一目的就是创造力的培养。创造性的素质和创造力是什么关系呢？有关研究认为，此二者是相互关联的，前者是非智力因素的综合表现，后者是智力因素的综合表现。它们之所以有关联，是因为创造性素质的形成需要以智力为基础，而创造力的发挥又必须以创造性的素质为条件。

创造力是一个笼统的多义的概念，它包括的内容十分广泛。心理学家们认为，创造力是“架在两个通常有很大区别的心理学领域即才能和个性之间的桥梁”①。这是一个很形象的比喻，创造教育的目的就是要构筑人类智慧的桥梁，这是通向一切未开垦的“新大陆”的桥梁！

有人曾把创造力分为三类：类创造力、潜创造力和创造力②。还有人把创造力分为创造力、类创造力和假创造力③。而我认为，把这两种分类组合起来，把创造力分为四类更为全面，即类创造力、潜创造力、创造力和假创造力，这样更能揭示创造力的活动特征。

所谓类创造力，是以创造为目的的创造力雏形，也称为前创造力，它既可以发展成真正的创造力，也可以仅仅表现为假创造力。潜创造力也即一种潜在的创造力，美国马斯洛称之为自我实现的创造力。这种创造力存在于一切已具有创造性素质和才能的人们中，但还没有表现为真正的创造力。从发展来看，潜创造力可能被开发出来成为真正的创造力，但也可能被压抑或扼杀，而仅仅以一种“潜能”的形式而存在。真正的创造力是已经表现出来的具有创造性的能力，马洛斯称之为“特殊才能”的创造力。真正的创造力一定具有独创性和实用性两大特征，如果只有独创性而无实用性，那只能是一种类创造力；如果只有实用性而无独创性，那就是一种假创造力。说到假创造力，我们在科学发明中倒也不罕见。一般认为，假创造力是由两种原因造成的：一是靠政治权势和学阀，例如像苏联“李森科学派”那样；二是偏见和无知，只是“坐井观天”，自以为作出了发明创造，殊不知这些乃是他人发现或发明的某种变形或重复。

在弄明白创造力的属性之后，我们也就认清了创造教育的任务。我们的目的是要实现那种真正创造力的培养，开发属于大多数人所具

① 人才，1983（3）.
② 自学，1985（10）：24-25.
③ 人才，1983（3）.

有的类创造力和潜创造力。英国著名的历史学家阿诺德·汤因比曾说过：“为潜在的创造力提供良好的机会，这对任何一个社会来说都是生死攸关的事情，这一点极为重要，因为按人口比例看，相当少的那种杰出人才的创造力是人类最重要的财富……”他接着说：“如果……社会没有让杰出的创造能力发挥出效能，那就是对它的成员的失职，并将会给它自身带来只能责怪自己的那种惩罚。”① 历史学家的这种见解是深邃的，呼吁是诚笃的。一切教育工作者应该从历史中汲取力量，认清自己的历史使命，担当起开发人类最宝贵的财富的大任。

创造力是人的最高智力的总概括，为了培养创造力，必须剖析组成创造力的要素，以便有针对性地施以培养。但是，这又是一个十分困难的问题，至今还不能说已经弄清楚了。在我看到的材料中，对创造力内涵的表述不仅各异，而且也比较混乱，主要表现有三点：第一，组成创造力的要素到底有多少，至今仍然说不清楚；第二，组成创造力的各要素层次不清，把本来不是属于同一层次的智力要素混杂在一起，分不清主次；第三，创造力各智力要素之间的联系和相互的作用不清，也还未能总结出各智力要素对创造力的形成和影响的规律。

在大多数的书刊中，都是把创造力分解为五种智力要素（高级的），即观察力、记忆力、思维能力、想象力、实践能力（也有不少的学者认为是注意力，也有的著作把十多种创造力并列在一起）。但是我认为，创造力的构成也像原子结构一样，也是分成各个层次的。如果我们把创造力作为一级智力层次，那么接下来应当是二级、三级等智力层次。问题就在于，直接与创造力相联系的二级智力是哪一些？我主张三要素说，即创造力的二级智力要素是由观察力、思维能力和实践能力组成的。我之所以这样认识是基于两种考虑：一是从辩证唯物主义认识论出发，认定创造性的形成和发展也必须遵照实践

---

① ［美］S. 阿瑞提，著．创造的秘密［M］．钱岗南，译．沈阳：辽宁人民出版社，1987：462.

（观察）——认识（思维）——再实践（创造行为）的过程，而观察力、思维能力和实践能力恰好反映了创造性认识过程中所必需的三种智力。二是从工业产品的生产过程得到了启发。依我看，人脑产生创造性思维的大致过程与钢铁厂的生产过程是很相似的。其过程大体上都经过三个步骤，即原料的投入（创造性的观察，摄入信息）、原料的加工（创造性的思维加工）、成品的产出（创造性实践，获得发明创造成果）。由此看来，把观察力、思维能力、实践能力视为同一层次的一个连续过程，也是符合逻辑的。至于想象力和记忆力，对创造力的构成当然也很重要，但再仔细分析，想象力应当属于思维能力的范畴，而记忆力又与观察和思维有关，所以把它们视为创造力的第三层次智力要素更合适。

基于以上认识，我试图用下面的图表来表示创造力智力要素的构成和层次。我重点是考虑第二层次的构成，至于第三层次的要素，我没有认真推敲，也许还可以列出更多的要素，也许有的分类不见得妥当。是否还可以再划分出第四、第五层次，还有待进一步研究。

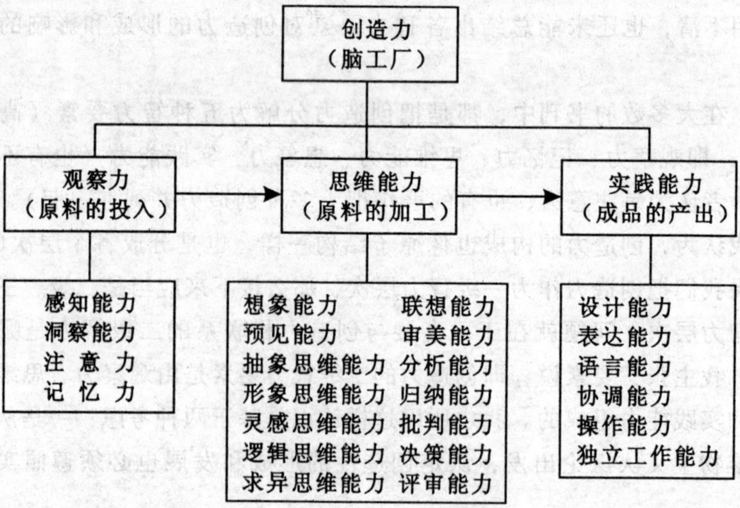

创造力的培养像创造力的要素一样复杂，它既不是一项孤立的教育活动，又不可能收到“立竿见影”之效。由于我比较看重二级智力要素的作用，所以我认为创造力的培养应当重点放在观察力、思维能力和实践能力的培养上。

（1）观察力。列宁曾说过，人的意识不只反映外部世界，而且创造外部世界。人的意识是从哪里来的呢？是从对客观世界的观察以及对观察材料进行加工得来的，所以观察就成了一切认识的窗口，没有观察当然也就谈不上任何发现和创造发明了。

科学家的观察主要是有目的、有计划、有组织的活动，但也不排除一些偶然的发现。科学家是勘探员和探宝者，他们不仅仅是为了认识才去观察，而是为了发现才去观察。对此，科学发明先驱们的体会是很深刻的。达尔文曾说过：“我既没有突出的理解力，也没有超人的机智。只是在观察那些稍纵即逝的事物并对其进行精细观察的能力上，我可能在众人之上。”① 达尔文跟随贝克尔号巡洋舰考察5年，在获得大量观察资料的基础上，又用20年时间写出了不朽的著作《物种起源》，创立了进化论学说。

观察力是每个正常人皆有的，问题是如何培养创造性的观察能力。明显不同的是，具有创造力的人观察事物时，往往是注意那些奇异的、反常的、稍纵即逝的和未曾被发现的东西，以捕捉发现和发明的信息。

培养青少年创造性的观察能力，主要是培养他们观察自然现象、社会现象和生活现象的浓厚兴趣，使他们养成勤奋刻苦的学习精神和耐心、细心的良好习惯。在课堂教学中，要贯穿这些要求，适当地组织学生参观、旅游和进行业余科学观察活动，这些都是有效的方法。

（2）思维能力。创造思维是人类心理活动的高级过程，是创造力的核心，也是人类所独具的特征。恩格斯指出：“一个民族要想登上科学的高峰，究竟是不能离开理论思维的。”② 对一个民族是如此，

---

① 赵振清，等．成才之路［M］．北京：中国广播出版社，1981：102.

② 马克思恩格斯选集（第4卷）［M］．北京：人民出版社，1995：285.

那么对一个人也是如此，一个人要想在科学上有所发现和发明，一定要训练自己的创造思维能力，否则要进行科学创造活动是不可能的。

创造性思维包括的内容十分广泛。著名科学家钱学森曾将人的有意识的、可控制的思维分为三种形式，即抽象（逻辑）思维、形象（直观）思维和灵感（顿悟）思维①。这种划分是有道理的，也许它们就是由思维能力衍生出来的二级思维形式，而更多的思维形式又是由它们衍生而来的。

虽然我们把思维形式分为三种，但是人们的实际思维过程是很复杂的，不可能机械地按照三种或者其中的某一种去思维和创造。人的创造活动不仅因人而异，而且也因研究的对象不同而各有侧重。人们常说，哲学家用抽象思维来认识世界，艺术家用形象思维来认识世界，而科学家是靠灵感（即灵感思维）来把握研究对象的。当然，这是从概率上说的，并不是每一个人都遵循着这个规律。实际上，每个人作出科学发明的过程，都是充分发挥创造性思维诸种形式的综合作用的过程，只是各人有所侧重而已。

创造性思维不仅一直是心理学家们研究的重点，而且也是教育学家们所追求的目标。因此，创造教育应当把创造思维的培养作为重点，并且把它贯穿到一切教育的活动中去。培养创造性的思维是一项系统的教育工程，除了专门知识、技能和方法的训练以外，我觉得有几点共同的东西可资参照。

首先，要培养青少年勤思、善思和敢思的习惯。古人说："善思则疑"，一切发明创造都始于问题，疑就是问题，疑产生于思。我向来认为，一个人勤奋与否，主要的不是表现在手脚是否勤快，而是思想上的勤奋。一切有作为的科学家，都是思想活跃而且很勤奋的人，往往是思而忘食，有的甚至做梦时都还在思考。我在不惑之年曾写过一句自励的话：无时不思，思有所得；无时不写，写有新意。现在看来，这话倒符合创造性的思维方法，我愿以此与大家共勉。

---

① 山西省思维科学学会，编．思维科学探索［M］．太原：山西人民出版社，1985：8-9．

其次，一定要培养青少年应用知识、开拓知识的新的知识观，克服“只夸多识而不求新知”的旧观念。死记硬背只能再现知识，只有应用知识和对知识进行加工，才能导致新的发现和创造。

再次，一定要创造一种自由思考的环境。英国哲学家约翰·密尔(John Stuart Mill)曾说过：“天才只能在自由的空气里自由地呼吸。”① 一个人所共知的事实是，板结的土壤是长不出禾苗的。那么，在压抑的思想环境里，又如何能冒出创造性思想的火花呢？因此，为了培养创造性的思维，一定要大力倡导思想自由，增加人们的心理安全感，克服“无思想则安全，有思想则不安全”的畸形心态。

（3）实践能力。在关于创造力的研究中，我似乎觉得有忽视实践能力，甚至不把实践能力看成是智力的主要成分的偏向。正因为如此，所以我特别把实践能力列为创造力的三大要素之一。忽视实践能力的原因有二：一是传统观念的影响，以为实践是技艺，是简单的操作；二是片面地理解实践与思维的关系，把实践仅仅看成是思维的婢女，而没有看到实践的能动作用。

实践能力对科学发明的重要性，已为无数科学发明的事实所证明。美国一家杂志报道，自1900年以来，取得了20项对人类影响最大的成果，其中没有一项不与科学实验有关。从1901年到1979年的79年里，在诺贝尔的物理奖获奖项目中，有60%是属于实验技术或主要是通过实验研究获得的发明。化学、生物和医学属于实践性更强的学科，实践能力就显得更重要了。在科学发明的艰难历程中，有很多这样的例子，有些研究工作之所以遭到了一次又一次的失败，不是因为他们一开始的想法不对，而是他们在实践中遇到的困难无法克服，只有当他们在实践中有所突破时，才产生了重大的发明。例如赫伯特·艾伦·豪普特曼获得了1985年诺贝尔化学奖，以表彰他对测定水晶体结构所作的贡献。其实，在50年以前他已开始了这项研究，他经历了一次又一次的失败，但坚忍不拔，终于找到了测定水晶的方

---

① [英]约翰·密尔，著. 论自由[M]. 程崇华，译. 北京：商务印书馆，1986：69.

法，获得了巨大的成功。应该说，创造性的实践能力是导致他成功的主要原因。

创造性的实践能力包括独特的设计能力、精巧的制作能力、灵活善变的操作能力和顽强的实现能力。这些能力的形成，既与人的创造性的素质有关，又与创造性的智力相联系，不能认为实践能力仅仅是动动手而已。

发明创造活动是知与行的统一过程，是高层次的思维能力与高层次的实践能力相结合的结果。因此，创造力的培养，一定要手脑结合，以培养手脑并用的一代创造型人才。

第三节 创造教育的任务

上面我们阐述了创造教育的目的，创造教育的任务就是要把创造教育的目的贯彻到教育的实践中去，最大限度地开发人的创造力，培养大批富有创造力的人才，提供更大、更多的发明创造成果。这是一项庞大、艰巨的任务，不仅仅是学校和教育工作者的职责，而且也是全社会的任务，只有动员一切力量，才能推动创造教育的发展。

在谈到创造教育任务以前，我觉得有必要对教育的观念作些新的解释。按照传统的观点，教育即“上所施，下所效”的活动，而学校就是进行这些活动的场所。自从出现学校以后，人们也就把教育同学校紧紧地联系在一起了。也就是说，要受教育必须进学校，失去了上学校的机会，就意味着失去了受教育的权利。

新的技术革命的兴起，不仅向教育工作提出了严峻挑战，而且也引起教育观念的变化。现在，教育正在由职业教育向终生教育转变，由集中向分散转变，由单功能向多功能转化。也就是说，人们受教育的时间延长了，学校的概念扩大了，教育的形式多样化了。

我之所以强调这一点，是因为教育已超出了学校的范围，应当从更广泛的意义上来理解教育，去发展教育。从这个前提出发，我们就不会把创造教育的任务仅仅局限于学校，而是着眼于全社会创造力的开发。

1. 发展英才教育

在西方教育词典中，对英才教育（elitist education）的解释是，社会中有一个少数人集团，通常特别称为学术尖子集团，他们具有更大的内在价值，通过对这些特殊尖子的培养和塑造，以期他们对社会作出更大的贡献①。

近年来，为了适应科学技术发展和竞争的需要，西方一些发达国家都十分重视以开发创造力为目的的英才教育，有的也称之为“适应能力教育”。英国、法国、联邦德国等分别设立了少数的尖子学校，从小学高年级开始选拔，其比例有的几乎占学生总数的15%。日本政府特别重视英才教育，制订“开发英才与扩充育英制度”，建立了“英才教育研究所”，设立了英才学校，颁发了“育英奖学金”，对英才进行多方面的鼓励。苏联也曾设立了发明学校、寄宿学校，着手进行一系列的改革和试验，以培养出类拔萃的人才。这些国家之所以如此重视英才教育，其目的是对“尖子人才”实施早期的和特殊的教育，以此作为培养创造型人才的一项有效措施。

何谓英才？日本学者对此作了一个界定，他们把智商在120或125以上者称为“优秀”；智商在135或140以上者称为“英才”；智商在170或180以上者称为“极高英才”。其实，英才与高智、超智、奇才、天才等都是同义语，意指一类“出类拔萃”和“人中之优秀者”而已。

如何看待英才和英才教育？会不会再给它扣上资产阶级天才教育的帽子呢？这个问题很难说，但我不主张乱扣帽子，不要把“资”字的标签到处乱贴，应当尊重科学和教育发展的现实。

恩格斯曾说过：“使我们感到高兴的，倒是处处突破幻想的外壳而显露出来的天才的思想萌芽和天才的思想，而这些却是那班庸人所

---

① ［英］德·朗特里，编．西方教育词典［M］．陈建平，等译．上海：上海译文出版社，1988：85.

看不见的。"① 列宁也说过："天才在人民中间是取之不尽的。"当然，马克思、恩格斯、列宁在这里说的天才，是唯物论的天才，虽然它与遗传有关，但主要是后天培养的。关键是创造一种良好的环境，让人民群众中间的天才的能力发挥出来。

著名的心理学家阿瑞提说过："天才的潜在性要比天才的实际出现更为众多。但我们不应忽视这种潜在性的存在。正因为创造力的潜在性被认为要比它的实际实现更为大量存在，教育工作者对于寻找能够激活潜在性的各种方法非常感兴趣。"② 由此不难明白，近年来对英才教育的兴趣，也正是为了激活潜在的天才。

我国是一个大国，有着丰富的人才资源，也蕴藏着大量的潜在的天才。但是，由于旧的教育制度、旧的人才观和平均主义教育的影响，对于潜在的天才，一直没有认真地开发过。党的十一届三中全会以后，开始重视超常教育，开办了一些实验小学和中学，确定了一批重点中学和大学，建立了各类专业的尖子学校，如艺术学校、体育学校和外语学校等。在若干大学设立少年班，专门招收出类拔萃的少年大学生，采取吃小灶或者合灶的方法进行培养。应当说，上述的各种形式的教育，有些类似于英才教育，而且也取得了某些初步的成绩。但是，我对这类学校或这类形式的教育并不完全满意，因为它们并未能起到开发创造力的作用，除了艺术和体育类的专科学校以外，其他那些实验学校似乎并没有培养出大发明家的可能。

2. 改革普通教育

普通学校不仅数量大，而且基础也好，所以至今它们仍然是输送人才的主要基地。但是，随着社会的进步和科学技术的发展，现有的包括大中小学在内的普通教育，在教育体制、教学制度、教学手段、教学方法等方面，都显得不适应了。

---

① 马克思恩格斯选集（第3卷）[M]. 北京：人民出版社，1995：608.

② [美] S. 阿瑞提，著. 创造的秘密 [M]. 钱岗南，译. 沈阳：辽宁人民出版社，1987：388.

对现在的普通学校教育，既不能否定一切，推倒重来；也不能抱残守缺，故步自封。正确的做法是，在发扬其长处和克服其弊端的同时，实施系统的教育改革计划。现在普通教育最大的弊端是："教育总是倾向于把一些人培养成为循规蹈矩的、恪守成规的人，这种人与其说他们是自由的思想者、创造者和具有独特性的人，不如说他们仅仅是'完成了'他们的教育的人。"①

改革普通学校教育，不仅工作任务繁重，而且阻力也很大。千百年以来，传统的教育思想、教育制度根深蒂固，人们只知道接受和适应它，却很少有人去研究和改革它。例如口授教学，先生讲，学生听，被认为是天经地义的事，如果谁提倡自学，那简直是大逆不道，不仅学生们感到不适，而且还会招致相当多教师的反对。殊不知，这种落后的口授教学方法，不仅不能起到开发学生智力的作用，而且还严重地束缚了学生创造性思维的发展。

改革普通学校教育必须以"三个面向"为指导思想，以培养创造力为目标。在具体做法上，可从以下三个方面进行改革：

一是以现代教育思想为指导，深入进行教学领域的改革。创造型人才的培养，归根到底还在于通过教育领域的各个环节来实施。教育改革重点是教学领域中的改革，这是一场旷日持久的攻坚战，不认真调查研究和充分调动广大教师的主动性、积极性，改革是难以成功的。

教学领域的改革，必须贯穿"为创造而教"的原则，把培养学生的创造力放在首位。第一，必须改革旧的课程体系，更新教学内容。现在大学的课程，多数还是50至60年代的体系，几十年一贯制，不能适应科学技术日新月异发展的需要。课程改革的方向是：增加基础理论和基本方法课，减少知识面过窄的专业课；增加文理科相互渗透的综合性课程，减少单纯知识型的课程；增加以新知识、新技术为主的选修课，减少陈旧的必修课。第二，改革"三中心"的教学方法，实行启发式教学，发挥学生主体的主动性、积极性和创造

① 外国教育资料，1984（3）：21-28.

性，把传授知识的过程变为激发学生各种潜能进行创造性学习的过程，也就是培养学生创造力的过程。第三，根据不同学校和专业的特点，有目的地开展一些科学研究，实行教学与研究相结合。教学是传授已有的知识，而科学研究是创造新的知识。第四，贯彻“因材施教”的原则，对拔尖的学生采取特殊的培养措施。过去，我们强调面向大多数是对的，但却忽略了对尖子学生的培养，这是一种消极的做法。正确的方法应当是，大力培养和激励尖子，带动大多数，这样既培养了创造型的人才，又开发了大多数学生的智力。第五，改变“以分量才”的标准，建立评价人才的新体系。评价学生的标准是指挥棒，“以分量才”必然导致学生“分数挂帅”，忽视智力的训练。评价人才的标准应该是一个综合性体系，必须有多种指标，但是最主要的是应用和创造知识的能力。

二是在大学中开设创造学方面的课程，培养学生的创造性素质和能力。以创造学的课程来代替专业课的教学是不妥的，但在进行专业教学的同时，开设创造学方面的一些课程是有益的，不能把这二者对立起来。目前，国内外开设的这类课程有：创造学、创造工学、创造心理学、创造教育学、创造技法、创造性思维的培养、思维科学、“头脑风暴法”等。究竟应当开设何种课程，要从各级各类学校的需要出发，以获得实效为原则。

三是开展发明创造活动。青少年正值长身体、长知识的旺盛时期，除了课程学习以外，他们还有过剩的精力，应当引导和组织他们参加各种形式的业余科技发明活动。我们常常发现，有少数学生处于空虚、颓废的精神状态，有的还参与了不健康的活动。这里有思想上的原因，也有安排和引导问题。俗话说，“无事生非”，如果我们把他们的兴趣和富余精力引导到科技发明活动中，不仅可以避免不健康的东西去占据他们可贵的时间，而且还可以开发他们的创造才能。

3. 普及社会创造教育

从广义上说，社会就是一所大学，特别是在新技术革命的形势下，社会教育的功能正逐步地加强。从发展来看，学校社会化（指学校与社会的联系）和社会学校化（指社会办教育）也将成为一种趋势，学校与社会的关系从来没有像今天这样密切。

学校教育担负着开发创造力的重要任务，但是创造力的源泉还在社会之中。这是因为，学校培养的学生只能算是半成品，要真正成为创造型的人才，还必须在社会实践中继续学习和提高。除此以外，我国在社会上还有未能受到大学教育的青少年，他们中间也存在着巨大的潜创造力，也是创造教育开发的对象。

发展社会创造教育是一个广阔的天地，各地区、各企业、各学术团体都可以从实际需要出发，采取有效的形式，提高广大职工的智力素质，促进群众性的发明创造。我认为，在群众中蕴藏着极大的积极性，他们有着发明创造的自觉要求，只要领导重视和认真组织，社会创造教育一定可以蓬勃地发展起来。

建立业余的发明创造学校。在这方面，国外已有较好的经验，日本和苏联对此比较重视。这类学校与以授课为主的学校不同，它们以发明活动为中心，传授创造技法，交流发明创造的经验，围绕一个科技难题攻关，等等。凡是有条件的地区和城市，都可以办，聘请创造教育的教师、发明家和著名的科学家为兼职教师。教育部门要给予支持，创造必要的条件，把它们纳入社会范畴的创造教育。

推广创造技法，提高广大职工的创造性素质。自20世纪70年代末，各发达国家大力推广创造技术教育，提高职工的创新能力，增强企业的竞争性。日本是推广创造技法最普及的国家，各大公司普遍用创造技法训练职工，而且结合日本的实际，创立了很多新的创造技法。日本推广创造技法是真刀真枪的干，把讲授方法同开展合理化建议结合起来。例如丰田汽车公司职工一年提出的技术革新意见就有165万件，而且95%被采纳。日本公司要求它的职工不仅要会工作，而且还要会思考。

对比之下，创造技法在我国的推广则太差了，恐怕相当多的工矿企业的领导人和职工还不知道什么是创造技法。现在，普及创造技法的条件尚不成熟，当务之急是在一批大型的现代企业培训骨干，摸索经验，用生动的事例向人们展示创造技法的优越性，然后再逐步推广，最后达到普及的目的。

大力普及发明创造活动。改革的年代是思想大解放的时代，也是发明创造的时代。近年来，群众性的发明创造不断涌现，有的获得了发明专利，有的摘取了国际上的王冠，有的获得了“中国的爱迪生”的美誉①。这些说明，开展群众性的发明创造活动，真是一举两得的大好事，既培养了创造型的人才，又为社会提供了创造性的成果。

南京金陵图书馆创造了一种开展创造教育的方法，受到了广大青少年的欢迎，获得很好的效果。他们以图书馆为中心，成立了“科学方法学校”，推广“头脑风暴法”、科学记忆方法、科学思维方法、科学健脑方法、发明创造方法、电脑软件设计方法，致力于青少年聪明才智的开发。他们创办了“星期日发明之角”，吸引了数百名发明爱好者。在经过培训的 62 名业余发明者中，已有 12 人获发明专利 32 项，还有 200 多项发明正在申请专利②。这件事生动地说明，发明创造活动是大有可为的，创造教育也是可以大力推广的。南京金陵图书馆能办的，全国其他图书馆、研究所、大学、企业等单位，也是可以办得到的。事在人为，开展创造教育还需以创造精神去创造！

第四节　创造教育的特征

每一种教育形态都有其自己的特征，它是区别于其他教育形态的标志。创造教育的历史虽然不太长，但从实践中也已逐步形成了自己的特征。

1. 开放性

创造教育与传统教育的一个重大区别，就在于它的开放性。所谓

① 中国青年发明家周林，因发明了“WS—多功能治疗机”，在第 35 届布鲁塞尔尤里卡世界发明博览会上，获得个人发明最高荣誉奖——一级骑士勋章，故被誉为“中国的爱迪生”。见中国青年报，1986-12-18.

② 方法，1988 (1)：50-51.

开放性，是就办学的环境讲的，既包括内部环境和外部环境，也包括政治思想环境和学术环境。实践表明，创造教育要求一种民主、自由、平等、和谐的教育环境。

马克思曾说过：哲学研究的首要基础是勇敢的自由精神。所谓自由精神，就是那种力图要战胜习俗观念和势力的力量。这种精神是每一个创造型人才所必须具有的，它不仅对哲学而且对一切科学的发明创造，都是绝对需要的。这正如英国哲学家约翰·密尔在一百多年前所说的那样："我们若不再度力主精神自由，我们就不能期待什么新的进步了。"①

开放的环境对创造型人才的培养和发明创造是非常重要的。法国一位著名的教育家曾经讲过："只有环境和教育，才能把牛顿变成科学家，把荷马变成诗人，把拉斐尔变成画家。"众所周知，杨振宁和李振道共同发现了宇称不守恒定理，其中的关键问题就是在吃饭时的交谈中解决的。所以一些美国人开玩笑说：到中国餐馆吃一顿饭就可以得到一个诺贝尔奖②。这里也还是环境在起作用，因为吃饭时处在一种轻松的环境中，人们的思想无边无际地漂游，一旦捕捉到了灵感便导致了科学发现或发明。

开放性的教育还表现在学术民主上。在学生之间和师生之间完全是一种平等的关系。在教学中，既要发挥教师的主导作用，又要发挥学生的主体作用，教学相长，能者为师。在学术研究中，贯彻自由研究、自由探讨、自由争鸣的原则，学生可以与老师争论问题，鼓励学生发表独特的观点，欢迎学生超过教师。

2. 主体性

教学是由教师与学生构成的统一体。在传统教育中，教师是中心，学生则处于被动状态，因而积极性、创造性受到了压抑。创造教

---

① ［英］约翰·密尔，著．论自由［M］．程崇华，译．北京：商务印书馆，1986：36.

② 中国青年报，1988-02-06.

育强调学生是主体，一切教育活动，都要服务和服从于主体。这种主体观是符合辩证唯物主义的。在教与学的矛盾中，学生是矛盾的主导方面，因此只有抓住了主要矛盾才能调动学生的积极性，激发他们的潜创造力。

我们强调受教育者主体性的目的有二：一是激活他们内在的原动力，最大限度地调动他们的主观能动性、自觉性和积极性；二是尊重和发展学生的个性，开发他们的创造性的才能。

关于发展个性问题，一直是创造教育与传统教育争论的焦点。传统教育抹杀学生的个性，甚至把它看成危险的因素，并千方百计地限制学生个性的发展。传统教育的每一个活动都是把人置于共同影响之下，让他们读相同的教材，听相同的讲授，看相同的资料，参加相同的娱乐活动。总之，传统教育的一切措施都是在同化人的个性，使他们用统一的规范来管制自己的思想和行为。这就是中国教育最大的弊端，也是自明朝以来出不了世界性重大发明创造的根本原因。

创造教育之所以十分重视人的个性，这是因为个性是创造型人才最重要的素质。所谓个性特征，是指人的心理活动的一些独特表现，例如兴趣、爱好、幽默、好奇等。一般说来，那些最富有个性的人，往往是最有创造力潜能的人，比那些唯命是从或无感情的人，会有更大的创造力，对社会也会有更多的贡献。

人的个性特征和差别是客观存在的。正如约翰·密尔所说："人性不是一架机器，不能按照一个模型铸造出来，又开动它毫厘不爽地去做替它规定好了的工作；它毋宁像一棵树，需要生长并且从各方面发展起来，需要按照那使它成为活东西的内在力量的趋向生成和发展起来。"① 这比喻非常形象，分析也是十分深刻的。人的个性，本来就像繁茂多枝的大树，教育者的责任就是为它培土、浇灌，使每个枝蔓茁壮成长，结出丰硕之果。

研究人的个性特征、差异，对于探索创造型人才的培养规律是十

---

① ［英］约翰·密尔，著．论自由［M］．程崇华，译．北京：商务印书馆，1986：63．

分重要的。爱因斯坦曾说过："不深入研究科学创立者的个性发展，可以了解和分析科学的内容。但是，在这种片面客观的叙述中，某些步骤有时可能是偶然成功的。只有在对他们的智力发展进行深入研究的情况下，才能理解这步骤是怎样成为可能的，甚至是必要的。"作为教育工作者，一定要正确地对待学生的个性，不能再用"个性太强"的一类评语束缚学生个性的发展。相反地，要研究学生的个性，尊重学生的志趣，并且针对学生的个性"因材施教"，使每个学生的兴趣和才能得到充分地发挥，使尖子人才脱颖而出。

3. 独特性

一切科学发明创造，无不具有独特性。所谓独特性，就其字义可以解释为：唯新则独，与众不同即特。从心理学上讲，独特性也是一种很重要的思维方式，广义地说，像求异性、进攻性、发射性和批判性的思维，也都可以包括在这个范畴之中。独特性思维主要表现在不受传统思想束缚，不受他人意志制约，不受书本上的框框限制，不迷信权威，敢于开拓和创新。美国金融家乔治·索罗斯被认为是美国金融界的"骄子"，但是他却是从一文不名、艰苦创业开始而获得成功的。他的成功秘诀是："你必须以批判的眼光去考察每一种思想和观点，在一个开放的社会中，正是这种开放的思想才使我在金融市场上取得了成功。"这番话虽然是出自于金融家之口，但它却反映了创业者共同的独特品格，可作为一切创造型人才的箴言。

创造教育的独特性主要表现在两方面：一是要赋予受教育者以独特的个性，使他们善于用独特的思维方式思考，不迷信书本，不迷信古人，不迷信权威。二是以个人独特的原则去进行教学，以批判的眼光去对待已有的知识、观点和理论，以发展的观点去创造新的知识、观点和理论。

1985 年诺贝尔物理学奖为前德意志联邦共和国 42 岁的克劳斯·冯·克利青（Klaus Von Klitzing，1943— ）教授所获得，他的贡献是发现了量子—霍尔效应。这一重大发现，对于我们研究创造教育的独特性很有启发。

克利青教授的重大发现，是对经典物理学上沿用了75年的欧姆定律的突破。自1911年以来，在物理学教科书中一直写着："欧姆，电阻单位，其大小取决于导体的材质、长短和厚薄。"然而，克利青教授经过十多年的研究，于1980年2月5日凌晨2时，在法国格勒诺布强磁场研究中心作出了伟大发现。他认为：电阻是一个基本的自然常数，它不受材质和外界的影响。它也不是直线上升的，而是以量子等级跃进上升的。这一重大发现是克利青教授独特思维的结果，也是他不受传统理论束缚所取得的成就。

从这一重大发现的过程中，我们一方面可以看到传统教学的陈旧性，沿用了75年的欧姆定律，不知多少教授讲授过它，多少学生学习过它，但从没有人怀疑过；另一方面，也说明创造教育的重要性。如果我们不培养创造性思维能力，科学中的一些谬误怎能被纠正？一些过了时的学说怎么能发展？一些未被认识的规律又怎么能被发现？

4. 综合性

国外的一些未来学家们，曾研究了21世纪的思潮及对培养人才的要求。他们曾预言，21世纪的教育应当造就具有以下能力的人才：敏锐地从多方面观察事物的能力；形象思维和抽象思维能力；分析整体中相关各个部分及要素的能力；全面的、系统的综合能力。此外，还必须尽可能具备多科专门领域的知识，特别是边缘学科的知识①。从所列举的能力来看，综合能力占有十分重要的地位。科学地综合知识的能力，要靠综合化的教育来培养，所以综合性也就成了创造教育的一个特点。

社会需要创造人才，而创造型人才必须具备综合能力。科学发明创造是艰辛的智力劳动，绝不能一蹴而就，也不能投机取巧，而是需要多种能力的有机结合。1978年诺贝尔经济学奖获得者西蒙（Herbert Alexander Simon，1916—2001）的道路，较好地说明了综合能力与创造能力之间的关系。他在获得诺贝尔经济学奖之前，还于1969

① 参考消息，1987-06-04.

年获得美国心理学会的杰出科学贡献奖，于1975年获计算机界国际最高奖——图灵奖。他的道路就是在现代科学的多样化和综合化的趋势中，在跨学科的领域里寻求突破的道路①。他的兴趣广泛，但他又善于从广阔的领域中选择突破的重点，这也是他获得巨大成功的一个原因。

教育的综合化是当今世界教育改革的重要趋势之一。自20世纪80年代以来，美国各大学纷纷实行改革，提出了一些重大的改革措施。它们一反传统的做法，从实用教育转向基础教育，从单科教育转向综合教育，强调理工科教育与文科教育相结合，要求学生不仅具有专业技能，而且还要学会思考。

根据我国的实际情况，加强综合教育更为迫切，因为我们的大学专业划分太细，是以培养专家为目的的。在当前，加强综合教育的措施是：第一，要克服专业划分过细的弊端，拓宽专业面，培养具有综合能力的人才；第二，加强基础教学，包括基础理论、基础知识、基本方法和基本技能；第三，开设边缘学科的课程，改变学生单一的知识结构，既要传授知识又要教给方法；第四，加强以培养综合能力为目的的实践教学，如科学研究、毕业论文和社会调查等。所有这些措施，目的都是为了改变学生的知识结构和智力结构，增强他们对未来社会、科技发展的适应与竞争能力。

5. 社会性

教育的社会性主要表现在教育的外部关系上，即教育与经济和社会的关系，这是现代教育与传统教育的一个重要区别。美国著名的哈佛大学校长德里克·博克（Derek Bok，1930—　）写了一本名叫《象牙塔外》的专著，由哈佛大学出版社出版。这本书的主题是论述大学与社会的关系。他在书中指出："大学通过其正常的学术职责，如教学、科学研究和技术咨询，在满足社会需要方面对社会承担着重要的职责。"他又说："在当今的社会中，恰如其分地发挥大学的作

① 光明日报，1987-01-02.

用是一件具有重要意义的事。大学承担着伟大的职责：它在寻求和探索真理的过程中体现其价值。”从博克的论述中，我们可以把大学的价值归结为两点：一是社会价值（使用价值），二是学术价值（真理价值）。现代大学就是要追求这些价值。

第四章　创造教育理论的探索

教育起源于社会生产实践，并随着生产方式的改变逐步地向着由简单到复杂、由低级到高级、由不完善到比较完善的方向发展。社会发展到今天，已经使人类教育进入了一个新的时代，即创造教育的时代。

近40多年来，有关创造教育的研究日益增多，创造教育的实验逐步开展，并且都取得了十分明显的成效。特别是各边缘学科，如心理学、社会学、脑科学、控制论、系统论和信息论等，不断地向创造教育学渗透，丰富了创造教育的内容，推动了创造教育的发展。

在众多的关于创造教育的研究中，绝大多数都是从微观出发的，偏重于对创造性思维、创造个性、创造性教学方法等专题的研究，从宏观上研究创造教育的理论则不多。我想对下列问题作一些探索。

第一节　创造教育的本质

根据马克思主义的观点，教育是促进“人的全面发展”的实践活动，而“人的发展就是人的本质的培养与形成”。从根本上说，创造教育的本质，就是实行优化教育，发展人的最优秀的本质。

1. 人的优化教育

教育学是以人的教育为其对象的一门科学。研究人的教育，也就是研究人的发展。按照马克思主义的观点，学校应当“教育、训练和培养出全面发展的、受到全面训练的人，即会做一切工作的人”①。

① 列宁选集（第4卷）[M]. 北京：人民出版社，1972：205.

在人类的认识历史上，围绕着人的发展，有过多种学术派别。以美国心理学家霍尔（G. Stanley Hall，1844—1924）为代表的，主张“遗传决定论”，他认为“一两遗传胜过一吨的教育”①。以美国行为主义者华生（J. B. Watson，1878—1958）为代表的，主张“环境决定论”，片面地强调环境对人发展的决定作用。此外，还有“教育万能论”的观点，过分地相信教育的力量。上述观点虽然都有一些合理的因素，但都有片面性，没有从本质上阐明人的发展过程及辩证关系。

马克思曾指出：“人证明自己是有意识的类存在物，就是说是这样一种存在物，它把类看作自己的本质，或者说把自身看作类存在物。”② 从根本上说，人的发展就是人的本质的培养与形成。按照唯物辩证法的观点，人的发展受着多种因素的影响，即在遗传、环境与教育的相互作用和相互促进中发展，其中遗传是发展的自然前提，环境是发展的客观条件，而教育则是人的发展的主导因素。

据生理学家的研究，四万年以前远古人的大脑结构与现代人没有什么不同，也就是说，四万年以前的古代人的大脑也已具备了掌握现代科学技术知识的能力。这说明，自古到今，人类大脑的遗传结构变化不大。但是，为什么现代人似乎比古代人更聪明了呢？为什么现代人发明了诸如原子弹、火箭、宇宙飞船等重大的高技术成果呢？要回答这个问题，还是要回到人的发展与遗传、环境和教育的关系上。古代人虽然具备了现代人大脑的功能，但那时生产力低下，不具备必要的社会环境和教育条件，所以人的潜创造力得不到足够的开发，当然也就不可能作出像今天这样重大的发明来。反过来说，人类今天的智力和科学技术成果，如果不以数千年来逐步形成的物质文明和精神文明为基础，如果没有现代教育，那也是不可想象的。

在澄清了影响人的发展的因素以后，我们将着重讨论教育对人的

① 朱智贤，林崇德，著．思维发展心理学［M］．北京：北京师范大学出版社，1986：103.

② 马克思恩格斯选集（第1卷）［M］．北京：人民出版社，1995：46.

发展的作用。人的发展是一个总的概念，它包括思想品德的形成，智力的开发以及个性的陶冶。这是培养和形成人的三个重要组成部分，它们是相互依存和相互促进的，不能把它们对立起来，也不能相互代替。教育对人的发展作用是多方面的，是综合的。根据我的观察，人的才华大体是相通的，往往德、识、才、学寓于一身。一个道德高尚的人，同时又是勤奋学习、才华出众和敢于创新的人，是富有鲜明个性的人，一般也是对社会贡献最多的人。

在技术革命的时代，人的发展不仅要求全面，而且更应当注重发展中的质，特别是促使认知和思维的质的发展。为什么要特别强调这一点呢？这是因为，全面发展太笼统，在任何情况下都是可以接受的，反映不出时代的特征，也看不出创造教育的实质。

如何才能促使人的认知和思维的质的发展呢？我认为必须实施人的优化教育。所谓优化教育，也即创造教育（我之所以使用这个名称，主要是为了与过去千百年来所沿袭的奴化教育、强制教育和僵化教育相区别），是人类文明的象征，是社会与科技进步的结果，是培养优质人才的需要。

实现人的优化教育，必须按照人的发展规律办事，采取多种措施。

首先，必须激发人的理想目标，人为什么要发展？向着什么方向发展？不仅教育工作者要回答这个问题，而且每一个发展中的人也应当回答这个问题。人是不能没有目标、没有精神的。高尔基说过：一个人追求的目标越高，他的才力就发展得越快，对社会也就越有益，我确信这也是一个真理。这也的确是人才成长的一条规律，古今中外的许多杰出人物的实践都证明了这个规律。可惜的是，具有这种精神状态的人不多，所以我才提出要优化发展中的人的心理，这对正处在成长中的青少年尤为重要。我曾设想，如果我们的大学生的学习劲头，都像运动员站在起跑线上，像演员进入角色那样，那么他们的智力的发展一定会达到最佳状态。

其次，要优化教学过程。教学过程是实现智力开发的主要途径，因此优化的教育必须要有优化的教学来保证。教学过程是由一系列教学环节和活动组成的，其主要目的是传授知识，以便有效地培养人的思维能力。在信息激剧增加的时代，应当教什么，如何使学生在有限的时间内掌握更多有用的新知识，如何应用和发展新知识，这些问题都应该认真探索。改革教学方法，对于优化教学过程也十分重要，要切实采取有利于培养学生思维能力的教学方法，把单向的授业过程变成多向的学习、讨论、交流和创造的过程。

再次，要优化学习的环境。环境是多方面的，包括人所处的生活条件、学习条件和社会条件。对于人的智力发展来说，最重要的是学习条件和社会条件。爱因斯坦在弥留之际，曾回忆了他在瑞士阿劳州立中学度过的难忘的一年。他说："这个学校的自由精神和那毫不仰赖外界权威的教师们的纯朴热情，给我留下了难忘的印象；同我在处处使人感到受权威指导的一个德国中学的6年学习相对比，我深切地感到，自我行为和自我负责的教育，比起那种依赖训练、外界权威和追求名利的教育来，是多么的优越啊！"① 毫无疑问，爱因斯坦所赞美的学校，就是一所优化了学习环境的学校。这虽然是很多年以前的事了，但他那种倡导自由精神的办学思想，依然闪烁着耀眼的光辉。应当说，我们现在有着比那时更优越的条件，能够创造更加民主、开放和自由的学习环境，让更多的学校成为人才成长的摇篮，成为发明创造的学术温床。

2. 创造教育的社会职能

教育的社会职能是为社会生产服务和为社会生活服务，这是由教育的本质决定的。一般来说，教育为社会生产服务主要包括学校里的自然科学教学、校办工厂、科学研究、毕业设计、科学咨询服务等；教育为社会生活服务主要是指为那些不属于生产性领域内的服务，如政治、文化、意识形态、道德观念、社会风尚等。目前，国外普遍把高等教育的功能归结为教学、科研和社会服务。其实，这三点也可以

---

① 周昌忠，编译．创造心理学［M］．北京：中国青年出版社，1983：109.

分别归并到为社会生产服务和为社会生活服务的两大职能中去。教育两大职能的作用及体现，其形式是多种多样的，但主要的途径还是通过向社会输送各种人才实现的。

创造教育不是改变了教育的社会职能，而是强化了它的职能，这也是由创造教育的性质所决定的。创造教育的任务是培养创造型的人才，通过这批人才使教育更好地为社会生产服务和为社会生活服务，因为创造型的人才将会向社会提供更多的新发明、新技术、新产品和新的管理方法，创造高度发达的生产力。创造型的人才对为社会生活服务，也是大有作为的。创造教育已不仅仅是传播文化的手段，而且还担负创造新文化的使命。它一方面批判性地继承传统观念和制度，另一方面坚持改革创新，更新观念，克服旧体制和管理上的弊端，把社会推向前进。

3. 创造教育必须遵守的规律

教育作为一种永恒的、普遍的社会现象，同社会各个方面有着极其广泛而又复杂的联系，因此我们必须全面地把握这些联系，按照教育发展的规律办事。教育应当遵守哪些规律呢？我认为主要是两条：一是经济规律，二是教育规律，二者不能相互替代。

教育必须遵循经济规律，这是人所皆知的道理。教育就其主要方面而言，它是一定的经济和政治的反映，同时它又反转来为经济和政治发展服务。从宏观上来说，教育的发展，归根到底要受到社会生产力发展的制约，而决定教育方向、性质的又是建立在一定生产力水平上的生产关系。中央所制定的“教育必须为经济服务，发展经济必须依靠教育”的方针，较好地说明了教育与经济的关系，这也是发展教育应当遵守的规律。

教育作为一种普遍的社会现象，与其他意识形态一样，也具有相对的独立性，也有着自己发展的特殊规律。在过去几十年里，我们在对待教育的发展上，犯了很多的错误，究其原因，就是违背了教育规律。“外行领导内行”，搞瞎指挥，以阶级斗争代替教学任务等，就是违反了教育工作内部的规律。其结果，使我国各级教育事业遭到了严重的破坏，也造成了教育与经济发展不相适应的状况。

教育规律包括的内容很多，可以说一切有教育活动的地方，都有教育规律。例如，教学规律、思想工作规律、思维发展规律、人才成长规律、创造力培养规律、教育管理规律等。学习和研究教育规律，主要的是要学习教育科学以及相关的边缘学科知识，把教育工作当作一门学问看待。只有提高我们的教育科学和管理科学水平，才能自觉地按照教育规律办事，也才能从理论上指导教育改革的深入发展。

4. 创造教育的效力

列宁曾说过：我们一定会获得科学和技能：如果没有实际本领，任何学校、任何大学都是一钱不值的。这里提出了教育的有效性问题，如果学校不能培养有真正本领的人，那么这种教育不能说是有效的。

按照效力的原则，我们可以把教育分为高效、有效、低效和无效几种。过去我们所实施的教育，多数是属于后三种情况，但低效恐怕是多数的。高效力的教育过去虽然也有，但毕竟是个别的，有些创造型人才出现，还不一定是教育直接作用的结果。创造教育以培养创造型人才为目的，属于高效力的教育。这种高效性，主要通过创造型人才表现出来，与普通人才相比，他们具有多效、再生和突破性的作用。

1953 年沃森（J. Walson，1928— ）与克里克（F. Crick，1916—2004）发现了 DNA 的双螺旋结构，导致分子生物学的建立。时隔 20 年，出现了第一个 DNA 人工重组，1976 年在美国建立了第一个基因公司。现在，基因工程不仅影响着生物、农学和医学等一系列学科的发展，而且还开辟了人类认识生命过程的新时代。创造教育将培养大批有发现、发明和创造能力的人才，不正是说明了创造教育的高效力吗？

第二节　创造教育的理论基础

培养什么人？如何培养？这始终是教育的中心问题。教育理论本来是长期的、大量的教育实践的科学概括，一旦它的科学理论体系建立起来，又对教育实践起着指导作用。

创造教育的目的是培养创造型的人才，这一点已为大家所公认，但是，人是否存在着创造力？教育能否起到开发创造力的作用？对这些问题，虽然有一些感性的认识，但是还缺乏理论上的科学阐述。根据已有的研究资料，创造教育是有科学依据的，马克思主义的认识论、现代心理学、脑科学和"新三论"，为创造教育理论的形成奠定了基础。

1. 认识能动论

马克思主义的认识论是建立在唯物辩证法的基础上的，它是迄今为止最科学的认识论，是人们认识客观世界和改造客观世界的思想武器，也是我们认识和开发创造力的理论依据。

按照唯物辩证法的观点，人的认识能力有着巨大的潜力。这主要表现在：

第一，认识的能动性。毛泽东指出："认识的能动作用，不但表现于从感性的认识到理性的认识之能动的飞跃，更重要的还须表现于从理性的认识到革命的实践这一个飞跃。"① 什么叫认识上的飞跃？从本质上说，认识的飞跃即新思想、新观念的产生，它往往导致创造性思维的形成。

第二，认识的无限性。毛泽东还指出："社会实践中的发生、发展和消灭的过程是无穷的，人的认识的发生、发展和消灭的过程也是无穷的。"② 宇宙间的万事万物的变化，是人们认识和发明创造的源

① 毛泽东选集（第1卷）[M]. 北京：人民出版社，1991：292.

② 毛泽东选集（第1卷）[M]. 北京：人民出版社，1991：295.

泉。即使现在未被认识的事物，如气功、特异功能、艾滋病的病因与治疗等，通过人们创造性的研究，将来也是要被认识的。

第三，思维的生产性。思维不仅能够使主体去深刻地认识客观现实，而且还能够制造思想产品去指挥改造客观世界，这就是思维的生产性。大脑是信息工厂，通过思维加工，把输入的大量信息加工为知识产品、思想产品和其他创造性的产品①。思维的生产性特别重要，一切科学发明创造无不是从这个脑工厂生产出来的。思维生产的潜力也是很大的，它会随着信息的增加，随着生产条件（教育和科学研究的环境）的优化，不断提高它的效率。

2. 大脑可塑论

生理学家和医学家们的研究已经证明，发育中的人脑具有极大的可塑性。可塑性不仅存在于外周神经系统，也存在于中枢；不仅表现于发育期，而且也存在于成年期甚至老年期。人脑的发育，一方面在很大程度上决定于遗传信息，另一方面又受到后天环境条件的极大影响②。

根据科学实验观察，人脑的发育具有一定的规律。为了保证大脑的健康发育，应当掌握大脑各个发育的关键时期，提供感觉信息输入、运动性活动和营养物质等良好的条件，使大脑的可塑性得到最大限度的发展。

大脑的可塑性表现在大脑结构和系统功能两方面。有关研究表明，在神经元回路、突触传递、单个神经元的形态、超微结构、生物大分子和电活动特征等方面都具有一定的可塑性。大脑的可塑性及其变化，将导致学习、记忆、行为以及精神的变化，即大脑神经系统功能的变化。

脑科学的研究还表明，脑的某些部位具有较大的可塑性，过去认

① 朱智贤，林崇德，著．思维发展心理学［M］．北京：北京师范大学出版社，1986：19．

② 肖静宁．脑科学概要［M］．武汉：武汉大学出版社，1986：38-42．

为神经组织结构与功能一旦成熟就不会再变化的旧观念已被打破了。这说明，脑的可塑性具有终生的特征，这是神经系统形态与功能的巨大潜力，也是创造力的源泉之所在。

3. 大脑超剩余论

神经生理学家研究指出，高等动物除了为适应在自然条件下生存所必需的脑功能外，还有神经系统的剩余能力，一般把它称为大脑的“功能剩余性”。但是，人与高等动物的根本区别就在于思维能力，因此人的大脑具有“超剩余性”①。

为什么人的大脑会有“超剩余性”呢？主要原因有二：一是由于进化的结果。人脑第二信号系统的建立，使人用概括和抽象的概念进行思维，记忆和交际十分方便。因此，第二信号系统的出现，大大地减轻了人脑的负担，于是导致了脑功能的“超剩余性”。二是人脑的功能还远远没有得到开发和使用。据医学家研究，人的大脑皮层有150类共150亿神经细胞，但目前仅仅利用了约10%左右。这说明，人脑的资源是极为丰富的，为开发创造力提供了可能。

以上的事实充分说明，人的大脑是一个极为丰富的智力宝库，有着无限开发的可能性，但关键在于教育。而创造教育正担负了这项任务，它的目的就在于创造优越的环境，以科学的教育方法和现代化的教学手段，使人脑的可塑性得到充分利用，使大脑超剩余的功能充分发挥出来，最后汇集为真正的创造力。

第三节　创造教育的原则

创造教育原则是创造教育思想的体现，是组织和实施教育活动的出发点，是制订教育方案的依据。与一般教学原则不同的是，它从宏观教育方面反映了教育本身的特征和基本规律。它不仅适用于课堂教

---

① 周昌忠，编译．创造心理学［M］．北京：中国青年出版社，1983：88-90.

学，而且也适用于培养创造能力与个性的各种形式的教育活动。

1. 民主的原则

在科学技术高度发达的今天，民主已经不仅仅局限于政治生活领域了，而且也逐步渗透到学术领域，已经成为进行教学和开展学术活动的一项重要原则。民主教育原则是相对于强制性或训导式的教育而言的，其目的是要创造宽松的学习环境，使人们在一种“心理自由”与“心理安全”的状态下发展思维能力。

民主作为一项教育原则，可以普遍适用于一切教育活动。鉴于目前课堂教学仍然占着主导的地位，因此改革传统的、封闭的课堂教学就具有十分突出的意义。近十多年来，国外的大学及中小学都实行了民主化的教学。1970 年美国希尔伯曼（C. E. Silberman）发明了“开放课堂”的教学模式，为创造民主化的课堂气氛提供了经验①。课堂不是背诵经文的教堂，也不应当是教师的“一言堂”，应该是师生共同交流信息和切磋学问的论坛。但可惜的是，我们各类学校的课堂长期是单向传授知识的场所，虽然不是讲解经文，但就其形式来说，与教堂的作用也相差无几。

什么是开放式的课堂教学模式呢？我认为有以下几点是必须做到的：一是学生有选择课程的自主性，即学生可以根据自己的需要决定选什么课和是否上课；二是教师讲授的灵活性，除了必要的讲解以外，可以开展课堂讨论；三是课程内容的综合性，不仅要传授知识，而且要培养能力；四是学术讨论的平等性，师生相互切磋，能者为师。根据国外实验的结果来看，这种民主的、开放的教学效果普遍是好的，有利于培养学生的探索精神和质疑的能力，有利于促进批判性的探索，有利于创造性思维的培养。

---

① ［美］特丽萨·M. 艾曼贝尔，著．创造性社会心理学［M］．方展画，文新华，胡文斌，译．上海：上海社会科学院出版社，1987：203.

2. 自我实现的原则

一个人按照一定的目标，依靠内动力来表现和扩展自己的个性，进而实现自己的价值，这就叫做自我实现。这个观点符合唯物辩证法，符合创造教育个性化的原则，因而受到了当代青年们的普遍重视。

为什么人的自我实现是创造教育的一个原则呢？这是一个涉及创造力动机的问题。心理学家的研究曾指出：创造力的首要原因，似乎就在于我们在心理治疗中发现的同一个倾向之中，人的倾向在于自我实现，在于变成他身上的那个他——这是被我们视为治疗力量的倾向。我愿意说，这个倾向是人的生命所固有的，它要扩大、要长大、要发展、要成熟；我愿意说，这是要表达、要实现它固有能力的需要。①

这种自我实现的倾向，存在于每个人身上。问题是我们如何看待它，如果承认它，那么它就会受到保护，并且积极创造条件让它表露出来；如果不承认它，那么它就会隐蔽起来，甚至会遭到扼杀。二十年前，一些大学生在“发扬民主，解放思想”的激励下，提出了“自我设计”、“自我实现”的观点，这非但没能实现，而且还受到了批判。有些人把“自我实现”看成是“自我奋斗”，是脱离党的领导的倾向。我想只要不是僵化或者持有偏见，都不会把为振兴中华而“自我设计”和“自我实现”的青年看成是走“白专”道路。其实，就包括反对“自我实现”的人在内，他们也是自相矛盾的，他们的今天是怎么走过来的呢？难道不是由自己而是由别人帮助他们实现的吗？再者，历史上那些伟大的科学家们的发明创造，难道也是由别人帮助他们实现的吗？

贯彻“自我实现”的教育原则，最重要的是尊重受教育者，摆正教育者与受教育者的关系。苏联著名教育家安·谢·马卡连柯写道：“如果有人问我：我怎样能够以简单的公式概括我的教育经验的

① 外国教育资料，1984（3）：21-28.

本质时，我就回答说：要尽量多地要求一个人，也要尽可能地尊重一个人。"① 马卡连柯的经验是十分宝贵的。对于大多数教师来说，要丢掉"师道尊严"，放弃"发号施令"的指挥棒，是相当困难的。但是，为了调动学生们学习的内动力，开发他们的创造力，我们又必须适应这一创造教育的原则，并树立一代新的教风。

3. 激励的原则

激励的原则是一项普遍的原则，它适用于一切领域。所谓激励，就是用精神的或物质的方法加强对受教育者的影响，激发他们的内动力，使他们精神振奋起来，使他们的个性和能力得到充分的发展。

激励能提高创造性，这已是人所共知的道理，而且也已为各类学校所普遍采用。但是，我觉得这些方法有的较陈旧，有的评价标准欠妥，因此未能起到应有的激励效果。根据创造教育的要求和现代管理的原则，可以采取以下方法实施激励：

一是制订目标，催人上进。目标管理是现代管理中的一个很重要的方法。一个学校要有目标，每个人也要有目标。教育管理者的任务就是制订管理部门的目标，并激励人们去实现这个目标。提出既鼓舞人心又切实可行的目标，能够给学生造成期待的心理，激发他们的欲望，调动他们的全部力量来实现目标。

美国奥斯本发明的"头脑风暴法"，实际上是一种目标激励法。他认为，创造过程包括两个步骤：观点的产生和观点的评价②。实施这个方法，就是为了发现新观点，为此，鼓励人们"随心所欲"地想象，欢迎人们提出与众不同的或不寻常的意见，并禁止任何评价。"头脑风暴法"在企业中比较流行，但在教学中却很少应用，我认为它的一些原则对教学也是适用的，不妨在大学的教学与科学研究中试行。

---

① 马卡连柯全集（第5卷）[M]. 北京：人民教育出版社，1956：136.

② [美] 特丽萨·M. 艾曼贝尔. 创造性社会心理学 [M]. 方展面，文新华，胡文斌，译. 上海：上海社会科学院出版社，1987：230.

二是组织竞赛，鼓励竞争。竞赛在激励方法中占有很重要的地位，它的作用是激励优秀，促进落后，使教育的效果普遍提高。美国西屋科学天才奖就是为了选拔和鼓励创造型人才而设立的，它不仅在美国而且在世界上都有重大的影响。这个奖创立于1941年，由美国西屋电气公司出资，美国科学局主办，每年一次，奖金为14万美元。颁发此奖的目的，是鼓励中学生进行科学研究。考核的内容包括：学术知识、思维能力、创造潜力及科研成果等，竞争激烈，成效巨大。几十年来，在获奖的学生中，已有5人获得诺贝尔奖，70%的学生获得了博士学位①。西屋科学天才奖的做法是成功的，但不知为什么不能推广这种选拔人才的做法，而宁愿沿用那种僵死的考试办法。由此可见，教育改革是艰巨的，要实行一种新的方法，要建立一种新的人才观，是多么的不容易啊！

三是奖励创新，树立榜样。从整个历史来看，奖励制度的建立，的确促进了人类的创造，现代的国际诺贝尔奖就是激励创造发明的指挥棒，它培育出了无数的大发明家，诱发出了无数的重大发明成果。为了培养本国的科学精英，德国、瑞士、瑞典、法国、日本、韩国等都选拔本国最优秀的学生去参加诺贝尔颁奖典礼，让他们与诺贝尔奖获得者会晤，以激励他们的发明创造意识。

诺贝尔奖授奖仪式和与诺贝尔奖获得者会晤，这是高层次的，不可能有很多的人去参加这种活动。但是，每个国家也可以颁发科学发明奖，也可以组织全国和地区性的杰出发明家与优秀青年们会晤。开展这些活动不要图形式，习惯于作几场大报告，这样做效果是不会好的。关键的是交流信息，切磋学术，启迪思想，指点路径，把优秀青年引到发明创造的门口，然后告诉他们：现在应当是你们往前走的时候了。

4. 有效的原则

在70年以前，英国著名的物理学家贝尔纳（J. D. Bernal，1901～

① 人民日报，1986-03-06.

1971）就指出：“在我们认清我们的社会为了无效率的大学不能不付出多大代价之前，我们可能还不得不忍受目前的教学制度。”① 在这里，贝尔纳指出了一个很重要的原则，就是大学的有效性的问题。旧的大学教学制度是无效率的，现在的情况又如何呢？情况变化无几，无效性比比皆是，例如陈旧的教学内容、照本宣科的讲授、死记硬背的考试方法、吃大锅饭的人事制度、落后的管理方式等。

正因为现行的教育存在严重的无效性，所以创造教育就特别强调有效的原则。有效是就贡献而言的，知识工作者特别重视贡献，唯有如此，才能体现自己独特的价值。有效性是创造教育的试金石，如果离开了有效性，那么创造教育也就没有意义了。

创造教育的有效性，主要表现在以下三个方面：一是实行有效的教学，充分利用教学时间，贯彻“少而精”的教学原则，学习最新的实用知识。二是把教学与科学研究结合起来，既出人才又出成果。学生不单纯是消费者，在学习期间也可以为社会作贡献。例如，1985年苏联莫斯科大学学生与企业签订了180万卢布的合同。他们共完成了500项科研成果，直接用于生产，共获得1700多万卢布的经济效益。三是培养出创造型人才，以便将来从事创造性的劳动。

第四节　创造教育体系

创造教育是从现代教育体系中分化出来的，是人类教育走向进步的标志。现在，创造教育既是现代教育的一个子系统，又是一个独立的教育体系。当然，这里所说的独立性，只是相对的，就其子系统来说，它是相对独立的，而从整体上来看，它与其他学科又有着千丝万缕的联系。创造教育体系应当包含两层意思，它不仅反映创造教育实施的系统以及它们彼此的相互联系，而且反映创造教育学科与其他学科之间的联系。

① ［英］J. D. 贝尔纳，著．科学的社会功能［M］．陈华芳，译．张今，校．北京：商务印书馆，1982：129.

1. 创造教育体系

创造教育已不再是一个单纯的理论问题，而是一个广泛的实践活动，成了千百万青少年追求的目标。创造教育是一个大系统，是一个连续的教育过程，贯穿人的一生之中。因此，不能把创造教育仅仅局限于学校，限定在某一个教育阶段，更不能以为开设一两门创造技法的课程就可以解决问题了。发展创造教育，必须从社会大体系出发，着眼于人的优化发展，把创造教育变为广泛的社会实践活动，变成千百万人的自觉行动。

按照系统科学的观点，创造教育是一个完整的系统，而且又是按照一定的层次构成的。从人的发展与教育的特点出发，我们把创造教育分为三个层次：

一是前期创造教育。我把从婴儿出生到初中毕业这个时期的教育，统称为前期创造教育，这与教育学上的“前期教育”是完全不同的概念。这个时期包括婴儿、幼儿和少年三个发育时期，要经历家庭教育、幼儿教育和初等教育三个阶段，大约需要 15 年。从心理学和生理学上看，这是一个十分关键的时期，人的脑功能、创造性个性等基本上是在这个时期形成的。

我之所以把这一相当长的时期划为前期创造教育时期，主要是基于下面两个原因：第一，从发育学上看，这是少年儿童长身体、长知识的重要时期，也是人最天真活泼的年代。一般来说，在这个阶段，个体是自由发展的，社会上的压抑、干扰和人际关系等对他们影响不大。第二，从创造教育来看，这一个时期的共同教育目标主要不是放在培养创造能力上，而是着重培养创造性个性、创造性想象力以及其他最主要的素质。

前期创造教育不仅是必要的，而且是完全可能的。它不仅有心理学家们的大量实验作依据，而且也从大量的前期创造教育的实践中得到了证明。事实上，前期创造教育一直是一个最活跃的领域，一大批心理学家、儿童教育家们在这一领域中已取得了丰硕的成果。前期创造教育是人有作为的，它是创造教育的基础，是创造型人才的源泉。

二是学校创造教育。这是指从高中到大学、研究生这一时期的教育，如果包括博士后阶段在内，大约也是15年。从学制上，这个阶段要跨越高中教育、大学教育和研究生教育三个阶段。与习惯分期不同的是，我没有把高中划入普通教育阶段，而是把它归并到大学教育这一阶段。我的认识是基于：第一，高中生已走出了天真烂漫时期，生理发育已成熟，开始接受到复杂的社会影响。在这一方面，他们更接近于大学生，而明显有别于少年学生。第二，从智力上，高中生已具有发展创造力的各种必要素质。我们可以把高中生看成是预备大学生，而事实上确有许多高中生都具备了学习和掌握大学教学内容的能力，如大学少年班就是证明。高中与大学是学制把它们分开的，但并不能说明它们在智力上有不可逾越的鸿沟。

从16岁至30岁，是人的知觉能力、记忆力、思维能力、实践能力等各种能力形成的关键时期。据科学研究者对近四百名杰出科学家的统计，他们作出重大发明的最佳年龄是25岁至45岁，其最高峰值为37岁左右。这说明，青壮年是创造力最旺盛的时期，是发明创造的黄金时代。

学校创造教育正是面向这一批才气横溢的青年们，要用新的思想、新的知识、新的方法去开发他们。具体地说，学校创造教育的任务有：巩固和发展前期创造教育对少年、儿童所形成的创造性的个性，为发展培养创造力打下的基础；在高层次上培养以创造性思维能力为核心的综合能力；参加以科学实验为主的科学探索活动，既培养创造能力，又尝试进行发明创造活动，使出人才、出成果统一在创造教育的过程中。

三是应用创造教育。这是指从大学毕业以后至生命停止以前的漫长时期的教育，这个时期也是每个人为社会作贡献的时期。从功能上说，这个时期的教育也属于继续教育，但不同的是，它不是为更新职业而进行的教育，而是以创造力开发和应用为目的的教育。

应用创造教育的范围极广，不受年龄、学历和职业的限制，可以采取多种形式、多种途径，在多种层次开展。从当前以至今后相当长的时期内，应用创造教育应当担负三项任务：

（1）对社会青年的教育。由于现在的大学还不能满足全体青年求学的要求，所以还有许多青年直接进入社会，他们有的在待业，有的边工作边学习，坚持走自学成才的道路。不管他们是属于哪种情况，但绝大多数人是愿意学习的，而且在他们之中必定蕴藏着各式各样的人才，甚至是奇才。社会没有理由不关心他们，创造教育也应该向他们敞开大门，因人而异地实施教育，重点是开发他们的创造力。

（2）对在职员工的教育。这也是一个庞大的队伍，是为社会创造财富的主体，因此，对他们实施创造教育，对于科学技术的应用，对于创造高度的物质文明，具有十分重要的意义。对这部分人的教育，主要是结合他们的职业进行的，以举办创造技法讲习班为主，鼓励他们大胆开展技术革新，开展提合理化建议的活动，把他们的创造力开发出来。

（3）高层次的应用创造教育。所谓高层次，是指对那些已经受过高等教育而从事工作的人。他们已有良好的知识、智力基础，有的可能就是具有创造性素质和能力的人才。但是，从学习知识到应用和创造知识，从潜创造力到真正的创造力，还必须经过转化的过程。应用创造教育的目的，就在于实现这种转化。根据这部分人的特点，教育的主要形式不是系统的教学，而是传授创造方法，积极参加科学研究活动。为此，必须为他们提供良好的研究条件，创造民主、自由的学术研究环境，使他们的创造才能得到充分的发挥。

以上我把创造教育体系划分为三个层次，这仅仅只是一种探索性的尝试，也许还可以再划出其他的层次来。仅就这三个层次而言，它们也不是彼此孤立的，它们之间彼此联系，构成一个体系。不过，有一点是共同的，即作为这个体系主线的创造力，它贯穿在每一个层次里，体现在每一个活动中。

2. 创造教育学体系

一个学科体系的建立，一是决定于其自身的发展与完善的程度，二是依赖于它与其他学科的联系。创造教育学的存在已是无疑的了，但它有没有一个体系呢？应当说，它已形成了一个体系的雏形，虽不完善，但正在向成熟方向发展。

创造教育学体系是以人为对象，以培养创造力为目的，由教育目的论、教学论、教学方法论、教学控制论等组成的理论体系。

创造教育学赖以产生的原因有两个：一是时代对人才培养的要求，二是各有关学科相互渗透的结果。事实上，创造教育学就是由教育学与创造学相互渗透而产生的一门边缘学科，同时它与其他学科也有着密切的联系。就创造教育学与其他学科关系而言，可以概括为三个层次：一是紧密层，二是半紧密层，三是松散层。

属于紧密层的有：教育学、创造学和心理学。教育学是创造教育学的母体，尽管创造教育学有着自己的特点，但是它仍然不能割断与母体的血缘关系。创造教育学不是完全摒弃教育学中的理论和规律，而是在借鉴的同时加以改造。创造学对创造教育学的形成，起着很重要的影响作用，它赋予了创造教育学的特性。心理学家们似乎比教育学家对创造力更感兴趣，所作的研究也更多，这正说明心理学与创造教育的密切关系。所以，我认为教育学、创造学和心理学是创造教育学的三大基础。它们各自的作用是：教育学提供了理论和方法，创造学规定了它的实质和特征，而心理学为它揭示了培养创造力的规律。

社会学、生理学、脑科学和“新三论”（信息论、控制论、系统论）与创造教育学的形成与发展，也有着比较密切的关系，但它们不是血缘关系，是属于亲戚关系，所以我把它们划为半紧密层。社会学与教育学结合，产生了教育社会学，国外还专门出版了创造社会心理学的专著。这些都说明，社会学对创造教育学有很大的影响，如创造教育的社会职能、环境对创造教育的影响等，都要借助社会学的理论来阐明。脑科学和生理学的研究成果，为创造教育提供了可靠的生理学前提。“新三论”的观点和方法，也引起心理学家和教育学家的重视，创造教育学也不断地从它们那里吸取自己发展的营养。

除了以上的几门主要学科以外，创造教育学还同其他许多学科有关系。这种关系可能不那么密切，好像是朋友关系，所以我把它们列入松散层次。属于这个层次的学科就太多了，可以毫不夸张地说，创造教育学同社会科学和自然科学领域中的许多学科都有联系。其中比较突出的有：人工智能、人才学、管理科学、自然科学史等，它们也从不同的方面影响创造教育学的发展，使创造教育学的理论和体系日臻完善。

第五章 创造教育的实施

创造教育是通过一系列的教育环节和活动来实施的，我们把这些环节和活动统称为创造教育过程。创造教育是包括从幼儿到成人的多层次的教育实践活动，每个层次各具特点，本章只讨论大学的创造教育的实施。

第一节 创造教育过程及其本质

创造教育过程是一个动态的、系统的教育工程，它是由众多的、相互联系的教育环节所构成的。实施创造教育，不仅需要进行教学活动，而且还需要开展多种形式的其他活动，如科学研究、科学实验、生产实践、社会调查、业余学术社团活动和社会服务等，以培养具有创造能力的各种专门人才。

1. 教学过程的本质是优化知识结构

教学活动是实施创造教育的主要形式之一，是培养学生智力的基本途径。教学活动与创造教育的关系，犹如部分与整体的关系一样。根据学校教育工作的规律，培养创造型人才必须坚持以教学为主，建设民主、自由的学术环境和稳定的教学秩序。但是，以教学为主不能简单地理解为以上课为主，不能排斥其他富有教育性的教育活动。

教学活动包括教与学两个部分，是通过教学过程来进行的。教学过程是一个连续的、动态的概念，是教与学的统一过程，是学生掌握知识、培养能力、形成科学世界观和全面发展个性的过程。

德国教育学家赫尔巴特（Johann Friedrich Herbart，1776—1841）

最早提出“教学过程阶段”的理论，把教学过程分为明了、联合、系统和方法四个阶段①。后来，他的门生齐勒尔（J. Ziller，1817—1882）和赖因（W. Rein，1847—1929）又把“四段论”发展为“五段教学法”，即预备、提示、联想、总结和应用。赫尔巴特及其学派在“教学过程阶段化”理论的研究上，是有重大历史功绩的。这个理论在一定的程度上揭示了教学过程的客观规律，对于从个别教学转入班级教学和使教学过程规范化等方面都起到过积极的作用。问题是，后来把这一套做法变成了固定的格式和死板的公式，使生动的教学过程变成了既缺乏生气又没有任何创造性的刻板的程序。

20世纪50年代，以凯洛夫（Ivan Andreevich Kairov，1893—1978）为代表的苏联教育学派也提出了教学过程的模式，即组织教学、感知新教材、理解新教材、巩固知识和练习应用等。从本质上来看，这个模式与赫尔巴特的教学过程阶段没有什么区别。它们的共同点是：只强调教授现成知识，而不培养创造性思维，强调讲授在教学过程中起主导作用。

美国心理学家布鲁纳（J. S. Bruner，1915— ）对于学习和课程编制进行过系统的研究，他在《教育的过程》一书中提出，学校的课程应该强调知识的结构，而不要拘于细节。他认为，“结构的优点在于简化资料，推论出新的问题，以及不断加强掌握某一知识的能力”②。通过比较发现，布鲁纳的教学过程比赫尔巴特的教学阶段具有更多的合理性，主要表现在强调合理地组织学生的知识结构，反对死记硬背零星的知识，强调学习是人的主动活动，不赞成把学生永远置于被动状态。

2. 启发式教学是教与学的互动过程

启发式（也称发现式）教学是与传统教学不同的新型教学模式。

---

① 上海市高等教育研究所，编．教育思想研究［G］．1985：217.

② A. C. 奥恩斯坦，著．美国教育学基础［M］．刘付忱，等译．北京：人民教育出版社，1984：214.

所谓启发式教学，即学习者不是依赖于从他人口头表达中得到一个概念或原则，而是在教师指导下，通过自己独立思考而获得新的知识。简单地说，启发式教学就是一切为发现而教，在学习中发现，在发现中学习。

就其教学过程来说，启发式教学与传授教学也是不同的。其具体过程是：自学、讲授、讨论、实践和应用。这个过程虽然也是五个阶段，但与赫尔巴特的“五段教学法”有根本区别，它特别强调自学、讨论、实践在创造教学过程中的作用。事实上，把教学过程划分为若干阶段只具有相对的意义，一方面它们并不能完全概括各种教学过程的全部内容，另一方面教学过程的各个阶段本来是一个相互联系的整体，是不可能完全割裂开来的。

在教学过程中，划分阶段并不十分重要，而起决定性作用的是用什么思想和方法来组织和指导教学。现代教学论中的启发式教学思想，是符合辩证唯物主义认识论的，也符合培养创造型人才的要求。我认为，“启发”的思想就是贯穿于创造教学过程中的链条，它是开启创造性思维的钥匙。

其实，启发式教学并非始于今日，早在两千多年以前，我国古代教育家孔子就主张“不愤不启，不悱不发”，“举一隅不以三隅反，则不复也”①。其意思是，在教学过程中，一定要培养学生的独立思考和“举一反三”的能力。在教育史上，一切中外开明的教育家都主张启发式教学，反对注入式教学。但是，为什么数千年以来，对启发式教学总是倡而不兴呢？主要原因有三：一是教师的价值观。对于大多数教师来说，把传授知识视为自己的职责，代代相传，根深蒂固。从本能上讲，一个人一旦成为教师，很自然地会把自己视为学生的标准，并且总是希望把学生培养为统一规范化的人。二是教师的知识和能力不适应启发式的要求。对一个教师来说，采用启发式的教学，不仅需有宽广的胸怀和渊博的知识，而且还必须具备很高的智力和灵活的教学艺术。三是教学的评估制度不利于启发式教学。数百年

① 杨伯峻．论语译注［M］．北京：中华书局，1980：68．

以来形成的僵死的教学评估制度，束缚了教师和学生的主动性和创造性，使他们都变成了书本的奴隶。

教与学的过程，是一种生动活泼的思维活动，启发式教学可以深化人的思维活动，而注入式的教学只能窒息思想火花。启发式教学的关键在于“启”，不仅要启蒙知识，更重要的是启发创造性的思维，启迪创造性的灵感。启发式教学的特点是：强调学生是学习的主体，对学生实行引导，但不牵着鼻子走；强调独立、自由的思考，教师重在传授方法和指明路径，但不代替学生作结论；强调智力的充分发展，鼓励创新意识，但不忽视掌握系统的知识。

总之，启发式的教学方法是一种科学的教学法，是符合教学客观规律的。启发式教学的关键在于正确处理教与学的相互关系，目的在于开发创造性思维能力，造就创造型人才。

第二节　教学过程与创造过程

按照马克思主义的观点，教学过程和创造过程都属于认识论的范畴。因此，探讨教学过程、创造过程与认识过程的关系，对于科学地组织教学，实施创造教育，都是具有实际意义的。

1. 教学过程是特殊的认识过程

毛泽东同志曾指出：“实践、认识、再实践、再认识，这种形式，循环往复以至无穷，而实践和认识之每一循环的内容，都比较地进到了高一级的程度。这就是辩证唯物论的全部认识论，这就是辩证唯物论的知行统一观。”① 他又说：“就知识的总体说来，无论何种知识都是不能离开直接经验的。任何知识的来源，在于人的肉体感官对客观外界的感觉，否认了这个感觉，否认了直接经验，否认亲自参加变革现实的实践，他就不是唯物论者。”② 上述论述，深刻地阐明

① 毛泽东选集（第1卷）[M]. 北京：人民出版社，1991：296-297.

② 毛泽东选集（第1卷）[M]. 北京：人民出版社，1991：288.

了存在与意识的关系，揭示了人是怎么认识世界的。

教学过程是学生在教师的指导下，由不知到获得知识的过程。总的来说，它也是遵循辩证唯物论的认识论的。但是，教学过程是一种特殊的认识过程，它有别于人的一般认识过程。教学过程的特殊性表现在：

第一，从认识来源上看，教学过程主要是学习书本知识，这些知识对于学生来说是间接的，因为不可能事事亲自实践，这些知识是否正确，能否应用，还有待通过实践进一步检验。

第二，从途径看，教学过程是采取走捷径的办法来获得知识，这就是在教师指导下有计划、有目的、有组织地学习，与通过实践发现真理的途径相比，显然具有速度快、容量大的优点。

总之，教学过程与人们认识客观世界的一般过程既有联系又有区别。如果说，人们认识客观世界是遵循由“感性认识到理性认识的推移的运动”，那么教学过程主要是理性认识的推移运动。乍看起来，这种说法似乎违背辩证唯物论的认识论，否定了认识来源于实践的科学结论。其实，虽然在教学阶段，认识是从理性知识开始的，但从全过程来看，书本上的理性知识也来自于实践，只不过是前人的直接经验罢了。所以，我们讲认识的来源，不能仅仅局限于个人的直接经验，还应当包括人类直接经验的总结。

在教学过程中,也有一些教学活动是按照“实践、认识、再实践、再认识”的过程来进行的,例如实验教学、生产实习、社会调查、毕业设计和科学研究等。这些教学活动,虽然在整个教学中占的比例不大,但是它们对于培养学生独立工作的实际能力,具有很重要的作用。

2. 创造过程是认识的突变

创造过程是发现新事物的过程，即把某种设想变成人类最优秀成果的过程。长久以来，心理学家们一直在探索创造过程的秘密，并且围绕着这个问题形成了许多的学派，如以沃拉斯、罗斯曼等为代表的“心理发展阶段论”，以弗洛伊德、荣格为代表的“精神分析理论”，以及阿瑞提的“动机论”等①。

上述各种观点，虽然从某种角度也能对创造力的形成作出一些解释，但我认为还是把创造过程纳入认识论的范围来讨论更为科学一些。按照辩证唯物论的观点，创造过程就是人们认识和改造客观世界的过程。那么，为什么有的人能创造而另一些人不能创造呢？人的创造是在什么时候发生的呢？要回答这些问题，还是要回到认识论上来，只要对认识的产生和发展有了透彻的了解，就不难理解发明创造是怎么产生的。

毛泽东同志曾指出过：“社会实践的继续，使人们在实践中引起感觉和印象的东西反复了多次，于是在人们的脑子里生起了一个认识过程中的突变（即飞跃），产生了概念。”② 认识过程的突变是一个很重要的概念，我认为突变就是创造思维的产生。作为认识的过程，它是一个连贯的思维过程，有时要持续很长的时间，但作为认识的突变则往往发生在一瞬间。按照辩证唯物论的认识论，认识的突变发生在两个阶段：一是由感性认识到理性认识的能动的飞跃，一切在实践基础上抽象出来的科学定律、学说等都是属于这一类，如居里夫人从实验中发现放射性元素钋、镭及其放射性，丁肇中从实验中发现J粒子等；二是由理性认识到实践的能动的飞跃，一切由理性认识所演绎出来的假设、理论、计算方法等都属于此类，如爱因斯坦所发明的质能方程式，提出了由物质粒子可以转变为巨大能量的理论，此论已由原子弹和氢弹的巨大威力所证实。

科学研究和文学、艺术的创作，都十分重视灵感的作用。我们所说的灵感不是上帝赐予的“至高无上的圣灵之光”，而是在认识过程中通过思想磨砺而产生的火花。唯物论并不反对灵感，而认为灵感是人们在文艺和科学研究中，因思想高度集中、情绪高度紧张而突然表现出来的创造力。按照认识论的观点，灵感的产生也是认识的突变，

---

① ［美］S. 阿瑞提，著. 创造的秘密［M］. 钱岗南，译. 沈阳：辽宁人民出版社，1987：17-42.

② 毛泽东选集（第1卷）［M］. 北京：人民出版社，1991：285.

是认识从无到有、从量到质的飞跃。灵感的产生，在多数的情况下是无意识的，但并不是没有基础和条件的。什么是产生灵感的基础呢？唯物论的基本观点是存在决定意识。因此，丰富的实践经验、渊博的知识、精湛的技术、深厚的文化修养等都是产生灵感的基础。有了良好的基础，并不一定能产生出灵感，还必须具有诱发灵感的条件。一般来说，无拘无束的环境、外界强烈的刺激、睡觉中的梦幻等，都是诱发灵感的条件。诱因是因人而异的，有些人甚至是在刷牙、蹲厕所、坐火车时，突然产生新思想的火花。

心理学家们认为，任何身心正常的人都有创造能力，也都有产生灵感的可能性。但事实上，作出发明创造的人，特别是作出伟大发明的人只是极少数。原因是多方面的，要么是不具备创造性的素质，要么具备了创造性的素质而没有捕捉到创造性的灵感，当然也还有一个机遇问题。唯物论认为，客观世界的一切事物（包括迄今为止的一切世界难题）都是可以认识的，创造能力也是可以培养的，发明创造也是可以实现的。问题是，我们要普及创造教育，创造良好的、宽松的环境。对于个人来说，要加强创造性素质的培养，正确地把握住认识过程中的两个突变，善于捕捉灵感，不断地把灵感之光变成创造之果。

3. 教学过程与创造过程的统一

有人说，大学的教学过程是教师教和学生学的过程，是一条学习科学真理的道路；而创造过程是研究工作者走的一条发现科学真理的道路。如果孤立来看，这话也并不错，不过它只是反映了职业分工的不同。但这些看法也有一定的片面性，不能把学习真理与发现真理截然分开。在教学过程中，能否把科学家在创造过程中发现知识的方法传授给学生呢？换句话说，能否把教学过程与创造过程统一起来呢？从理论上讲是可能的，因为教学对于学生是一种从不知到知的过程；科学研究过程是探索未知，对科学家来说，也是从不知（或不完全知）到知。因此，大学生的学习与科学家的研究，在认识的规律和逻辑上，是有很多共同之处的。

事实上，很多教育学家、心理学家一直在探索如何把创造方法引进到教学过程中来，例如，布鲁纳提倡的“学科结构论”和“发现法”，托兰斯的论著《创造力开发与课堂教学》，施瓦布的“科学探究模式”和赞科夫的“发展性教学”等①。他们虽方法各异，但目的都是为了把创造力的培养引进到教学过程中来。从实验的情况看，这些方法都是有效果的，都使学生在掌握知识的同时，又培养了创造性的思维能力，有的甚至还作出了发明或创造性的成果。

世界上的一切事物都包含着相互矛盾的两个方面，它们既有统一的一方面，又有对立的一方面。我们讲教学过程与创造过程的统一，当然是相对的，绝对的统一是不可能的。因此，在进行教学改革的过程中，我们要正确处理好教学过程与创造过程中的共性与个性关系，决不能因教学过程的特殊性而拒绝引进创造性的方法；同时，又要防止用创造方法代替科学教学内容的倾向。

第三节 科学研究与创造

科学研究与创造是紧密联系在一起的。从本质上说，科学研究就是探索未知，就是发现、发明和创造。问题是，以培养人才为己任的高等学校，是否应当从事科学研究？大学生能否从事科学研究，以什么形式参与科学研究？下面，将对这些问题给予初步的回答。

1. 高等学校是科学研究的一个方面军

早在1809年洪堡创办柏林腓特列·威廉大学时，就提出了大学既要重视教学又要重视科学研究工作，这是最早提出把大学办成两个“中心”的思想。后来，这一办学思想传到了美国，到了19世纪末，美国各大学普遍重视科学研究，并且形成了一批研究性的大学。这在世界大学教育中是很特别的，绝大多数的基础研究项目都是由研究性的大学承担和完成的。

---

① 天津社联学刊，1986（12）：2.

苏联的大学开展研究工作较晚，直到1936年以前都还是教学与科研脱节。1956年苏共二十大才提出要吸收高等学校参加为国民经济服务的科研，1969年正式提出高等学校要担负培养人才和科学研究两大任务。此后，苏联高等学校的科学研究发展很快，效果也十分明显。据统计，第15个五年计划期间，经济部门用高等学校的科研成果获得的效益达到80亿卢布，科研投资效益为1:67。

高等学校应开展科学研究已是毫无疑义的了，问题是大学生能否参加科学研究？教学能否与科学研究相结合？回答是肯定的。大学生结合教学参加科学研究，不仅已经为很多实践的经验所证实，而且也日益成为高等教育发展的趋势。

大学生参加科学研究是培养他们创造能力的重要环节。科学研究的实质，是探索未知，是发现或发明前人未曾有过的东西。在英文里，研究叫做 research，它是由前缀 re 与词根 search 组合成的，search 是搜寻的意思，而 research 就是再搜寻的意思。这是很科学的解释，所以研究就是探索，就是去寻找未知的答案。科学研究与学习不同，前者是走自己的路，创造新知识；后者是照着前人走过的路走，只能接受前人创造的知识。

2. 大学生参与科学研究的主要形式

对于大学生参加科学研究的必要性，多数人已不再怀疑了，但仍有人担心大学生参加科学研究会冲击教学。担心不是没有道理的，但问题也是可以解决的，关键在于怎样真正做到教学与科学研究的结合。从国内外的经验来看，大学生参加科学研究工作可有以下的方式：

一是采用研究式的教学法，把传授知识与创造知识结合起来。用研究式的方法教学，就是要以研究的眼光看待教学，把教学过程看作是研究问题的过程。事实上，任何一门学科或一个科学定律，都是人们在一定阶段上对客观世界的认识，它们不可能而且也永远不会结束真理。因此，教师在教学中不仅要讲已经成熟的内容，而且还要讲那些不成熟的和有待研究的问题；不仅要讲主导学派的理论，而且还要介绍各派之说；不仅要讲一种方法，而且要介绍各种方法；不仅要讲结论，而且要教给学生解决问题的思路与方法。总之，大学的教学过程是教学与科研相结合的过程，是在教师指导下培养学生创造性思维能力和科研能力的过程。只要恰当地组织教学，调动教与学两方面的积极性，这一目的是可以达到的。

二是科学的选定习题，把作业与科研结合起来。教师如何出作业题？学生以什么态度完成作业？这里面的学问大得很。习题不仅仅只是为了验证某些理论，练习某些计算方法，而且还可以成为培养大学生科研能力的一个重要环节。一个构思奇特、内涵深广的习题，就是一个小的研究课题，解题的过程就是培养创造思维的过程。对于教师来说，要从研究的角度命选习题（包括考试题目）。对于学生来说，要克服为交差而做习题甚至是抄袭他人作业的坏习惯，自觉地训练自己的科研能力，把做习题的过程当作学习、应用和开拓新知识的过程。在这一过程中，大学生是可以充分地发挥自己的聪明才智的。据报道，1987 年美国芝加哥大学物理系四年级学生罗伯特·盖瑞斯特发现牛顿所著《数学原理》中的一个错误，这是该书出版以后三百年都未被发现的。值得注意的是，盖瑞斯特是在例行作业时重新计算这个方程式时发现的。为此，他的论文得了 A^+，得到了科学荣誉团体 sigma Xi 颁发的“科学杰出奖”，并免试被密歇根大学接受为研究生。这件事再次说明：第一，科学只是开辟了真理而没有结束真理，我们应当以批判或研究的观点去对待已有的科学知识，使之不断向前发展；第二，科学研究最可贵的精神是认真，善于观察，做科学发现的有心人。

三是开设课程论文，把学习知识与应用知识结合起来。目前，普遍的做法是在一门课讲授结束后，举行一次期末考试，以复习和巩固所学的知识。我并不一概地否定这种做法，只是想对它作些补充。针对不同性质的课程，有的可以考试（采取新的考试法），有的可以用写课程论文的方法代替考试，特别是人文、社会科学和理工科的专业课可以采用这种方法。它的好处是：可以全面地检查学生的理解能力，借以达到巩固所学知识的目的；可以避免死记硬背，盲目地追求分数；可以充分发挥学生的想象力和创造能力。

四是开放实验室，把“模拟教学实验”同科学研究结合起来。实验教学是理论联系实际的重要环节，在理工科类大学的教学中占有重要地位。但是，迄今为止，实验教学的内容都是验证性的实验，而且完全是按照标准的方法进行机械操作。大学生们对这种实验缺乏兴趣，所以他们普遍不重视实验。如果我们实行实验室开放，有目的、有计划地开设一些独立设计的实验，让他们自己查阅资料，自己设计技术方案，自己动手，这样既可以达到验证理论教学的目的，又可以培养学生的独立研究的能力。此外，实验室应当对大学生开放，使它成为业余爱好者进行科学研究的园地。

五是加强毕业论文（或设计）环节的指导，把系统科学研究训练同出成果结合起来。毕业论文（或设计）是培养大学生创造能力的一个十分重要的环节。毕业论文（或设计）在教学过程中是一个特殊的阶段，它既是教学计划中的一部分，又是相对独立的研究活动。毕业论文（或设计）的目的，一是对学生进行系统的科学研究训练，为今后的独立工作打下初步的基础；二是选择难而适度的研究题目，要求作出一定的成果。

对大学生的毕业论文（或设计），也有一个如何指导的问题，是“抱着走”，还是放手让他们自己走，这关系到对学生培养的要求问题。为了培养学生的创造能力，应当放手让他们独立查阅文献、设计方案、撰写论文等，发挥他们的主动性和创造性。在做毕业论文的过程中，教师既要严格要求，加强指导，又要尊重学生的独创精神，支持他们一切合理的建议，并帮助他们实现设想。

第四节　课余活动与创造

大学生正值长身体、长知识的发育时期，尽管肩负着繁重的学习任务，但他们仍有过剩的精力。因此，大学应当创造条件，为他们提供充实的课余生活，一方面陶冶他们的兴趣与情操，另一方面又通过课余活动开发他们的创造力。

1. 大力提倡学术社团活动

不少大学开展第二课堂活动，收到了良好的效果。何谓第二课堂呢？第二课堂当然是相对于第一课堂而言的，如果我们把教学计划以内的教学活动称作第一课堂的话，那么教学计划以外的与学习有关的活动，我们就称之为第二课堂。第一课堂对于培养合格的大学生是重要的，而第二课堂的作用也是不可忽视的。第二课堂的重要性在于培养学生广泛的兴趣，交流信息，增长实际的才干，以弥补第一课堂之不足。

学术社团活动是开展第二课堂的主要形式，也是培养大学生创造能力的园地。学术社团活动可以按专业组成，也可跨专业建立。参加社团活动要坚持自愿的原则，不应当强迫学生参加某一社团，但每个学生应当参加自己喜爱的社团，一个不关心社团而只会死读书的学生，是很难适应未来需要的。

开展学术社团活动一定要依靠学生，充分发挥他们自我设计、自我教育和自我管理的作用。经验证明，在大学生中倡导成立学术社团是容易的，但要坚持下去并切实开展有成效的活动是困难的。关键的问题是要发现和培养一批积极分子。这批人要有组织管理才能，要有牺牲自己的精神，要像晶核一样凝聚一批志同道合的活跃分子。大学生是流动的，随着毕业生的离去，必须做好学术社团骨干的接替工作。形势在不断变化，大学生的组成和他们的爱好也在不断变化，因此一个学校的学术社团也会发生变化。一所大学要花力气办好几个有代表性、有影响的学术社团，发挥它的骨干作用，至于一般性的学术社团，可以放手让学生自己去办。也许有些学术社团停办了，但另一些社团又会兴起来，这种新旧交替的现象是完全正常的。

2. 开展丰富多彩的文娱、体育活动

也许有人会感到奇怪，文娱、体育同创造力的培养有什么关系呢？按照传统的观点，培养学生的智力主要是靠读书，书读得越多则越有学问。其实，这种看法是片面的，完全忽视了文娱、体育对发展人的智力的作用。美国阿瑞提在分析创造基因时，把文化手段列为第一个因素。他认为："想促进创造力的政治领导人必须促进文化手段的存在与发展。"① 这里所说的文化是大文化的概念，包括了文学、艺术、电影、新闻、图书和教育等。

文娱活动包括文化和娱乐两大部分，它的主要功能是陶冶人的思想情感和欣赏美的能力。青年人正处在身心发育时期，加强文娱活动，对于全面开发他们的智力是非常重要的。美感是培养创造型人才和促使科学家进行科学探索的重要心理因素。美的力量是巨大的，它可以唤起人们去探索未知领域的欲望，同时又可以启迪一个人怎样去进行探索。也就是说，以科学美作为准则，充分地运用想象力去提出各种新观念和新思想。大自然既是一切艺术作品和美感的源泉，同时又是科学发明创造的源泉。

物理学家玻恩（Max Born，1882—1970）说得好："我个人的经验就是，很多科学家和工程师都受过良好的教育，他们有文学、历史和其他人文学科等方面的知识，他们热爱艺术和音乐，他们甚至能够绘画或者演奏乐器……" 也许在玻恩那个时代有这样兴趣广泛的科学家，可是现在恐怕不多了。我痛感现在大学生的文化生活太贫乏了，他们的文化素质太差了，因此加强文娱活动更显得必要。

体育课和业余体育活动是培养德、智、体全面发展的人才的重要组成部分，它不仅能增强青年们的体魄，而且还能培养他们坚强的毅力，造就良好的创造性的品格。例如25岁的大学生李朝林发明了足球棋，并获得了发明专利权。他本是学习机械专业的，但自幼喜爱足球，是校足球队的守门员，为救险球摔碎过眼镜。他善于思考，也勤于钻研，仅用了一年多的时间，就发明了棋理高深和娱乐性强的足球棋。事实说明，大学生通过业余文娱体育活动，不仅可以培养创造性的品格，而且还可以作出发明创造。

---

① ［美］S. 阿瑞提，著．创造的秘密［M］．钱岗南，译．沈阳：辽宁人民出版社，1987：401.

第五节　思想工作与创造

思想工作是全面贯彻执行党的教育方针的保证，是培养学生道德品质的重要措施，也是开发智力的原动力。因此，思想工作在任何时候都不能削弱，而只能加强。如何加强大学的思想工作呢？是遵循传统的一套做法，还是改革不适应的方法使之适应新形势的需要呢？这的确是摆在高等学校面前的一个重要问题。

1. 思想工作是激励创造的原动力

中共中央关于社会主义精神文明建设指导方针的决议指出："要努力适应新时期的需要，开创思想政治工作的新路子。"① 这就是说，在面对我国现代化建设的新形势下，我们要从实际出发，将实践作为检验真理的唯一标准，既要坚持过去那些行之有效的做法，又要勇于突破那些已被实践证明是不正确的观念和方法，研究社会主义现代化建设和全面改革形势下的新情况、新问题，探索高等学校思想工作的新经验，特别是揭示思想工作与培养创造型人才的基本规律。

进行思想工作首先有一个出发点的问题，也就是做思想工作的目的。在过去较长的时间里，思想工作总是处于被动的地位，出发点是怕学生出问题或者仅是解决已出现的问题。因此，过去的思想工作重点是抓防范、抓毛病、抓落后层，总之是抓消极的因素。发现人的思想上的毛病并用正确的方法进行处理，这仅仅是思想工作的功能之一，但决不是最主要的功能。那么，思想工作的主要功能是什么呢？我认为，其主要功能是发现和最充分地调动人的积极因素。道理是很明显的，衡量思想工作成效的大小，决不是发现的消极因素越多越好，而是发现的先进人物越多越好。思想工作的保证作用靠什么呢？当然也是靠人的积极因素，靠人的创造精神。因此，当前的思想工作

---

① 中共中央关于社会主义精神文明建设指导方针的决议［M］．北京：人民出版社，1986：23.

必须实行转变，即由消极防范向主动激励转变，由机械灌输向理解、疏导转变，由抓毛病向抓积极因素转变，由重点抓后进层向重点抓先进层转变。思想工作的出发点实质上也就是思想工作的归宿，只有端正了认识，思想工作才能获得成效。

2. 思想工作必须适应新形势的需要

思想工作的内容是很广泛的，但重点是培养正确的是非观和养成良好的行为习惯。概括起来，主要有以下几点：

一是培养学生有理想，有志向，并不断地追求人生最高的价值。理想是人们毕生追求的崇高事业，志向是为实现伟大事业所立下的决心，价值则是实现其理想而取得的成果。因此，有理想，有志向是创造型人才最可贵的品格。马克思曾指出：激情、热情是人强烈追求自己的对象的本质力量。无数的事实均说明，一个人追求的理想越高，那么获得的动力越大，智力越能得到充分的发挥。行为科学的研究也证明，一个人在其行为发生之前，对自身的目标、价值追求得越高，获得成功的几率也越大。

崇高的理想和远大的志向，不是自发形成的，主要是靠后天的培养教育。因此，学校要从青少年时起对学生进行理想教育、人生观教育，建立正确的价值观念，努力使他们成为“有理想，有道德，有文化，有纪律”的一代新人。

二是培养学生爱科学，求真理，树立伟大的献身精神。马克思曾说：“在科学上没有平坦的大道，只有不畏劳苦沿着陡峭山路攀登的人，才有希望达到光辉的顶点。”在科学发明和探索真理的道路上，从来就不可能是一帆风顺的，其中担风险、受挫折、遭迫害，甚至流血牺牲的事也是常有的。不少科学家明知有风险，却偏要迎着风浪上，有的科学家还拿自己的身体来做实验，这些事实显示了科学家们追求真理、热爱科学、献身事业的伟大精神品质。科学发展史说明，如果没有一批又一批勇于献身的科学家，就不可能有人类今天的文明。为了科学事业的进一步发展，为了建设社会主义现代化和人类更美好的未来，需要通过思想工作，培养大批富有献身精神的创造型人才。

三是培养学生勤奋刻苦、顽强拼搏的精神和百折不挠的毅力。科学研究是十分艰巨的高智力劳动，当一项发明诞生以后，人们看到的都是荣誉、赞美，可是很少有人想到在那成功的背后经历了多少艰难困苦，那些探索者们为它付出了多大的代价。

勤奋刻苦不仅是成就事业的条件，而且还是发展人的智力的基本途径。一个人的天资有高有低，能力也有大有小，但是这种差异并不是固定不变的。恩格斯曾指出："人在怎样的程度上学会改变自然界，人的智力就在怎样的程度上发展起来。"① 事实的确如此，有些人虽然很聪明，但不思上进，不愿下苦功，结果一事无成；相反的，有些人虽然才不出众，但他们善于学习，不畏艰难困苦，勇于开拓，结果充分地发展了自己的智力，作出了重大的贡献。

四是培养学生勇于创新、不断进取的创新精神。俗话说：学无止境。自然界的新事物是层出不尽的，创造发明也是无止境的。美国第二大比萨饼连锁集团达美乐的创始人汤姆·莫纳汉，原来是在孤儿院长大的，1984 年其个人财产 3 亿美元，1984 年获哈佛商学院"年度企业家奖"，现在世界上达美乐比萨连锁店超过 1 万家。他的格言是："人应当永远不知足。我一生引以为自豪的是奋力向前，成功是没有终点的旅途。"

"虚心使人进步，骄傲使人落后。"一个人成就一番事业固然可喜，但坚持不断地开拓则更可贵。毛泽东同志曾指出："人类总是不断发展的，自然界也总是不断发展的，永远不会停止在一个水平上。因此，人类总得不断地总结经验，有所发现，有所发明，有所创造，有所前进。"② 毛泽东同志的论述是很深刻的，既总结了历史发展的规律，也概括了创造型人才应具有的共同品格。

有一种看法，以为培养创造型人才只是进行专业知识和能力的训练，这种看法是片面的。创造型人才应当具备三个方面的素质，即智

---

① 马克思恩格斯选集（第 4 卷）[M]. 北京：人民出版社，1995：329.
② 毛泽东著作选读（下册）[M]. 北京：人民出版社，1986：845.

力因素、个性特征和思想品德，三者是相互依存、相互促进的，缺一不可。

加强思想工作必须针对当代青年的特点，采用科学的方法。为了进行思想工作，建立教育者与被教育者之间的信任、理解是很重要的，教育者如果不理解被教育者，思想工作就是无的放矢；如果不信任被教育者，就会失去做思想工作的信心；如果不关心被教育者，那么思想工作就不会有成效。进行思想工作还必须遵循“外因通过内因起作用”的原则，不管采用何种方法，最终还是要调动受教育者的积极性。因此，在思想工作中，要充分发挥受教育者的“自我调整”作用，使他们切实感到自身的需要，并且自觉加强思想品德修养，为使自己成为创造型人才而努力。

第六章　创造性教学

教学是一个很广泛的概念，包括的内容也很多，如教学大纲、教学计划、教学内容、教学方法等。本章的目的是从教学方法的角度，讨论创造性教学。何谓创造性教学呢？创造性教学是区别于传统教学方法的一个术语。如果下一定义的话，那么凡是有助于培养学生创造能力和品格的教学方法或技术，都称为创造性教学。

第一节　传统教学方法的弊端

传统教学是一个特定的概念，它有着鲜明的时代特征。从内容上看，传统教学是一定历史时期教育工作规律的总结，是与那个时期的经济和社会发展相适应的。在如何对待传统教学上，认识从来都是不一致的。对于守旧者来说，总是把传统教学看成是“金科玉律”，只能遵循而不能改变；而对于激进的改革者来说，往往把传统教学与陈腐联系在一起，认为教育改革必须破除传统教学。其实，这两种看法都是片面的。正确的态度应当是：坚持批判性的继承，尊重传统的教学，但又不因袭陈旧的教学方法，取其精华，弃其糟粕。

1. 必须辩证地看待传统的教学方法

我国是文明古国，在长期的教育实践中，出现过许多杰出的教育学家，他们所倡导的教育思想和治学之道，正是我国传统教学的基石。应当看到，这些教育思想的影响是根深蒂固的，至今仍然深深地影响着我国的教育实践。另一方面，自19世纪40年代，随着西方教育思想的输入，引起了我国教育由古代学校模式向近代学校模式的过渡。与此同时，西方的传统教育思想也逐步传入我国，特别是教学论方面，基本上因袭了德国赫尔巴特的一套做法。总之，我国教育中所保留的传统教育的做法，不仅有我国古代教育的成分，而且也包含着西方传统教育学派的影响。就其影响的程度而言，在其教育思想和治学的态度上，主要是受我国古代传统教育的影响；在教育制度和方法上，在很大程度上是受西方传统教育的影响。

按照辩证唯物主义的观点，对传统教育应当“一分为二”，既要肯定它们在教育发展史上的作用，又要看到它落后的一面。不管是中国的传统教育思想，还是西方的传统教育思想，在教育发展史上，都对社会起过推动作用。例如，在以孔孟为代表的教育思想中，就有许多璀璨的珍宝。在孔子的教育生涯中，累积了不少符合教育规律的教学方法，如因材施教、学思结合、启发式教学、教学相长、锲而不舍、循序渐进、温故知新、言传身教等。这些教育思想和方法，流传了数千年，至今仍不失其借鉴的意义。同样地，对待西方的传统教学方法，也不能采取否定一切的态度，应当承认它在实现教学规范化和大批量培养科技人才方面起过的积极作用，而且他们所倡导的教学形式现在仍然还在起作用。

任何一种教学方法都是和一定的教育思想相适应的，而教育思想又是特定时代的产物。时代是不断发展的，因此教学方法也会出现老化的问题，传统教学中那些陈腐性和落后性的东西，也就会日益暴露出来。

现在，我们所说的传统教学方法，一般是指以课堂讲授为主的一套方法，如讲授法、读书指导法、演示法、布置作业法、课外辅导法和质疑与答疑法等。这种教学方法实际上是经院主义的教学方法，最早产生于中世纪。所谓经院主义的教学方法，主要表现为口授，宣读讲稿，讲课者逐句逐字地念课文，学生逐句逐字地记笔记。经院主义者认为，知识是从理性中推导出来的，是唯一可靠的，因此学校的任务就是传授知识。到了19世纪初，赫尔巴特又进一步强调传授知识的重要性，他认为，教师是系统知识的传播者，教学是系统传授知识的途径。于是，赫尔巴特发展了经院主义的教学方法，并且把它规范化和制度化了。

自赫尔巴特至今的两百年间，虽然经历了无数次的教育改革，但是传统的教学方法几乎没有什么大的变化。课堂讲授依然是主要的教学形式，教师讲、学生听仍然被视为是天经地义的。这说明，传统教学方法的影响根深蒂固，开展教学方法的改革是极其艰难的。

陈腐的传统教学方法之所以落后，主要表现为“注入式”的教学，也有人把它概括为“三中心”，即以课堂为中心、以教师为中心，以书本为中心。这种教学方式是“填鸭式”的，教师拼命地灌输，学生囫囵吞枣，死记硬背。对于这种陈腐的教学方法，我国一些开明的教育家早就有所批判。东汉思想家王充曾指出：“为世用者，百篇无害，不为用者，一章无补。”① 宋朝王安石在批判旧的教学方法时也指出：“学者之所教，讲说章句而已。”② 蔡元培先生是我国近代一位杰出的教育家，他也反对“注入式”的教学方式。他很形象地指出：“我们教书，并不像注水瓶一样，注满了就算完事。最重要的是引起学生读书的兴味，做教员的，不可一句一句，或一字一字地都讲给学生听。最好使学生自己去研究，教员不讲也可以，等到学生实在不能用自己的力量了解功课时，才去帮助他。”③ 这说明，陈腐、传统的教学方法的弊端，早已被人们所认识，只是有这种认识的人太少了，而要对它进行改革那就更困难了。

陈腐的传统教学方法，不仅不能适应于培养创造型人才的要求，而且还会残害人才。

2. 新旧教学方法之比较

如果把传统教学方法与创造教学方法作一比较，我们就可以看出它们的根本区别。

---

① 王充．自纪．
② 王安石．上仁宗皇帝言事书．
③ 蔡元培教育文选［M］．北京：人民教育出版社，1980：116-117．

类　型	传统教学方法	创造教学方法
目　的	传授知识	培养创造能力
方　式	灌输	启发
教师任务	讲授和解惑	启发思路和指导研究
学生任务	记忆	深入思考
特征表现	知识渊博 局限老框框 善于模仿	新思想丰富 自由思考 勇于发明创造

通过比较可以看出，传统教育方法有以下弊端：

一是忽视了能力的培养。传授知识是重要的，但知识不等于能力。长期以来，在我国的学校教育中，追求分数的现象比较严重，但是分数不等于能力，而且“高分低能”的情况越来越严重。造成这种现象的主要原因是“三中心”的教学方法，忽视了培养学生的创造能力。拿我国大学生与西方国家大学生作一比较，我们从中发现，在考试书本知识方面，我国学生比外国学生要强；但一旦进入科研工作或参加实际工作后，我国学生就显得不及他们了。这说明，我国的教学方法更落后，受传统教学方法的影响更深。

在对待学问的态度和治学的方法上，传统教育与创造教育是根本不同的。前者是为了获得现成的知识，后者是追求创新的能力。中国学者与欧美学者在治学态度上也是不同的，一般来说，中国学者夸“多识”，而西方学者则赞“新知”。由于长期受传统教育的影响，在我国知识分子中，尊崇古人和信奉圣贤之言的风气很浓，缺乏求异和创新的思考习惯，这就是我国近代科学技术落后的根本原因。

二是压抑了学生学习的主动性、积极性和创造性。在教与学的关系中，长期存在重教不重学的传统影响，其主要表现是，强调教师的主导作用，而忽视学生的主体作用。教与学是由教师与学生构成的矛盾的统一体，按照矛盾论的观点，事物矛盾的两方必然有一个是主要矛盾，它是事物发展的决定性因素。教与学何者是主要矛盾呢？如果教是主要矛盾，那么就必然会得出结论：教师越努力，教的内容越多，学生就应当学得越好。但是，我们所看到的情况并不完全是这样，有时教授的内容越多，学生反而越糊涂，教师虽然很辛苦，但学生成绩仍然平平。同一教师教授相同的内容，对于不同的学生，其效果是完全不同的，有的出类拔萃，有的成绩平平，有的成绩低下。这是什么原因呢？显然不尽是教师的原因，而是学生的原因。这也说明，学生是学习发展的内因，而教师的讲授、教学条件以及社会等因素的影响，是学习发展的外因。因此，培养创造型人才，最重要的是充分发挥学生主体作用，调动他们学习的主动性、积极性和创造性。

但是，传统的教学方法强调以教师为中心，使学生在某种程度上成为被动的。求知和上进的欲望本来是十分可贵的，但是传统的教学非但不鼓励，反而控制这种欲望。在这里，学生完全成了教师任意摆布的卒子，成了贮存信息和程序运算的计算机。正是由于传统教学方法的影响，所以我国大学培养的学生以“知识型”居多，缺乏独立思考、独立应用和独立创造知识的能力。这并非由于学生的素质不好，而是传统的教学方法束缚了他们创造才能的发挥。

三是削弱了实际知识的训练。书本知识是重要的，特别是对于学校教育来说，大量的还是学习前人创造的间接知识，但传统教学方法强调以书本知识为中心的思想却失之偏颇。问题主要有三点：

(1) 不能完全以书本知识代替实际知识和技能的训练，应当加强实践教学环节，培养学生独立分析和解决问题的能力；

(2) 不能完全满足于接受前人的知识，而应当学会开拓新的知识；

(3) 不能完全迷信书本知识，应当以批判的眼光看待书本知识，去伪存真，不断发现真理。

四是影响了尖子人才的成长。传统教学方法最大的弊端就是同步性，对不同的学生搞“一刀切”。大学生虽然是经过统考录取的，但是参差不齐的情况仍然存在，特别是在进入大学以后，随着环境的改变，他们之间的差距也越来越大了。社会化的人，本来就是千差万别的，他们不仅志向各异，而且兴趣爱好也各不相同。因材施教本来是一种优良的教学传统，但这只是一种理性认识，千百年以来，除了个别的名师遵循之以外，从来就没有在学校认真、普遍地实行过。究其原因，主要是教师的素质问题，就大多数人来说，不仅没有因材施教的技能，而且也没有因材施教的智能。

“一刀切”的教学方法是形而上学的，它是最省事的方法，但同时也是最糟糕的方法。“一刀切”的教学方法就是用一把尺子为标准，把学生加工为同一规格的产品。例如，大学生们本来兴趣不一，各人可以发展自己的爱好，但“一刀切”不允许“吃偏食”，只能委曲求全，平均发展。有些学生自学能力很强，本来可以不上课，但为了怕教师“穿小鞋”，还是到课堂上去“陪听”。有些学生智商高，本来可以学得多一些，走得快一些，但在统一教材和同一进度的束缚下，只能踏步不前，过着“半饥半饱”的学习生活。这一切都充分说明，传统的教学方法是影响创造型人才成长的，这也是我国大学培养不出大批出类拔萃人才的原因。

五是浪费了大量的教学时间。人类的教育始于口授，这在文字和印刷不发达的古代，完全是合情合理的。据说，英国牛津大学最早使用的教科书是用牛皮做的，把圣经刻制在牛皮上，书重达几十斤，需用人抬到讲台上去。显然，这种教科书不可能人人都有，只能由教师口授。但是到了今天，信息载体已高度发达，各种教科书、参考书、工具书已大量出版，如果再完全沿用口授的教学方法，已显得落后了。特别是人文、社会科学的课程，完全照本宣科地讲授，不仅枯燥无味，而且也是浪费时间。有的学生就向我反映说：“有些课程，我们充其量几个星期就可以学完了，可是老师却要不厌其烦地讲授一年，真是误人子弟！”

科学文化不断发展，知识激剧增加，面对着这种形势，学校的教学无论如何是不可能把全部所需要的知识都教给学生的。靠延长学制不是办法，增加课时也无济于事，正确的方法是教授方法，使学生了解知识的整体性，学会学习，学会研究，学会创造。只要掌握了基本知识和学习的方法，那么他们就会知道从哪里最快和最准确地找到并学会自己所需要的知识。

目前，我国不仅是世界上大学学生平均在校学习天数最多的国家，而且也是课时数最多的国家。这种状况是不正常的，应当精简教学内容，减少上课的学时，鼓励自学，允许冒尖，以实现早出人才、出好人才的目的。

第二节　教学方法与创造

“方法”一词来源于希腊字 metodos（英文是 method)。它的意思是指研究和认识事物的途径。教育学是研究人的教育的科学，所以教学方法就是研究对人实施教育的方法和途径。

1. 方法与创造同样重要

马克思主义经典作家历来十分重视方法学的研究与作用。恩格斯曾深刻地指出过:“马克思的整个世界观不是教义，而是方法。它提供的不是现成的教条，而是进一步研究的出发点和供这种研究使用的方法。”① 马克思主义的认识论和方法论是统一的。一部《自然辩证法》，就是马克思主义认识世界的自然观、科学观，同时又是改造世界的方法论。马克思主义的方法论，不仅是认识世界和改造世界的武器，而且也是我们建立符合认识规律的科学教学方法的基础。

自20世纪80年代以来，世界各发达国家都十分重视教学方法的改革，并且进行了各种改革试验，以提高教学质量。例如，美国的教育学家认为，美国学校至今的功能仍像19世纪的工厂，培养学生如同制造产品。虽然学生被批准毕业了，但他们不具备当今全球性竞争的能力。为了改变这种状况，美国埃克森石油公司的教育基金会向布朗大学捐款60万美元，支持他们推行新的教学方法改革试验。新教学方法主要是强调教师对学生的启发，而不是像信息传输装置那样机械地授课。联合国教科文组织也积极倡导教学方法的改革，外联助理

---

① 马克思恩格斯选集（第4卷）［M］. 北京：人民出版社，1995：742-743.

总干事纳依曼曾指出：我们必须尽快改变我们对高等教育的理解。今天所教的80%～90%，应该放在科学方法论、教学方法、推理方法、从事实做结论的方法以及分析综合事实的能力上。方法比事实更重要。①

方法之所以重要，是因为它是一种综合的能力。对此，法国著名的生理学家贝尔纳（Claude Bernard，1813—1878）曾作过深刻的阐述，他说："良好的方法能使我们更好地发挥运用天赋的才能，而拙劣的方法则可能阻碍才能的发挥。"在科学史上，大凡成功的科学发明家，除了天赋条件以外，他们必定既是勤奋的耕耘者，又是善于运用科学方法的能人。贝尔纳正是这样的发明家。他在研究动物体内的糖代谢作用时，意外地发现肝脏的血液中糖分很高。按照传统的观念，动物是不能合成碳水化合物的，只能从食用植物中吸取。但是，贝尔纳未被传统观念所束缚，经过一系列的实验，他终于证明了肝脏的糖原生成作用，从而打破了传统的观念。这一发现，是贝尔纳运用演绎法而获得成功的，它有力地说明了方法与创造的密切关系。

2. 必须采用创造性的教学方法

教育的力量是巨大的，"教育既有培养创造精神的力量，也有压抑创造精神的力量"②。这里的关键是用什么方法进行教育，用创造教学方法可以开发学生的创造能力，如果用传统的教学方法，那就会压抑甚至是扼杀学生的创造才能。这种例子在科学史上是屡见不鲜的。大发明家爱迪生小时候曾经常补考，有一次由于问了一个在教师看来很愚蠢的问题而被赶出了学校；达尔文被认为是呆头呆脑；爱因斯坦曾受到高考不第之苦……这些人明明是伟大的发明家，是举世皆知的杰出人才，但为什么曾蒙受不公正的待遇呢？这正是传统教育思想的偏见，是陈腐的教学方式和考试制度造成的。这也说明，僵死的

① 外国教育，1981（1）.

② 联合国教科文组织，编．学会生存［M］．上海：上海译文出版社，1979：205.

教学方法必须改革，否则压制人才的历史悲剧还将继续重演。

教学方法既是一种技术，也是一种综合的能力，它对于培养学生的创造能力具有很重要的作用。我国古代教育专著《礼记·学记》中曾写道："善学者，师逸而功倍，又从而庸之；不善学者，师勤而功半，又从而怨之。"这句话的道理是很深刻的，它包含了两层意思：一是说教授法与学习方法的重要性，它直接关系到学生能力的培养问题；二是阐明了教与学的关系，如果学生学习不得法，即使教师再勤奋，也只能收到事倍功半之效。对于培养创造型人才来说，既要善教又要善学，二者必须很好的结合。所谓善教，就是按照认识论的规律、教学的规律以及各门学科的规律进行教授，不仅让学生懂得反映客观规律的真理，而且还要使他们了解反映真理的规律；不仅要注意学生问了什么，而且还要了解他们提出问题的动机是什么；不仅要听他们回答问题的结论，而且还要看他们回答问题时的思路和方法。对于学生来说，善学就是遵循学习过程的基本规律，保持经久不衰的学习热情，养成良好的学习习惯，采取科学的、适合于自身特点的学习方法，生动活泼地进行学习，以达到最佳的学习效果。

俗话说：教无定法，学无定法。这句话又对又不对。从总体上说，教学作为一种思维活动，它们是有章可循，有法可鉴的。但是，对于不同的人，对于不同的学科来说，所采用的教与学的方法，也许是不同的，例如，讲授和学习自然科学与人文科学是不同的，高年级的教学与低年级的也是不同的。因此，再好的教学方法，还必须经过自己的实践摸索，使之符合自己的需要。有效的教学方法是在实践中形成的，它既是培养创造型人才的需要，又要仰赖于创造精神去探索。

第三节　教学艺术与创造

艺术与创造有什么关系呢？对此，《第三次浪潮》的作者托夫勒（Alvin Toffler，1928—　）曾澄清了一个模糊的概念。他指出："历来有一种对创造性的普遍的误解。一些学者对创造性下了一种反民主的、精英化的定义，认为只有某些职业才具有创造性，如艺术、发明、音乐等。我认为，任何人在任何地方都可能具有创造性。你可能是一名有创造性的牙医、管子工，也可能是一名有创造性的商人。而有些商人也是艺术家，他们的艺术媒介是经商。"① 这里，一方面说明创造性是普遍的，存在于人们所从事的一切实践活动之中；另一方面阐明了艺术与创造的关系，不仅音乐、美术是艺术，人们所从事的各种实践活动也都是艺术或艺术的媒介。当然，这是广义上的艺术。难道不是这样的吗？科学家进行实验，工人进行技术革新，园艺师从事果木嫁接，棋手下围棋，等等，他们既是在从事艺术的创作，同时又是在获取艺术的享受。所以，艺术是一种能力，你一旦获得了它，那么它又是开发创造力的力量。

1. 教学是一门艺术

教学艺术与教学方法既有联系又有区别。从广义上说，教学艺术也是一种教学方法，或者反过来说，教学方法也是一种艺术。但是，在具体内涵上，它们又是有区别的。一般来说，教学方法更富有认识论的特征，与各门学科的关系比较密切；而教学艺术具有技巧的特征，在应用上具有普遍性。例如语言艺术，无论是对于自然科学或是对人文科学，都是必不可少的。但是，自然科学和人文科学所采用的教学方法，无论是讲授或实践，都是很不相同的。

科学与艺术、科学家与艺术家又有什么相同之处呢？科学和艺术，当然是分属于不同性质的学科，尽管它们在内容上是不同的，但是在从事创造性的思考上却有许多共同之处。我们可以这样说，任何一项科学发明、一种新产品、一项新工艺，都可视为"伟大的艺术品"；而艺术的创造则是科学灵感的升华。所以，科学的创造离不开艺术，而艺术的创造也离不开科学，二者相得益彰。正因为如此，人们形象地把科学与艺术称作是"创造的双翼"。

美国人罗伯特·鲁特·伯恩斯坦研究了150位科学家的传记，他惊奇地发现，几乎所有的大科学家、发明巨匠都是艺术家、诗人、音

---

① 中国青年报，1988-09-16.

乐家、画家、作家，等等，他们的艺术生活大大地提高了他们的科学想象力。这一现象，引起了教育家和心理学家们的注意。瑞士心理学家卡尔·荣格认为，艺术活动是思考的一种方式。他认为，教育不包括艺术这门工具课是一缺陷，因此他主张学校的课程中要加进艺术的内容。艺术课的重点不应是讲艺术的发展史，也不是艺术的理论，而是提高大学生们审美的能力，培养他们观察的习惯。如果教学中增设了艺术工具课，那么犹如给心灵加上了眼睛，给想象加上了翅膀，否则学生们只能在混沌的世界里盲目地摸索①。

一百多年以来，学校施行的不讲求方法的教育，常为人们所诟病。教育是一切文明的传播媒介，但是它自身在吸取人类最新的成果上，又是十分保守的。难怪程序教学创始人之一，美国哈佛大学实验心理学教授 B. F. 斯金纳（Burrbus Frederick Skinner，1904—1990）深有感触地说："教育在接受科学成就和技术革新上是最缓慢的一个领域了。"看来，这是导致教育学和教学方法落后的原因，也是改革传统教育的困难之所在。近三十多年来，世界上一些教育发达国家，开始重视教学方法与艺术的研究，虽然取得了一些效果，但成就并不乐观。

教学艺术对于培养创造能力的作用，主要在于艺术的魅力。毕加索曾给艺术下过一个定义："它是帮助我们认识真理的一种谎言。"爱德华·威尔逊解释说："这一格言无论对艺术还是对科学都是合适的，因为它们都是以自己的方式通过'优美'来寻找力量。但这种出自灵感的谎言，只不过是思维和交流的手段而已。"②

2. 教学艺术的基本内容

教学艺术是由教育与艺术交叉而形成的一门应用技术学科，包括的内容很多，如语言、板书、幽默以及现代化的教学技术（幻灯、电影、电视、录音和计算机等）。尽管新的教学技术不断出现，但是

---

① 中国青年报，1986-11-09.

② 交流，1986（1）：22-25.

无论如何也代替不了教师的作用。从发展趋势看，未来的学校教学，必然是人机并用的局面，二者相互补充。但是，从本质上来说，机器的作用还须依靠人的设计与控制。因此，提高教师的教学技能，无论对于口授或机器教学都是十分重要的。有教育家估计，即使在现代化教学中，教学的讲授也要占到50%以上。美国《高等教育记事报》上的文章也认为，大学教师能否在课堂上获得成功，主要是由他的口头表达能力决定的①。在教育发达国家如此，在我国现今的大学教学中，更不可忽视教师的作用。当然，教师的作用并不完全体现在口头的讲授中，在课堂以外的教学活动中，教师的指导与组织管理也有一个教学艺术的问题。

既然讲授在目前的教学中还起着重要的作用，那么语言艺术就成了教学艺术的主要手段。语言的力量是巨大的，它具有传神、达情、晓理的作用。富兰克林是美国18世纪杰出的科学家、社会活动家和演说家。他听说有一个叫华德斐尔的牧师很有口才，便带着将信将疑的态度去听牧师的演讲，并下决心不给他捐钱。但是，他听了演讲以后，竟佩服得五体投地，于是把身上的金、银和铜币全部捐出去了。这说明，简单的说教是无济于事的，只有美好的、动人的语言艺术，才能从心灵深处感染和打动人们。

语言艺术与思维能力是密切相联系的。清朝大文学家龚自珍曾说："言为心声。"这就是说，语言是心灵和思想的反映。现代教育家和心理学家也认为，语言的能力和智力是相联系的，人类越进步，语言则越高级；人的智力越高，语言能力则越强。我们平素见到一些人说话时，语无伦次，其实是思维混乱；有的说话不得要领，那是由于抓不住重点。

讲授教学的效果好坏，直接取决于语言的能力。目前，在大学的教学中，教与学的矛盾，在很大程度上表现为教授不得法。不是少数，而是相当多数的教师不懂得教学法，缺乏最基本的教学技能。不少教师不仅谈不上语言艺术，而且连语言能力也很低，他们满口方

---

① 外国教育动态，1985（2）：64.

言，语词不清，思维混乱，枯燥无味，废话连篇。像这种讲授教学，怎么能使大学生满意呢？又怎么谈得上培养学生的创造能力呢？毛泽东曾说过："语言这东西，不是随便可以学好的，非下苦功不可。"①问题就在这里，有不少教师就是不重视语言的锻炼，以为只要有了专业知识，就可以把书教好。如果只有知识而缺乏语言表达能力，那只能是"茶壶里装饺子"，倒不出来。

语言艺术的要点，一是说话要明白。讲话既要简明又要精辟，杜绝长而空的讲话。二是说话要通俗。所谓通俗，就是大众化的语言，只有通俗，才能易懂。鲁迅先生也主张："说话作文，越俗，就越好。"② 三是说话要幽默。为什么人们爱听相声呢？这是因为相声很幽默，极富有趣味性。如果教学能够借鉴相声的语言技巧，那么这种教学一定是最受欢迎的了。幽默有助于培养创造能力，这是因为，在说幽默话或在享受幽默时，人们是处在一种极佳的心理状态，这恰恰是发明创造所需要的。

板书也是教师经常采用的教学艺术。一个优秀的教师，不仅写得一手好字，而且还有精湛的板书艺术。好的板书给予学生的不仅是知识，而且也是美的享受。教师在板书时，要讲求逻辑性、概括性、形象性，如果再配以奇特性，那么效果就会更好了，它将成为开启学生智慧之门的钥匙。

提高教学艺术是教师的事，学生则要提高学习艺术。就拿语言艺术来讲，教师固然要努力提高，但学生也必须加强语言能力的训练。我们试想一下，如果不提高大学生的语言能力，那么将来具有语言艺术的教师又从哪里来呢？

欧内斯特·博耶（Ernest L. Boyer，1928—1995）在《美国大学教育》一书中，把语言能力作为对大学生的第一要求。有不少大学把语言课程贯穿在大学本科的全过程，既要精通应用口语，又要精通写作。为什么美国如此重视语言的教育呢？因为他们认为："精通语

① 毛泽东选集（第3卷）[M]．北京：人民出版社，1991：837．

② 鲁迅．且介亭杂文·门外文谈．

言文字的写作和口语表达技能是顺利进行本科学习的基础。”“语言和思想是不可分离的。当学生发展其语言技巧的时候，也就在提炼他们的思想，就会变得聪明和富有社交能力。”① 美国人是不讲古老语言的，而且以富有幽默而著称。关于这一点，美国大学的语言教育起了良好的作用，使得美国成为世界上发明创造最多的国家。

在历史上，雄辩术曾是学校教育的一个基本内容，一年级要求作正式演说和开展辩论，二年级要修学一门“辩论学”课程。在19世纪里，有许多大科学家又都是雄辩家。例如19世纪英国自然科学家赫胥黎（Thomas Henry Huxley，1825—1895）就是在同牛津大学的大主教的辩论中成才的。他曾深有所感地说过：“演讲与辩论是比听课和做作业更好的科学锻炼。”

可是，现代科学技术的发展，致使语言艺术和辩论能力的训练被忽视了。近十几年来，在我国中学生和大学生中开展了业余演讲或辩论比赛活动，活跃了校园里的文化生活，锻炼了学生们的语言和思维能力，的确是一项有益的教育活动。我认为，这不应仅仅只停留在业余活动上，而且应把“演讲学”或“辩论学”作为课程纳入教学计划，使它成为开发学生创造力的一个工具。据介绍，在美国校园里出现了一种“马拉松朗诵会”。由大学生们自愿组成小组，昼夜不停地轮流在校园里朗诵名家的作品，如朗诵托马斯·品钦的黑色幽默小说《万有引力之虹》，总共花了40个小时。开展这种活动的目的，一是考验他们的耐力；二是锻炼他们的语言能力。美国普林斯顿大学一位教授美国文学的教授迈克尔·科瓦列斯基评论说：“我们正在拯救一门已失传的艺术。”② 这些趋势表明：未来需要的人才应当是善于表达、语言和书写精练、善于说理、能合作共事、具有民主决策与管理的创造型人才。

---

① ［美］欧内斯特·博耶，著．美国大学教育——现状、经验、问题及对策［M］．上海：复旦大学出版社，1988：89.

② 纽约时报（美国），1988-10-12.

第四节 创造性教学方法

创造性教学方法是与传统教学方法相对应的概念。所谓创造性教学方法，是指培养学生创造性思考能力的教学方法，也有人称之为现代教学方法或创造教学方法。虽然名称各异，但本质都是强调培养学生的创造能力。

在千百年教育发展的历史中，流传至今的教学方法不计其数。它不仅随时代的发展而更替，而且还因人而异。有的已总结成为定法，但更多的还是装在各人的脑子里。随着现代科学技术的发展与应用，又不断产生了新的教学方法，而且这种趋势还在发展。因此，要想全面介绍现代新的教学方法，实属是一件困难的事情。我无意介绍每一种创造性的教学方法，只是想借助几种有代表性的方法，以引起广大教师和学生对创造教学方法的研究，以便创造出更多有效的教学方法来。

1. 情感教学法

情感教学法是一种以情感人、以情育人的方法，它不仅可以调动学生学习科学知识的积极性，而且还可以培养学生健全的精神品格。古代哲学家柏拉图和亚里士多德都十分重视情感的作用。他们曾表示过一个见解：思维的积极性和创造性的工作，并不是单纯地开始于一个人碰到某种不可思议的问题之日，而是开始于他们对这个问题发生惊奇和热烈的感情之时。大量的事实说明：没有人的感情，就没有也不可能有对真理的追求。

科学技术的进步一方面促进了物质文明的建设，但另一方面又出现人情淡化的现象，导致技术与情感的不平衡。这一现象在学校的教育中也有反映，思想教育常为人们所忽视。针对这种情况，托夫勒在《十个大趋势》一书中，强调技术与情感要平衡，否则未来的社会不可能协调发展。日本大学也很重视情感教育，要求尊重学生的人格，消除一切不符合人性的教育方法。我国是社会主义国家，我们的目标是培养“有理想，有道德，有文化，有纪律”的新型人才，因此思想政治教育占有重要的地位。但是，传统的一套思想政治教育的方法已显得不合时宜，应进行改造，代之以科学的、富有人情的思想教育的内容和方法。

情感教学的实施可以独立地进行，但大量的还是要贯穿到各门课程中去。教育学家认为：“缺乏情感的教学，不是真正的学习，几乎所有的认知行为，都含有情感的成分，两者相辅相成，不可分割。”①教育的伟大功能就在于使情感与知识结合，只有这种结合，才能发展个性，使身心成熟，才能形成创造力。

从功能上来说，情感教学方法虽有传授知识的作用，但主要的还是培养创造型人才的品格和“个性心理品质”。具体地说，情感教学的作用有：

一是树立正确的生活目标。康德曾说过：“在目的王国里，一切都是有价值的，或者是有尊严的。”② 你想生活得有价值吗？那么，你就要树立远大的目标，并且要为此而努力学习，使自己成为一个有所作为的人。

二是发展学生的兴趣与爱好。兴趣与爱好是感情因素，也是学生成才的巨大动力。不尊重学生兴趣的教育，等于是屠宰心灵，是扼杀人才。

三是培养学生良好的自我调节的心理素质。人怎么才能排除空虚、烦恼、失败、成功、受辱、疾病等的困扰呢？这要靠良好的心理素质来调节，而情感教学是可以赋予学生这些素质的。

四是引导学生学会思考。情绪是思考的引发剂，俗话说的“急中生智”，就是讲情绪对思考的作用。激情可以帮助思考，悲愤也能促进创造，最不好的倒是那种对任何事无动于衷的态度。

五是发挥爱的伟大力量。爱因斯坦说过：“热爱是最好的老师。”

① 陈英豪，吴铁雄，简真真，著．创造思考与情意的教学［M］．高雄：复文图书出版社，1982：2.

② 池田大作选集［M］．北京：北京大学出版社，1988：312.

的确如此，在教学中的师爱，对专业的偏爱，对事业的热爱，对同学的友爱，都是可贵的精神财富，是使人成功的巨大力量。我的一个学生，在赴美国留学之前赠给我一枚用寿山石雕刻的印章，上面刻着“我师我父”四个字。这是爱心的凝结，是我们师生友谊的象征。

2. 发现式教学法

这是由美国“结构教育”学派代表人物布鲁纳倡导的，至今已在全世界试行。什么叫“发现法”？日本大桥正夫解释说：“发现学习就是以培养探究思维的方法为目标，以基本教材为内容，使学生通过再发现的步骤进行的学习。”发现教学法是一个总的概念，把它用于教师的教，称为发现式教法，把它用于学生的学，就叫做发现式学习。

发现式教学方法的特点，是模拟科学家的发明创造过程，这对于培养学生的创造能力无疑是有效的。科学家并不是为了认识才去发现，而是为了发现才去认识。可是，这个问题在教学中却被倒置了。教师为什么而教？学生为什么而学？这个看来已为大家所明白的问题，在教学中却作出了错误的理解。长期以来，教师是为传授知识而教，学生是为了获取知识而学。我们进一步再问，学习知识又是为什么呢？是为了认识还是为了发现呢？传统的教学方法回答不了这个问题，而发现教学法不仅可以回答而且还在实践中解决了这个问题。

按照唯物辩证法的观点，教育的作用是发之于“内”的。发现式教学法正是突出了这一点，按照以学生为主体的思想组织教学，设置创造的情境，使他们处于最佳的创造状态之中。这里不妨介绍一下美国大学的教学活动，它可以作为发现式教学的一个缩影。首先是教材，他们不仅没有全国统一的教材，甚至也没有固定的教材。教授们提供给学生们的是实际的、形象的东西，阅读的都是最新的第一手研究报告、调查和采访报告，并介绍各种相冲突的学术观点，以使学生们了解到最新的知识，对一些重大的学术观点和事件了解得更全面、更深刻。其次是讲授，美国教授们很少一本正经地从头讲到尾。他们把各种观点分类，抽出一些重要的内容作启发式的讲解，穿插着不拘形式的课堂讨论。在讨论中，不管什么问题都可以提出来，没有什么意见会被教授扣上错误或愚蠢的帽子。有些意见即使是很傻的，也不会遭受到讥笑，教授还会保护学生提问的权利，并尽量从中找出某些合理的成分。所以，这样的课堂不仅是传授知识的场所，也是培养学生创造能力的过程。

3. 讨论式教学法

讨论式教学法又叫课堂讨论法，有的叫专题讨论会，在英文里叫 seminar，它是从拉丁语 semen 衍生出来的，意思是种子。我认为，用这个字来表示讨论式教学法很有意义，因为在讨论中提出的新观点犹如种子，而讨论的形式就起着播撒种子的作用。

这种教学方法，早在 19 世纪中期就在德国试行了。1869 年，美国历史学家查理·肯德尔·亚当斯（Charles Kendall Adams）在密歇根大学引进了这种方法，接着这种方法被传播到美国其他大学。但是，把课堂讨论作为课堂教学的一种补充方法，那还是哈佛大学于 1904 年确立的①。目前，这种教学形式，在其他国家也比较流行，方式是多种多样的。但是，在我国大学中，由于讲授教学仍然占据统治地位，再加教师和学生性格内向，所以还很少采用，甚至在推广时还存在很大的阻力。

讨论式教学法与其他教学法不同，它的特点是民主性和双向性。千百年以来，课堂教学就是教师讲，学生听，完全是“一言堂”。即使学生产生了疑问，在课堂上也是不能提的，教师讲错了的地方，学生也不敢提出疑问。有一部叫做《没有纽扣的红衬衫》的电影，描写的是一个很有个性的学生安然，由于她在课堂上指出老师读错了字，于是大难临头。同学们讽刺她，老师冷落她，她被扣上了“骄傲自满”、“不尊重老师”、“好出风头”等帽子，还被取消了“三好生”的资格。这虽是电影艺术，却深刻地反映了我国教育思想、教

---

① ［美］欧内斯特·博耶，著．美国大学教育——现状、经验、问题及对策［M］．上海：复旦大学出版社，1988：161.

学制度和教学方法上的弊端。

开展讨论式的教学，必须要具备一定的条件，并且要认真作好准备。一是选择适当的课程，不是每一门课程都适宜进行讨论的，要有选择。一般来说，理论课比实践课、推理性课比陈述性课、专业课比基础课更具有讨论性。二是选择适当的时机。课堂讨论与课堂提问是不同的，前者只能有计划地进行，而后者随时可在课堂上进行。三是创造宽松、民主的讨论气氛。在讨论中，师生之间和同学之间，都是平等的。在真理面前，人人平等，不许压制不同的意见。在讨论中，教师既要指导，又不能包办代替。有条件的话，可由学生主持讨论会，由学生作出总结，以便使他们得到更全面的锻炼。

课堂讨论的准备，包括教师的准备和学生的准备。这种准备是十分必要的，是达到培养创造思考能力的重要保证。从教师方面说，主要是作好选题的准备。选题的学问很大，其本身就是一项创造性的劳动。一个好的论题就是一个研究题目，它应当具有三性：代表性、启发性和可讨论性。从学生方面说，主要是围绕着论题作准备，包括复习讲授过的教科书，查找有关的参考书和资料，提出自己的论点，写出发言提纲。学生要把准备发言的过程当作深入思考的过程、钻研的过程。讨论时每个学生都要积极发言，这样才能相互启发，产生新思想。

4. 疑问式教学法

每一门学科都是由一连串的问题和解决这些问题的答案所构成的。一项科学研究和探索，归根到底是要回答三个问题，即什么(what)、为什么（why）和怎样（how)？因此，教学中到处都是问题，以及由这些问题而引起的矛盾。我国古代大学问家们曾告诫说："学贵知疑，小疑则小进，大疑则大进。疑者觉悟之机，一番觉悟，一番长进。"12 世纪，法国哲学家彼得·阿伯拉尔（Peturs Abalard，1079—1142）在巴黎创办了一所学校，他曾提出："不断提出问题，是打开智慧的第一把钥匙。因为通过怀疑，我们被引导着去探究；通过探究，我们就能辨明真理。”①

疑问式的教学是教师用问题来启发学生思考，通过提问的方式引出新内容、新概念、新结论，并培养学生生疑、质疑和释疑的能力。善不善于提出问题，不仅仅是性格问题，从本质上说，还是思维能力问题。这正如爱因斯坦所说：“提出一个问题往往比解决一个问题重要，因为解决问题也许仅是一个数学上或实验上的技能而已。而提出新的问题、新的可能，从新的角度去看旧的问题，都需要有创造性的想象力，而且标志着科学的真正的进步。”②

开展疑问式教学的关键在于教师。目前，大学中的教学平铺直述者居多，这主要是教师还不善于在讲授过程中设疑。所谓设疑，就是教师在讲授前，自己首先提出问题，然后借题发挥，既引出所要讲解的要点，又启发学生思考。教师设疑要讲究艺术，设疑要得当，要分析学生的心理状态，真正把疑设在难点上，设在学生的真正疑点上。

5. 程序教学法

程序教学法是由美国实验心理学家斯金纳发明的，在20世纪60年代曾风靡一时。所谓程序教学，是学生按照一定的目标，根据自己的学习能力，独自钻研程序化自学教材的一种教学方法。按照这种教学法，学生的任务是自学程序化教材，检查学习进度，验证自己学习的成绩。教师的任务是编制程序化教材，指导学生自学。

程序教学法可分单线和复线，这是按照思维方式来划分的。如果按照使用的工具划分，又有程序课本教学和计算机辅助教学。至于选用何种程序，那要根据课程和学生的年龄而定。一般来说，低年级学生适宜非机械的程序，高年级学生选用教学机器。对于自学能力强的学生，可用单线的教材程序；对具有一般能力的学生，可用复线教材程序。当然，这些都是相对的，至于何种方法有效，那要因人、因课而异。

---

① 高教文摘，1988（6）：48.

② 自然辩证法报，1988（16）.

程序教学有利也有弊，既有利于培养学生的推理能力，又有单一、机械的缺点。它的优点是：有助于引起学生的兴趣；有利于自学，发挥学生的主动性；有利于教学的自动化和考试的规范化。它的缺点是：使用范围有局限性；教材程序化的工作量大；缺乏情感的双向交流。目前，程序化教学方法已不像四十年前那样热，但仍有它的应用价值。事实上，程序教学已进入教学实践之中，成为与其他教学方法相互补充的一种方法。

6. 范例教学法

这个方法最早是由德国教育实践家瓦根舍因（Martin Wagenschein，1896—?）提出的，现在已被广泛推广应用，特别是在企业管理教学中。在一些文献中，也叫案例教学法，我认为两者是同义词。范例教学法的特点是根据教学目的需要，选择一个或几个有代表性的问题，以它为范例进行讲授或讨论，使学生掌握有关这一类问题的知识和方法，同时提高他们思考问题、分析问题和解决问题的能力。

一个好的范例，就是一个研究课题，它可带动全书或部分内容的教学。范例的选择是很重要的，可以是推理型、计算型的，也可以实例为题材。进行范例教学，可以讲授，也可以采用讨论或辩论的方式。

范例教学具有多方面的功效，很有推广的价值。它的主要优点：一是克服"填鸭式"的教学缺点，以点带面，有利于精简教学内容，减少学时；二是有利于理论联系实际，使课堂与社会实践息息相通，做到学用一致；三是有助于启发学生思考，培养创造性地分析和解决问题的能力；四是有利于使教学与调查研究相结合，把科研引入教学，培养学生研究工作的能力。

7. 暗示教学法

这是用暗示的艺术进行教学的方法，虽然应用得不普遍，但也常为一些有经验的教师所使用。普通讲授法，是问答式的，直来直去。对于理解力强的学生来说，老师讲上一段，他就猜出了下一段，老师刚把问题提出来，学生就知道了答案。很明显，学生们对这种直线思维式的讲授是不满足的，因为达不到训练思维能力之目的。

暗示教学法的作用，是通过暗示，促进学生无意识的心理活动，挖掘心理潜力，以达到培养创造能力的目的。心理学研究表明，暗示比公开讲授更能激发学生的联想和抽象思维能力。人的思维能力还远未被充分开发，通过暗示教学，可以促使学生们的无意识的心理活动，开发他们潜在的创造力。心理学家们还证明，只要创造一种自由的心理环境，无意识的心理活动最能激发人的记忆力和创造力。

采用暗示教学法，关系到教与学两方面，因此教师与学生必须很好地配合。在进行暗示教学时，教师和学生分处在不同的地位。对于教师来说，是处在明处，是有意识的，对问题的答案心中有数。对于学生来说，是处在暗处，是无意识的，对问题的答案是模糊的。在实施暗示教学时，要精心设计暗示的问题，选择有利的时机。在自然科学教学中，有很多内容是可以用暗示法进行教学的。例如，教师给出一组化合物的元素分析和结构数据，要求学生求出这个未知化合物的化学结构式，这就是教师向学生暗示。在生活中，这种暗示活动也很多，实际上它对发展人的思维能力起到了重要的作用。

8. 立体式教学法

所谓立体式教学法，顾名思义，就是多方位的教学。这种方法的特点，是在教学过程中，调动各种积极因素，培养多种思维能力。这与单打一的教学方法不同，对于培养具有综合能力的创造型人才是很重要的。

目前，采用立体式教学有两种类型：一是讲授教学，通过综合讲述，以达到全方位思考的目的。重要的不是知识的获取，而是一种全方位思维能力的培养。二是采用现代技术教学，如外语课用语言实验室教学，化学课用科教片教学，刑法课用模拟法庭进行教学等，都可以达到培养学生综合能力的效果。

立体式教学的好处是：第一，寓形、声、意为一体，创造课堂教学的物理环境或现场，开发学生的想象力；第二，有利于多学科知识的交叉，在同一个单元时间内，可以获得广泛的知识；第三，有利于贯彻启发式教学，全面培养学生的创造思维能力。据有些学校实践的结果看，采用这种方法，不仅大面积提高了学生的成绩，而且还培养出了一批有创造成果的优秀学生。

第七章　创造性学习

什么叫大学？什么叫大学生？什么叫学习？这是一些显而易见的问题，从一般意义上说，是不难理解的。但是，要深刻领会它们的真谛，要做一名合乎时代要求的大学生，要真正学会学习，并不是一件很容易的事。

大学最早产生于欧洲，其英文 university 是由拉丁语衍生来的，原意为教者与学者的总汇，后来演变为知识的总汇。从这两种意义上理解大学都是可以的，因为大学不能没有教师和学生，也不能不拥有知识。大学生一词，也是由拉丁语 student 引入的，它的字义是“如饥似渴地、刻苦地学习”。什么叫学习？它不仅含义很广，而且解释也各不相同。我国古代是把“学”与“习”分开的，各有其含义。《论语》上说：“学而时习之。”这里，“学”是指获得知识与技能。“习”是指“温故而知新”。在《中庸》里，则把学习分为学、问、思、辨、行五个步骤。从教育学的角度来看，学习是一种认知过程，是学生在一定的学习环境中，在教师的指导下，按照一定的教学计划，掌握文化科学知识，发展智力和个性的过程。陶行知先生解释“学”的意思是：“要自己去学，不是坐而受教”，“求学的事，是为预备后来的生存”。在这里，陶行知先生阐明了学生学习的目的和意义。

第一节　学生是主体

我曾看过一篇关于“白天鹅饭店”的报道，其中引用了该店总经理治店的一句格言。他说：谁是“白天鹅”的主人？是顾客，不是总经理。这话虽不符合常理，但却蕴含着深刻的哲理。在这句话的启发下，我也提出了一个问题：谁是大学的主人？我的回答也是明确的，是学生，不是教师，也不是校长！这是我最初对以学生为主体的思想的认识，并且以此来指导我所从事的教育改革活动。

1. 两种不同的学生观

在教育史上，关于学校究竟是以教师为主体还是以学生为主体，一直是存在着两种不同的观点。一种是强调以教师为主体，学生仅仅是供教师们雕刻的一块“白板”，这种观点以赫尔巴特为代表；另一种则是强调以学生为主体，要求教师围着学生转，这是以杜威为代表的。这两种主张都各有其片面性。这虽是历史上的争论，但其思想影响一直流传至今。不过，真理总是越辩越明，通过讨论，人们不断修正自己的认识，最终还是要统一到符合客观规律的认识上。目前，我国教育理论界已基本上接受了“两为主”的思想，即“以学生为主体，以教师为主导”。理论认识是一回事，实际做起来却是另一回事，要真正树立和实践以学生为主体的思想，还有相当大的阻力，因此应当从教育观念上来一个根本的转变。

2. 学生是学校一切工作的出发点

所谓以学生为主体，或者以学生为主体的思想，是教学论中的一个教育哲学观点，是一种对教学过程中教与学两方面的地位和作用的认识。以学生为主体的思想，不是随意臆造出来的，它是客观存在的事实，有唯物辩证法的理论为依据。

首先，从学校的功能来看，应当承认学生是主体。按照一般的原则，高等学校有三大功能，即教学、科学研究和社会服务。教学工作的任务是十分明确的，就是为社会培养和输送大批合格的各类专门人才。在科学研究和社会服务中，除了教师的专门工作以外，也包括了大学生和研究生们的工作。这三项功能是互相联系的，是围绕着培养人这个中心而展开的，并且是为它服务的。办一所大学是为了培养人才，如果没有学生，那么这个学校也就没有存在的必要了。

学生是大学各项工作的出发点，是制订各项发展规划和工作计划的依据，这已是现行教育政策所规定的。例如，办一所大学首先是确定规模，这是以在校生的总数为指标的。学校的教学工作，是直接为学生服务的，当然是以学生为主体的。除此以外，其他各项工作也都是以学生为出发点的。例如，教育经费预算、教职员工的编制、基本建设、教学设备、图书资料等，都是以学生数量为基数来编制的。教育评估的一项重要内容，也是以每位学生的产出与投入之比来计算其经济效益的。

综上所述，应当承认学生是学校的主体，也可以说是主人。他们不仅是我们各项工作的出发点，也是我们工作的归宿；不仅是我们服务的对象，而且也是我们办好学校的依靠力量。只有牢固地树立了这个观念，教、学双方才会实现最佳的配合，获得理想的教育效果。对于教师来说，不再把受教育者看成是被动的，重视发挥他们的能动作用。对于学生来说，不再有临时做客的思想，树立主人翁的思想，努力学习，做未来的主人。

其次，从学生学习发展的内因看，以学生为主体是完全符合唯物辩证法的。在教学过程中，教与学是矛盾的对立统一体，其中教是为了学，教的好坏也是通过学得如何来检验的。因此，教师的讲授、教学条件和教学组织工作等，是学习发展的外因；而学生的学习态度、求知的兴趣与欲望、勤奋刻苦的精神等，是学习发展的内因。按照矛盾论的观点，外因是通过内因而起作用的，教师的讲授只有通过学生才能起作用。现代教学论者的研究也表明："教学效果基本上取决于学生对教学活动的态度。"这些都说明，学生是教学过程中的主要方面，他们处于主体的地位。只有明确了这个基本观点，才能科学地组织教与学，使教学工作按照教育科学规律进行。

再次，从教师与学生关系来看，教师是依附于学生而存在的。没有学生，就没有办学的必要，当然也就没有聘任教师的必要了。自古以来，有无师自通的学生，但是却没有无学生而独立存在的教师。承认学生是教学中的主体，并不否定教师在教学中的主导作用，恰恰相反，是要求教师在更高的层次上发挥作用。我们应当看到，教师从

“教”转到“导”上来，说明对教师的要求提高了。面对着这种新的要求，教师再抱着“一本书”主义已经不行了，应当学习和掌握最新的科学理论与广泛的专业知识，参加科学研究，学习与运用现代教学方法和手段。只有这样，才能起到对学生的指导作用，成为他们所欢迎的教师。

3. 学生要真正发挥主体作用

对于学生来说，重要的不是满足于自己是主体，而是要真正认识主体的含义，澄清在主体这个问题上的模糊认识，切实地发挥主体的作用。我们所倡导的主体论，不是降低对学生的要求，不是放弃必要的管理，不是不要教师的指导。相反的，是对学生们提出了更高的要求，要求他们自觉地肩负起学习的重任，学会自己学习、自己思考、自己研究。要做到这一切，没有高度的事业心和自觉性是不行的。同时，离开了教师的指导和必要的科学管理，也只能是在迷雾中行走，甚至有可能迷失方向。哈佛大学历史上任期（1869—1909）最长的校长艾略特（Charles Eliot，1834—1926）对他的教授们说：“大学应当把学生带到每个学术领域的最前沿，然后对学生们说：我们前辈已经取得了这些成绩，现在该你们向前走了。”这话是很有见地的，的确代表了哈佛大学的校风。我以为，教师的主导作用和学生的主体作用就在于：教师要起带领作用，学生要学会独立地走路。

第二节　创造性学习的动力

世界上的万事万物，都处在不断的运动之中。有运动，就必然存在着促其运动的力，这就是事物变化的原动力。学生们的学习也是一种运动，是心灵的思维运动，是从不知到知的转化运动。同样地，引起学生学习的因素也是一种动力，而且学生学习成绩的好坏是与其动力成正比的。

1. 激发学习的原动力

在心理学上，如何认识学习的动力，怎样激发和保持学习的动力，观点并不完全一致。根据心理学的分析，学习动力可分为外动力和内动力。所谓外动力，就是存在于学生主体以外的刺激学生努力学习的因素，例如家庭的教育与期望、教师的表扬与批评、同学之间的竞赛与互助、环境的熏陶与刺激，等等。所谓内动力，就是存在于学生这个主体内的心理因素，例如崇高的理想、献身的精神、求知的欲望和自我实现的价值观等。按照矛盾论的观点，影响和决定学生学习的是内动力。但是，外动力对学生的学习也有重大影响，在一定的条件下，外动力也可能转化为内动力。例如，一个学生在学习中受到了挫折，本来已灰心丧气了，但是，有经验的教师针对该生的思想，采取有效的疏导方法，消除该生的自卑感，使他又重新树立起坚强的信心。对于这个学生来说，教师的疏导与激励，本来是外因，但是在这种特定条件下，却转化成了推动该生学习的内动力。

在分析了动力的类型以后，我们不禁要问：到底什么是动力？恩格斯指出："在社会历史领域内进行活动的，全是具有意识的、经过思虑或凭激情行动的、追求某种目的的人；任何事情的发生都不是没有自觉的意图，没有预期的目的的。"① 在这里，恩格斯断定：人的一切行为，都是有目的的，是受其激情和意图支配的。什么是意图？意图即动机，而动机是意志的一个要素，是人类意识的能动作用的心理状态。一个心理健全的人，他的一切有目的的行为都源于意志的活动，所以，有意识的意志活动，就是人们从事一切活动的动力。对于学生来说，不管他们追求的是什么，这种意志活动都是他们学习的动力。

2. 创造性学习的动力

那么何谓创造性学习的动力呢？创造性学习的动力是相对而言

① 马克思恩格斯全集（第21卷）[M]. 北京：人民出版社，1965：341.

的，事实上不可能再划分创造性学习动力和普通学习动力，我们之所以要用这个名词，主要是为了激励学生们创造性地学习。我们所说的创造性学习动力，是学习动力诸因素最高级的表现，而不是离开这些因素的其他表现。但是，既然创造性地学习是一种高级的思维活动，那么作为推动这种学习的动力，也必定有它的特点。

从对大量创造型人才的分析看，创造性学习动力主要有三点：

一是激情的推动。马克思曾说："人的激情是一种有始有终的机械运动。冲动的对象就是所谓的善。"① 在战争中，战士冲锋陷阵，不怕牺牲，凭借的是什么力量呢？是激情。又据介绍，有一个幼儿园失了火，在紧急之中，几个小朋友竟然把比他们身体重几倍的一架钢琴抬离了火场，这又是什么力量呢？还是激情。在化学上，化合物分子受到激化以后，分子处于最活泼状态，化学反应性也最强。同样的，当人的激情被触发的时候，思维也是处在最活跃的状态，这时的创造力最强。

二是强烈求知欲的驱使。求知欲是学习的动机，而强烈的求知欲则是进行创造性学习的重要动机。达尔文曾回忆说：我从很小的时候起，就有一种强烈的要求去理解或解说我所观察到的事物。② 在学习中，我们曾观察到两种相反的情况：有些同学感到空虚，无所事事；而另一些同学分秒必争，感到很充实。他们的差别在哪里呢？我看就在求知欲望上。在生活中，我们还常看到一种特殊的情况，就是身体残缺的人，一般有很高的智力，有的甚至成为大发明家、大科学家或者是奇才。据报纸介绍，有一个青年，自幼触电失去了双臂，给他的学习和生活带来了极大的不便。但是，他不灰心，树立了坚定的生活目标，顽强地、如饥似渴地学习。经过刻苦地努力，也不知流了多少汗水和眼泪，他终于成了现代的鲁班。他用双脚操作锯、刨、凿等工具，竟然做出了各种款式新颖的家具。这是什么动力的作用呢？是他

① 马克思恩格斯选集（第3卷）[M]. 北京：人民出版社，1995：700.

② 达尔文生平及其书信集（第1卷）[M]. 北京：生活·读书·新知三联书店，1957：83.

强烈的求知欲望，是他追求自我价值实现的理想。

三是不断进攻的鞭策。进攻性是创造性学习的一个很重要的动力，它可以使你永远前进。纵观一切科学发明人才的成长道路，可以发现他们有一个共同的品格，这就是进攻性。为什么这是创造型人才的重要素质呢？这是因为，科学发现和发明本身是高智力的认识活动，不采取积极主动的态度，是不可能获得成功的。在历史上，有些科学家由于消极被动而坐失发明的良机；也有的人，在作出了一项发明后而不再进取，结果智力衰退，失去了竞争的能力。我国农民发明家赵章光，经过刻苦钻研，发明了101毛发再生精。该产品出口到18个国家，有80多万人使用了这种药。但是，赵章光并没有停滞不前，而是向更高的目标进取。后来，他又发明了101A型毛发再生精，其性能又有新的改进。在科学技术飞速发展的今天，如果不采取进攻的态度，是不可能作出发明的，即使作出了一项发明成果，那也是不可能保持它的生命力的。

第三节　自我设计

一提起自我设计，人们不禁有些“不寒而栗”，因为二十多年以前，我国有人曾发起批判过自我设计。20世纪80年代初，为了适应改革开放的形势需要，在“解放思想”的号召下，一些颇有“自我意识”的大学生们提出自我设计的要求，并围绕着这个问题，在一些学校开展了讨论。可是，这个本来正确的要求，却无辜地遭到一些人的批判。

1. 自我设计的是与非

到底自我设计错在哪里？批判自我设计的人为它罗列了三大罪名：一是“个人奋斗”，偏离了为人民服务的方向；二是忽视政治，有摆脱党的领导的倾向；三是大学生尚未成熟，不可能自我设计。除此以外，还有其他的指责，弄得青年们不知所措。

这些批判是否符合事实？有没有科学根据呢？当然是不符合事实

的，也是不能使人信服的。自我设计是现代人才学上的一个术语，它的意思是指调动学生个人的主观能动能，制订自己的学习与成才规划。人才设计即人才规划，自我设计也即自我规划而已。自我设计的内容也是多方面的，既包括智力的因素，也包括政治思想和品格；既要尊重和发展个人的兴趣爱好，也要考虑社会需要与可能。一个成功的人才设计，必定要正确处理以上各种关系。那种只注重专业知识而忽视思想品格修养，或者不切时宜地强调个人爱好的人，实践证明都是不能成功的。

由此看来，自我设计与政治、党的领导和为谁服务等问题并无妨碍，但批判自我设计者为什么非要给它扣上这几顶帽子呢？依我看，这纯属偏见，是在用“左”的观点观察新的事物和新兴的理论。在很长一段时间里，在大学里只能“突出政治”，不能提倡智育；只能培养劳动者，不能提培养工程师、科学家；只能服从需要，不准有个人的兴趣、爱好；只能把一切交给党安排，不许有个人的选择，等等。正由于这些人听惯了而且非常适应那种“左”的口号，所以一旦听到“我”、“家”、“设计”、“个人”等，就认为是资产阶级思想泛滥，不得了啦，于是必须批判之、查禁之。在他们看来，这些字眼只是资产阶级的专利，无产阶级是不能使用的。这是多么固执的偏见！又是何等的形而上学！

人们都知道，要设计一种高质量的产品，或者建筑一座漂亮的大厦，都必须先有高质量的设计方案。在人才的培养上，也是一样，也必须搞好人才培养的设计。实际上，大学制订的培养目标，就是我们培养人才“产品”的设计蓝图。一个人要成才，必须首先立志，选择最佳的成长道路。在这里，不管是立志或是选择成长道路，实际上都是自我设计。可见，人才成长中的自我设计，是一种客观存在的普遍现象，也是当代大学生们学习、成才的一条规律。

自我设计与塑造，这是两个相对立的概念。过去，学校教育都只讲塑造，不提自我设计。什么是塑造？由谁来塑造？所谓塑造，就是首先制作一个模具，然后把要加工的原料浇灌到模具里，制造出规格相同的产品来。教师是塑造者，也是模具的设计者。根据一般的观察，教师们总是希望塑造相同规格的产品，特别是像自己那种规格的产品，因为这样最省事，也便于检验和管理。但是，在这里，学生们完全成了被加工的原料，由塑造者随意捏塑。人与矿物原料是根本不同的，因此用工业塑造法来塑造人才是不行的，这既不符合“人各有所长”的特点，也不符合社会对多品种、多规格人才的需求。

自我设计是培养创造型人才的一种教育方法，我们应当对它进行研究和试验，使我们的教师和学生能够适应它。自我设计不仅仅是学生的事，而且也是教师的事。如果说大学生们是自我设计的工程师，那么教师就是这座“人才工厂”的总工程师。因此，不仅学生的自我设计不能离开教师的帮助，而且自我设计方案的审查与实施，也必须有教师的指导。

2. 自我设计的基本要点

大学生们处在长身体、长知识的黄金时期，追求成才和成功，是每个具有事业心的大学生的愿望。那么，对于一个大学生来说，如何来制订自我设计方案呢？根据人才成长的一般规律，我以为重要的有以下几点：

一是选定目标，追求最高的价值观。目标是人的心理活动的反映，是人的意志活动的升华，是规定人们行动的指挥棒。一个人无论做何种事都不能没有目标，无目的的行动是盲目的行动，也肯定收不到好的效果。

创造学习的目标不同于普通目标，它追求的是一种最高层次的目标。有些人是为了获得大学文凭，于是只求门门功课及格，顺利拿到文凭就满足了；有的人是为了选择一个好的专业，大学毕业后能找到一份好的工作；也有的人是为了报考研究生，将来能拿到一个博士的桂冠，等等。所有这些，都是形式上的目标，而不是从本质上来规划自己的目标。怎样才能从本质上规划自己的目标呢？我所说的本质是人的价值，每个人都应当有最大的价值，也就是为人类和社会作出最大贡献。文凭、职业和学衔这些只能反映一个人所受的教育程度，尽管可以为你的事业打下一定的基础，但毕竟不可能完全决定你的成功与否，不能决定你的价值高低。

李政道先生一贯倡导要树立争第一的思想，他说："不是第一，就是落后，就一定要赶上去，这个观念很重要。"① 争第一的思想，就是创造型人才的品格，就是追求最大的价值。每个大学生在制订目标时，都要有这个思想境界，要树立"立大志、求大智、做大事"的目标。只有这样，才能最大限度地激发你的全部精力，最充分地发挥你的才华，即使得不到第一，但也会获得最好的成就。

二是从实际出发，扬长避短。从实际出发，就是实事求是，正确地认识自己。美国第一任桂冠诗人沃伦（Robert Penn Warren，1905—1989）曾说："是啊！你只要正确认识你自己，你就会获得成功与快乐。"在现实生活中，我们见到不少这样正反两方面的事例。有些人虽然才不出众，但能够从自己的实际出发，制订出切实可行的目标，并且努力去实现其目标，结果获得了成功；也有些人把目标定高了，力所不及，不仅达不到高目标，甚至是一事无成。因此，从实际出发很重要，对于智力高的人来说，如果目标定低了，才能发挥不出来；如果目标不符合自己的特点，也不可能作出成果。

在如何选定目标上，杨振宁先生可作为我们的楷模。杨振宁先生在文章《读书教学四十年》中，回忆了自己的成长道路，读后发人深省②。他说：对他一生影响最大的有三位教授，他们是费米、泰勒和艾里逊。最初，他跟着艾里逊教授从事实验物理研究工作，经过近二十个月的工作，试验做得不太成功，他心里很不痛快，他的同学也同他开玩笑说："凡是有爆炸的地方就有杨振宁。"然而，在考理论物理时，他却是佼佼者，同学们都考不过他。这说明，他不具备研究实验物理的特长，但却有专攻理论物理的天赋。于是，在艾里逊教授的建议下，他重新设计自己的目标，从实验物理转向了理论物理。这个转向是十分正确的，是扬长避短的一个范例，如果没有这次专业方向的转变，不仅没有杨先生的成功，也许宇称守恒定律也不可能被打

① 科学学，1984（9）：26-27.

② 杨振宁．读书教学四十年［J］．高教文摘，1987（2）：2-4.

破了。

三是全面规划，突出重点。创造活动是一种高级的思维活动，它不仅需要有高的智力，需要精通某一专业知识，而且还需要有多方面的素养，包括思想修养、多学科知识和艺术等。因此，在制订自我设计方案的时候，切不可“单打一”，既要有全面的规划，又要有主攻方向。

正确处理全面规划与突出重点，有时并不是很容易的。通常遇到两种偏向：一是面面俱到，没有个性，没有精深的专长；另一种是单科独进，只顾一点，不顾其余。这两者都有片面性，既不是真正意义上的全面发展，也不是所需要的重点突出。实际上，人的才华是相通的，除了少数的特例以外，一般来说，具有高智力的人才，是可以把这两者统一起来的。

按照创造性的原则，所谓的全面发展，是指各种思维能力得到全面的培养，要高标准地打好各科的基础，而决不是蜻蜓点水。我们所说的重点，也是在高标准的全面发展基础上的重点，是创造性的个性，是特殊的专业爱好，是对某一研究领域的执著追求。在这一方面，美国经济学家西蒙（Herbert Alexander Simon，1916—2001）的学术研究道路颇有借鉴的价值。西蒙是美国著名的经济学家和多产的科学家，他精通经济学、计算机科学、心理学和行为科学等。他于1969年获美国心理学会的杰出科学家贡献奖；1975年获计算机科学界的国际最高奖——图灵奖；1978年获得诺贝尔经济学奖。他的学术研究道路与现代科学的多样化和综合化的趋势是同步的，他在跨学科的、无人涉足的领域中寻求，这里是产生新成果的沃土。他的经验是：兴趣要广泛，但在研究时，往往又要集中在某一重大课题上。大凡有成就的科学家，都有这样一些创造性的特质：他们对细小的问题，往往不介意，总是想解决那些最重要的疑难问题；他们总是去做书本上不允许做的事；他们总是企图闯入标有“禁止入内”的禁区。

四是脚踏实地的实践行动。从心理学上说，行动是受意志支配的。对于大学生来说，制订自我设计的方案固然重要，但是实践其方案更重要。一个切实可行的自我设计方案，不仅要有目标，而且要有切实可靠的实际措施，否则再好的方案，也只能是一纸空文而已。

青年是富有热情的，这是很可贵的财富，也是创造型人才必须具有的素质。但是，青年的心灵是脆弱的，正如幼小的树苗容易受折损一样。因此，我们必须爱护他们，保护他们的健康心灵。对于青年学生来说，要逐步地完善自己的心理发展，经得起风吹雨打，增强抗干扰性。实现自我设计，不仅要有满腔的热情，而且要有扎扎实实的学习和研究的作风；不仅要解放思想，敢想、敢说、敢干，而且还要有细致、严谨、求实的作风。有了这一切良好素质，那么自我设计是肯定会成功的，大批创造型人才也会源源不断地涌现出来。

第四节　锻炼“创造脑”

在宇宙中，如果按照实体的大小来衡量，人是十分渺小的，但是人的思维能力却是无限的。美国前总统里根曾说过：“我们的想象力之眼能看到多远，我们就能走到多远。”①

是什么东西有如此无限的力量，有如此之强的透视能力？是人类所独有的思维器官——大脑！

1. 打开创造力的大门

人脑是思维的器官，是摄取、加工、传递、储存和提取信息的“工厂”。正因为人类有了思维的脑，所以才创造了今天这样丰富多彩的物质文明，并且开创了认识自己、探索太空的新时代。

人脑为什么有如此之强的功能呢？长期以来，为了揭开大脑的秘密，心理学家、生理学家、教育学家和脑科学家们进行了大量的研究。到目前为止，虽然还不能说已经完全揭开了大脑的秘密，但毕竟向着这个目标逼近了。

近些年来，由于现代科学技术的发展，人们对于大脑构造的认

---

① 人民日报，1988-04-05.

识，已经有了较大的突破。科学家已证明：人的大脑是一个极大的信息库和加工厂，它拥有150种细胞，含有40多种化学物质，大脑中细胞总数达1000亿个。这些细胞延伸的分支形成10^{15}对突触，人脑好比一台有10^{15}个开关的电子计算机①。

人脑思维活动中，最深奥的是创造。长期以来，心理学家和创造学家们，一直想揭开人脑创造的过程和思维规律，以便更有效地实施创造教育。这个使人们迷惑不解的问题，终于在1974年被美国芝加哥大学神经病学医生斯佩里（R. W. Sperry，1913—1994）教授揭开了新的一页。说来也很巧，这么重大的一项发明，是在偶然中发现的。当时，他在治疗一个癫痫病人，由于病人痛苦不堪，在不得已的情况下，他给病人作了脑胼胝体的切断手术，目的是为了解除病人的痉挛。可是，奇迹却从这里发生了。脑胼胝体被切开后，病人左右脑都平静下来，疼痛也解除了。这一手术，揭开了人脑两个半球不同功能的秘密，从而揭示了大脑的秘密。为此，斯佩里荣获了1981年诺贝尔生理学或医学奖②。

现代科学技术发展与对脑的开发研究是相互促进的。这就是说，科学技术越发展，人们对大脑的认识越深入；而大脑资源开发得越充分，科学技术则越发达。我们深信，通过这些深入的研究，将进一步揭开人类大脑的创造之谜，使人类的认识进入到真正的自由王国。

2. 锻炼“创造脑”

我国著名经济学家、教育家王亚南曾对一个学生说：“你知道吧，做学问不单单念书多就好，而是要懂得思索。与其有一个塞满东西的头脑，不如有一个思想开阔的头脑。”在这里，王亚南先生强调了思索比知识重要，开阔的头脑比知识的头脑更重要。教育的作用，归根到底就是训练脑，开发大脑资源。王亚南先生所指出的问题，决不是哪个学生的问题，而是教育制度和教学方法的弊病。长期以来，我国

---

① 自然杂志，1981（1）.

② 世界发明，1988（5）：3-4.

的教育只重知识，不重视脑的训练，实属本末倒置，这不能不说是极大的失误。

人脑是由左、右两个半球构成的。斯佩里的研究证明：大脑左、右两个半球的功能是不同的。左脑的功能主要是：记忆、语言、书写、计算、逻辑思维、分析与综合能力等。右脑的主要功能是：视知觉、空间思维、节奏、身体协调、直觉思维、发散性思维、情感、想象、艺术等。从大脑左、右两个半球的主要功能来看，左半球以知识型的功能为主，因此有人把它叫做“知识脑”；右半球以创造型的功能为主，所以叫做“创造脑”。当然，这是相对而言的，实际上两个半球是互相联系、互相影响的，只有两半球高度协调一致时，才能产生最大的创造力。

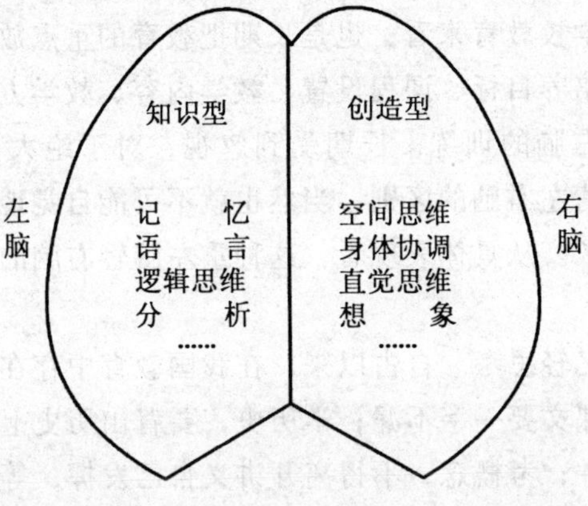

从大脑构造上，可把左、右半球分为“知识脑”和“创造脑”，但在认识和创造时，左右脑是高度协调的统一体。

一般来说，创造型头脑具有以下几种能力：一是敏锐的观察力，即对事物的敏锐与好奇，留心世事，洞察细枝末节，善于捕捉新的信息；二是准确的记忆力，一个好的记忆力有三个特征：记得快，记得多，记得准；三是丰富的想象力，即对事物的联想与沟通、幻想与假设、推理与演绎、知一而反三的能力；四是超众的思维能力，即对事物的间接反映与概括、分析与综合、提炼与加工、批判与创新等能力；五是独立的实践能力，即技能与技巧、实验与操作、工艺与生产等能力。这些能力都不是孤立的，在进行思维活动时，它们相互影响，协调动作，综合发挥作用。创造型头脑最大的特征，就是高度的敏捷性，高度的流畅性，这是与普通脑最主要的区别。

在初步弄清了脑的构造与功能之后，人们普遍地把注意力投向了脑的开发，通过教育的作用，培养一代富有创造力的人才。日本漆泽健于1984年出版了专著《锻炼创造的脑》，他认为开发智力资源的关键在于培养创造的头脑①。美国教育界也呼吁重视创造脑的培养，他们认为，美国教育只重视大脑左半球的开发，而却忽视了对大脑右半球的培养，致使美国40岁左右成年人的创造力只有儿童的5%。而且还指出，美国人看电视的时间太多，每周平均为51小时，这也是美国人创造能力下降的另一个原因②。

从我国的学校教育来看，也是长期把教育的重点放在左脑的培养上，这表现在培养目标、课程设置、教学内容、教学方法和考试制度等方面。对于右脑的训练，长期受到忽视，对于绝大多数的教师来说，根本分不清左右脑的区别，当然也就不可能自觉地去开发这一无限宽阔的领域了。从具体表现看，这种重左脑轻右脑的教育，主要表现在三点上：

一是重记忆轻思考。自古以来，在我国教育中存在一种可怕的背书的习惯：背课文要一字不漏；学历史，要背出历史上某年某月某时某地发生的事件；考概念，不得离开讲义自己发挥，等等。在这种死记硬背制度的束缚下，学生们没有思考的时间和自由，没有从事实际操作的机会，他们竟变成了罗马诗人所说的“知识的驮兽”③。

二是重计算轻实践。重视计算能力是对的，但把它强调到不适当的地位，就失之偏颇了。从小学教育起，教师就特别偏爱计算能力很强的学生，流传着“学会数理化，走遍天下都不怕”的观点。升学

---

① 外国教育研究，1986（3）：34.
② 参考消息，1988-02-24.
③ 柏拉图，等著．教育的艺术［M］．台北：志文出版社，1985：53.

考试时，也把数学放在特殊地位，增加附加题和附加分，这就是鼓励学生偏爱数学，其结果必然导致忽视其他学科。过去，还流行着“数学是皇后”、“实验科学是丫环”等说法。问题不在于一个口号和做法，它代表了一种教育思想，反映了对培养人才的要求。

三是重语文轻艺术。语文教育是重要的，它是掌握语言文字能力的基础，也是进行中国文化传统教育的重要途径。但是，在语文教学中，不仅方法呆板，而且内容也陈旧，并未达到加强语言能力和写作能力的目的。音乐、美术、工业技术、应用美学等学科的教育，则没有地位，仅仅在小学进行一点启蒙教育，到了大学以后，完全不再开设这些课程。这不仅导致我国学生艺术修养素质低下，更重要的是忽视了右脑的训练，因为这些课对于培养创造的脑具有重要的作用。

如何锻炼“创造脑”呢？这里所谓的锻炼，即培养的意思，犹如千锤百炼，方能炼出真金。靠什么来锻炼呢？当然主要是靠学校的教育，此外，家庭的教育、社会的教育和科学实验，也起很重要的作用。从心理学和教育学的一般规律来看，“创造脑”的锻炼，主要应抓好四个环节：

一是早开发，奠基础。一般说来，人的大脑发展可分为生理发展期、智力发展期和能力发展期。从出生到2岁末，大脑基本上具备了它的主要生理特征，5岁儿童的脑重已达到成年人脑重的95%。从智力发展来看，如果把17岁时达到的普通智力水平看作100%，那么从出生到4岁就获得了50%的智力；有30%的智力是在4～8岁获得的；最后20%的智力是在8～17岁获得的。从能力发展看，15～25岁是大脑诸种能力的发展时期，是向完善脑的过渡时期，也是创造教育的最佳时期。30～45岁是人脑最发达、最活跃的阶段，也是发明创造的黄金时期。从这几个阶段看，人脑的发展具有早熟的特点，这与一个人的经验积累是不同的。因此，应当实施早期创造教育，为“创造脑”的形成奠定良好的基础。

二是勤锻炼，多使用。美国科学家富兰克林（Benjamin Franklin，1706—1790）说过：“懒惰像生锈一样，比操劳更能消耗身体；经常使用的钥匙总是亮闪闪的。”① 加拿大一位科学家也认为：“世界上没有一件事比懒散和无聊的生活更痛苦和更使人不能忍受；而繁忙的工作，对任何一个有事业心的人来讲，不仅是一种职责，也是一种愉快和享受。”② 这说明，人的大脑要通过思维活动多锻炼、多使用。我们的教学工作，也要贯彻这一原则，让学生有更多的思考锻炼，提供创造性地应用知识的机会。对于一切有志于创造发明的人来说，应当养成紧张地学习和工作的良好习惯，自己给自己寻找多思的锻炼机会，如进行社会调查，参加各种学习和演讲比赛，从事业余创造活动等，促使“创造脑”的形成。

三是尚自然，展个性。蔡元培先生在办学过程中，一贯倡导“尚自然，展个性”的教育思想。实际上，这是一条十分重要的创造教育原则。自然与个性的关系，就是环境与人才的关系。对于创造型人才来说，所需要的自然，就是自由的环境；所谓的个性，就是创造的个性。浪漫主义文学家卢梭曾说：“一个真正自由的人，只会下决心去做他能做的事，而且只能做他喜欢做的事，这就是我的基本格言，只要把它用到婴儿身上，则一切教育的原理原则，自会从中源源流出。”③ 难道不是吗？试看哪一个创造思想和创造性的成果不是在自由的环境中流出来的？几乎没有一个例外！因此，顺乎自然和发展个性，应当成为实施创造教育的一个重要原则。

但是，在现行学校教育中，还有很多“精神枷锁”是不利于实施创造教育的，是束缚“创造脑”锻炼的。过去，在学校教育中沿用的很多警句和做法，实际上就是“创造脑”的紧箍咒，如寻求标准答案，照章办事，不允许异想天开，不允许好为人师，不允许标新立异，不允许怀疑一切，不允许好高骛远，不允许脱离大多数，等等。如果到处都贴着“不”字的标签，哪里还有创造的自由呢？因此，要锻炼“创造脑”，必须要给大脑松绑，让它自由的发展。

---

① 赵振清，等．成才之路［M］．北京：中国广播出版社，1981：30.

② 中国青年报，1988-09-02.

③ 柏拉图，等著．教育的艺术［M］．台北：志文出版社，1985：63.

四是防老化，保健康。根据生理学家的分析，人过50岁后，脑开始逐步萎缩，智力开始减退，人也趋向老化。这是一般规律。人虽然不能抗拒这一自然法则，但是可以推迟老化，减缓智力下降，甚至是保持长盛不衰。在现实生活中，我们看到不少的实例，有些科学家虽然年迈，但仍孜孜以求，智力不衰，不断结出硕果。例如19世纪德国自然科学家亚历山大·冯·洪堡（Alexander von Humboldt，1769—1859），从75岁开始写作《宇宙》，到90岁方完成，历时15年。全书共5卷，包括动物、植物、物理、天文等，是一部不可多得的百科全书。又如在1988年诺贝尔奖获得者中，有4人都过了古稀之年，他们是：埃及77岁的作家马赫福兹、法国77岁的经济学家阿莱斯、美国70岁的医学家埃利昂和83岁的希钦斯，虽然他们的获奖成果是早年完成的，但他们一直没有停止创造性的耕耘。这些都说明，人的大脑是可以锻炼的。“创造脑”需要在创造实践中锻炼，发明创造需要用“创造脑”来完成。因此，只要我们不断开展脑的保健活动，保持健康的体魄和旺盛的精神，便可以不断地保持和发展大脑的创造力。

3. 科学地用脑

上面是讲“创造脑”的锻炼，现在是讲用脑的艺术问题。用脑如用器，必须注意方法，讲求效率。一些研究表明，大脑的创造性是容易受到损伤的，这也是为什么创造型人才始终只占很小比例的原因。所谓损伤，主要是两层意思：一是潜在的创造力受到压抑，不能形成现实的创造力；二是由于用脑方法不对，创造力得不到发挥。实际上，这两种情况，都与用脑艺术有关，用脑得法者事半功倍，不得法者事倍功半。

人的大脑思维活动是有规律的，因此科学用脑也必须遵循大脑的活动规律。一般说来，以下三点可供普遍参考：

一是因人而异，选择最佳用脑时间。科学家们研究发现，大脑活动是有时间节律的，一般来说，大脑思维能力的强弱与工作时间长短成线性关系。但是，就大脑的某一个单一的功能来说，在不同的时候其表现的强烈程度是不一样的。据观察统计，大脑思维活动的日节律大致是：上午 8 时，大脑周密、严谨、思考能力较强；下午大脑最敏感；晚上大脑的记忆力最强；推理能力在白天 12 小时内，随着时间的延续而减弱。①

学校的教学内容，应当根据大脑思维活动规律来安排。譬如，上午应尽量安排推理、计算类型课目的学习；下午安排直观教学；晚上进行外语和需要加深记忆课目的学习。知识分子大多喜欢在夜间工作，这是有一定道理的。夜晚工作的好处是：第一，夜深人静，干扰少，容易集中精力，工作效率高，易于出成果；第二，记忆力强，特别适于深思、推敲问题，也是进行写作的极好时间。大学生和研究生，已经具有一定的自学和独立钻研的能力，不宜用统一就寝和关灯的做法，这不符合让他们选择自己最佳学习时间的原则。

二是有张有弛，劳逸结合。大脑含有 1000 ~ 1500 克的脑髓，拥有 1 千亿脑细胞。大脑的思维活动，就是这些脑细胞不断地兴奋与抑制的交替变化。因此，脑细胞会疲劳，思维能力也会出现迟钝。据生理学家们观察，大脑连续从事 2 小时高强度紧张的思维劳动以后，就会出现疲劳。

我曾经遇到一位在美国加州大学伯克莱分校作研究的访问学者，他是一位极富才华的学者，在美国两年共取得二十多项的发明成果。他对我说，他用脑分三种类型，从事最强烈的思考研究时，他每日只工作 2 小时，其他时间去休息；从事中等强度的思考研究时，他每日工作 4 小时；从事一般强度的思考研究时，他每日工作 8 小时。看来，他在研究上的巨大成功，同他科学用脑是有着密切关系的。他的时间分配方法，不一定适合于每一个人，但他按思考强度的大小来规划用脑时间，是符合“有张有弛”的原则的，可以作为大家的借鉴。

三是排除干扰，清除烦恼。外界的干扰，往往给人带来烦恼，这是损伤创造力最主要的原因。干扰的因素很多，有无形的和有形的，有外界的和自身的，有物质的也有精神的，但是最大的干扰还是对心

① 健康报，1985-01-08.

理所产生的压力，例如权威的压制、同行的妒忌、小人的诽谤、爱情的破裂、工作上的失意等。干扰对心理成熟的人，可能不太起作用，但是对于心灵脆弱的年轻人，往往就会起到压制创造力的作用。

消除烦恼最好的办法，还是用心理调整术来保持心理的平衡。在化学发展史上，曾流传着关于法国化学家格林尼亚（Victor Grignard，1871—1935）科学发明的轶事。他出身于富裕之家，从小生活奢侈，不务正业，被称为“二流子”。在一次宴会上，有一位美貌的女郎对他说：“请站远一点！我最讨厌你这样的花花公子挡住视线！”他在受辱后，悄悄地离开了家，在信中写道：请不要探询我的下落，容我刻苦学习。我相信自己将来会创造一些成绩。果然工夫不负有心人，8年后他成了著名的化学家，并获得了1912年诺贝尔化学奖。格林尼亚之所以获得成功，除了他具有的素质外，重要的是他在受辱后，没有泄气，他以成功使受损的心理获得了平衡。

美国威利·卡瑞尔发明了一种消除烦恼的诀窍，也有人把它称为万灵公式。这个办法分三步：第一步，当你遇到烦恼时，不要惊慌失措，冷静地分析发生的情况；第二步，找出可能发生的最坏的情况，并准备去接受它；第三步，在作好接受最坏情况的准备后，集中精力，努力改善那种最坏的情况，积极去争取最好的结果。这三个步骤，实际上就是求得心理平衡的过程，用冷处理的办法对付突如其来的烦恼，在勇于接受最坏的前提下去争取最好的结果。消除烦恼的万灵公式是没有的，有效的方法还是因人而异，一把钥匙开一把锁。

第五节　有效的学习方法

我们面对的是一个信息化的社会，其主要特点是：知识既激剧地增加又不断地更新。在这样的形势下，我们怎样才能在有限的时间内，学习和掌握更多的、有用的知识呢？为此，我们必须进行一场“学习的革命”，掌握科学的、有效的学习方法。

1. 有效地利用时间

我国唐代著名的文学家韩愈说过:“业精于勤荒于嬉,行成于思毁于随。”现代京剧表演艺术家俞振飞也说过:“万恶懒为首,百善勤为先。”我国是一个勤劳的民族,自古以来,就有着勤奋治学的优良传统。

勤奋不仅是体力上的勤劳,更重要的是思想上的勤勉。一切勤奋的人,都是爱惜时间和善于利用时间的人,在这一方面,古今中外的创业者给我们留下了很多脍炙人口的名言。俄国大文豪列夫·托尔斯泰(Leo Nikolayevich Tolstoy,1828—1910)就说过:“要有生活目标,一辈子的目标,一段时期的目标,一个阶段的目标,一年的目标,一个月的目标,一个星期的目标,一天的目标,一个小时的目标,一分钟的目标。”可见,时间对于事业来说是多么的重要啊!难怪西方人说:“时间就是金钱!”

时间是常数,这话又对又不完全对。在物理学上,时间是常数,但是对于管理学家来说,它又是变数,是随着时间的有效管理而变化的。一个有效的管理者,首先就表现在时间的最有效的使用上。反之,一个不善于利用时间的人,不仅影响其学习和工作的效率,而且还会磨灭其意志,损伤大脑的创造性。不善于利用时间的人,大概有以下的特征:时间观念淡薄,工作没有严格的计划,生活没有规律,办事作风拖拉,言语不精练,对人、对事缺乏热情,等等。总之,缺乏事业心和进取精神。

时间是最宝贵的,浪费时间是最大的浪费。鲁迅先生曾说过:浪费别人的时间等于谋财害命。在我们的学习、工作和生活中,浪费时间的现象确实比比皆是,似乎到了熟视无睹的地步了。浪费时间的表现很多,比较突出的是“文山会海”,它不仅影响了工作效率,而且成了滋生官僚主义的温床。时间观念是同生活工作节奏相适应的,也就是说,时间观念越强,越能刺激加快工作的节奏;快节奏的工作环境,又容易强化人们的时间观念。例如,我国派出去的留学生,他们刚一到发达国家时,颇有不适应之感。可是,经过几年以后,他们完全适应了，树立了现代的时间观念。当他们再回到国内时，他们又感到不习惯，简直不能容忍到处都是“磨洋工”的现象。如果不建立现代化的时间观念，加快工作节奏，不改变“不用着急”、“慢慢来”的作风，中国要实现持续发展是很困难的。

学会有效利用时间是可能的，关键要有恒心。怎么才能有效地利用时间呢？通常采用的方法有三种。

一是有计划地使用时间。像物质财富一样，时间是可以计划使用的。什么时候学习，什么时间休息，什么时间接待客人，这一切都应当有计划地进行，不能“脚踩西瓜皮，滑到哪里算哪里”。我提倡普遍使用工作日志的方法，当你还不能自觉地使用时间时，它可以提示和监督你。我看到国外大学教授和公司的经理们，每人都有一个小本，记载着自己的时间表。一般来说，他们都是很守时的，无论是上课、开会，或是约谈、赴宴，他们都正点到达，提前和迟到是浪费时间，而迟到更被视为不礼貌。养成计划使用时间，应当从小做起。对此，教育担负着重要的责任，我们的管理人员和教师，应当起表率作用。

二是合理地支配时间。根据人脑的思维规律和工作的特点，可以把一天的时间划分为三个单元：第一个单元从早晨到下午2时，这是一天的精力旺盛期，应安排从事最重要的学习和工作；第二单元从下午2时到晚上6时，这一段是人的情绪和思维不太稳定的时期，比较适合从事一些轻松的学习和工作，如开展电化教学，讲授艺术课程，做笔记等；第三单元从晚上6时至午夜，这时人又重新回到平稳状态，因此比较适宜思考、记忆和写作等。在不同的时间，从事不同性质的工作，这既是有效利用时间的方法，也是科学用脑的诀窍。

三是想方设法挤时间。鲁迅先生说：“时间就像海绵里的水，只要愿挤，总还是有的。”这是很形象的比喻。由此，我也想到：时间像流水，如果不用，就会白白地流掉。古今中外的大学问家们，在他们有限的生命里，为什么可以写出等身的巨著呢？时间又是哪里来的呢？是挤出来的，他们个个都是惜时如金的人。例如，欧阳修思考用“三上”，即马上、枕上、厕上。由此可见，对于一个善于利用时间的人来说，一切时间都是属于他的；对于不爱惜时间的人，他所有的时间都是属于别人的。

对于有效地利用时间，我也是深有体会的。在我任大学校长期间，要担负校务、业务和家务三副担子。在学术研究上，我除了化学的研究以外，还从事高等教育学及管理学的研究，负担是比较重的。我的夫人经常关切地问我需要什么，我说不需要，我最需要的是时间。在繁忙的校务工作之余，我从未停止过著述。写作的时间哪里来的呢？也是挤出来的。我的经验是：在利用时间上，要化零为整；在写作上，要化整为零。我曾把这比拟为“十月怀胎，一朝分娩”。这意思是，把零星的时间聚集起来，就有了时间；要完成一项大任务，可以从完成具体任务开始，它犹如胚胎的成长一样，一旦长大成熟了，那么一项新的成果就诞生了。

2. 学会读书

读过书的人，是否都会读书呢？不一定。读书是一门学问，学无止境，要活到老学到老，有的甚至到老也学不会。英国思想家拉斯金(John Luskin，1819—1900）说过：“有的人读完大英博物馆里的全部书籍仍然没有教养，有的人能一字一句地正确地理解好书，哪怕读十页，也会成为有教养的人。”① 这说明，一个人知识的多少和能力的大小不完全是由你读书的多少而定的，要看你读书是否得法，是否真正读进去了。

要学会学习，首先要树立正确的学习观念。过去，大学只重视传授知识，但是在知识急剧增长的时代，知识是永远学不完的，而且那种传授知识的方法也是盲目的。随着科学技术的发展，大学生应当学会思考，掌握学习的方法。联合国教科文组织在一份报告中指出：“如果现在是用 80% 的时间教授知识，用 20% 的时间来获得学习方法

---

① 池田大作选集［M］. 北京：北京大学出版社，1988：305.

和研究方法的话，那么在未来，这个比例应当倒过来。”① 要实现这个目标，必须转变学习观念。一个正确的学习观念，应当包括两个要点：一是学习不能再是单纯学习知识，必须把学习知识与学习方法结合起来；二是学习不光是读书，必须把读书、思考和知识的应用结合起来。

关于学习的本质，李政道先生曾作过一段精辟的论述。他说：“真正的学习是要没有路牌也能走路，最后能走出来。这才是学习的本质。”② 要学会自己走路，有两点是必须克服的：一是要摆脱教师“抱着走”的学习方法，一定要自己独立地走，即便是摔了跤，也还要坚持自己走；二是不要安于书本上给你的答案，要时刻去发现与书本上不同的东西。这些原则是重要的，它是善学与不善学的区别，而且也是衡量聪明学生与一般学生的标准。

自学和自己研究符合独立自主学习的原则，也是培养创造型人才的有效学习方法。在古今中外的历史上，很多大学问家都是善于自学的，而且有的就是自学成才的。马克思主义创始人之一恩格斯，没有上过大学，甚至连高中也没有毕业，17 岁时为父所迫去经商，但是他一直坚持自学，数十年如一日。他于 45 岁时开始学习微积分，70 多岁还苦攻挪威文。他通晓 10 多个国家的文字，博学多识，被马克思称为“一部真正的百科全书”。像这样的例子，在科学发展的历史上是很多的，如爱迪生、法拉第、道尔顿等，他们不仅为人类科学发展作出了贡献，而且还给后人留下了宝贵的治学经验。

自学与读书是分不开的，因此掌握科学的读书方法，对于培养创造能力也是十分重要的。自古到今，名人学士们流传下来的读书方法很多，各有风格。对于这些读书方法，应当有所选择，做到古为今用。在众多的读书方法中，我比较推崇梁启超的读书二法。梁启超在政治上是保守的，但在学术上却很有造诣，而且倡导的读书法也是极

---

① ［南斯拉夫］纳伊曼，著．世界高等教育的探讨［M］．令华，等译．北京：教育科学出版社，1982：63.

② 科学学，1984（9）：26-27.

为开明的。他的读书二法是：一是“鸟瞰式”，他说“这种方法在知大概”。二是“解剖式”，他说“这种方式在知底细”。他不仅指出二法各有所用，而且还主张把这两种方法结合起来①。华罗庚也提出两种读书方法：一种是由薄到厚，是指求知必须由少到多；另一种是由厚到薄，是指由浅到深，由多到精②。实际上，华罗庚的二法与梁启超的二法，在本质上是相通的，都是主张粗细结合，读与思结合，入与出结合。古人读书，十分强调“读书须知出入法”。所谓入，就是能领会书中之要，掌握其精髓；所谓出，不仅是再现所学的知识，更重要的是通过大脑加工，产出新的思想、观念和结论。由此看来，“出入法”实乃读书的科学方法，是培养创造力的读书法。

读书不仅要得法，而且还要懂得读书的艺术。与读书方法不同，读书艺术是用以调整读书的时间、环境和心理作用的一种方法。对此，美国著名社会心理学家科尼治提出了六种方法，对于提高学习能力颇有效果。这六种方法是：一是切忌长时间阅读，每日规定一定的时间，形成规律，持之以恒；二是一次学习一个课题，通篇融会贯通理解，切忌逐字逐句死记硬背；三是饭后不要马上读书，既保证血液供给胃肠消化，又不致损伤大脑；四是按照每个人的生物钟进行学习，切忌一刀切；五是读书时要与世隔绝，排除外界对心理活动的干扰；六是读书时，要尽量用自己的文字演绎书里的知识和理论，不求急于背出书中的名词。这些方法很有道理，考虑到了心理、环境、生理卫生等因素对学习的影响，也有别于那些死读书的方法，颇有大力推广的必要③。

3. 增强科学的记忆力

在强调创造性学习时，我们曾明确表示不赞成死记硬背，但为什么又提出要增强记忆力呢？为了避免误会，所以我特地表述为“科

① 书刊导报，1988-07-14.
② 文汇报，1982-01-12.
③ 参考消息，1987-08-08.

学的记忆力”，以示与“死记硬背”的区别。科学的记忆力不仅是一个人从事学习和工作的基本能力，而且也是构成创造力的一个重要组成要素。如果因为我们不赞成死记硬背，就可以不再下苦功夫，不加强科学记忆力的训练，那就是极大的误解。“苦”与“死”是不同的，前者是进行创造性学习和研究必不可少的精神力量，后者却是紧箍咒，是束缚创造性的。所以，我们反对的是死读书和死记硬背。

科学的记忆是一种科学思维的方法，是进行创造性学习不可缺少的能力。它与死记硬背是有区别的：一是目的不一样，前者是有目的的，有选择的，后者是盲目的；二是信息存储的方式不一样，前者是灵活的，记其精华，后者是机械的；三是加工方式不一样，前者是既存储，又加工，后者是单纯地存储；四是输出方式不一样，前者输出的是经过加工和创造后的产品，后者是再现原始的信息。通过比较可以看出，科学的记忆方法对于培养人的思维能力，对于进行发明创造是十分重要的。

也许有两个问题会模糊我们对加强科学记忆力的必要性的认识：一是知识增加和更新得如此之快，人的记忆力能满足需要吗？二是电脑的储存功能已经很大了，还需要记忆吗？要回答这两个问题，首先必须弄清记忆力的作用问题。增强记忆力有两个目的：一是存储有用的知识信息；二是锻炼“创造脑”，培养创造能力。过去，我们所说的加强记忆力，仅仅只是为了头一个目的，完全忽视了第二个目的。只要明白了这一点，我们就不会再要求人的大脑记忆全部人类的知识，也不会认为有了电脑就不需记忆了。前苏联教育学家赞科夫指出“学生的发展（即智力发展）是在掌握知识的过程中进行的。掌握知识应当促进学生的发展，而发展上的进步又应当促进学生很好地掌握知识”。我认为，增强科学记忆力与培养创造力也就是这样的辩证关系，即增强科学记忆力，有利于开发创造力，而创造力的开发，又进一步增强科学的记忆力。

心理学家们认为，记忆有三种类型：瞬时记忆、短时记忆和长时记忆。从目的性划分，记忆又可分为有意识记忆和无意识记忆。记忆之谜虽然尚未完全揭开，但人们已经基本上弄清了记忆的过程，它是一个识记——保持——再现的连续过程。虽然每种类型的记忆都有各自的作用，但从智力开发来看，最重要的还是长时记忆。人的记忆力是惊人的，历史上一些人记忆力超群，都是由于他们的脑力开发得比较充分。例如，英国伯明翰有一个19岁的大学生莫利斯，他有异常的记忆力。在11岁那年，他能背出同校720个同学的名字、住址和生日。前德意志民主共和国的语言博士舒尔策能讲200种语言，在大学他通过了35种语言的考试。日本的友寄英哲背诵圆周率到小数点以后的2万位。秘鲁的幽默家费利佩·卡沃内利创造了连续讲幽默笑话72小时的纪录，而且是用5种语言讲的，他的记忆力非常，共讲述9000个故事。以上虽然是一些典型例子，但它们却生动地说明，大脑的记忆功能是十分巨大的。记忆力强的人与记忆力弱的人的差别，主要的不在于先天，而在于后天的脑的锻炼。

增强科学记忆力虽然有法可资借鉴，但最根本的方法还是刻苦地锻炼。我国著名经济学家孙冶方，在“文革”中被投入监狱，坐牢长达7年之久。在监狱中，他没有笔和纸，就用打腹稿的形式，“默写”出了100多万字的“社会主义经济学”。全书共22章，183节，打腹稿85遍。这需要何等顽强的意志！如果没有惊人的记忆力，那100多万字的著作是决然形成不了的。孙冶方先生的事迹说明，记忆力是可以锻炼的，学贵有恒，坚持就能成功！

4. 从研究中学习

在19世纪初，德国率先把科学研究引进大学，这是一个很大的进步，不仅提高了教育质量，而且推动了科学技术的进步。从发展趋势来看，目前一些发达国家的大学，正在努力把科学研究引入到教学中，让大学生们参加科学研究。这一措施的意义和重要性不在于提供了多少研究成果，而在于培养富有创造型人才。

大学生能不能参加研究工作呢？回答是肯定的。实践证明，只要正确处理好教学和科研工作的关系，选择恰当的课题，提供必要的研究条件，精心做好组织工作，大学生们是可以发挥作用的。美国一部分大学为大学生开设“独立研究”课，鼓励他们参加研究工作。美国 1979 年诺贝尔物理奖获得者格拉肖（Sheldon L. Glashow）主张："应该让大学生、研究生、青年教授和老年教授在一起工作。在校任教的老师应加强科研，在科学院的研究员，应到学校去兼课，带一些学生。"他还说："教学与科研分开的制度是非常糟糕的制度。"

美国大学的"独立研究"课，不是讲授的课，而是计算学分的科学研究工作。美国学生一般不太重视上课，他们喜欢花更多的时间看资料，参加各种学术讨论会，与教授谈话，在教授指导下进行研究，并以研究论文来评定学分。这就是从研究中学习的方法，虽然听课不多，但他们却受到了良好的科学研究的训练，具有较强的创造力。例如，美国弗吉尼亚大学理工学院有一个学生，他只去上了 3 次热力学课，考试前突击 5 天就通过了。他虽没去听多少课，但他主要搞研究，结果他解决了中子振荡器中的一个方程式。他既获得了能力，又做出了发明。大学生参加科学研究的好处是：通过科研任务，把一些未知的问题摆到他们面前，有利于培养他们的研究和创造能力；通过解决问题，让他们看到自己成果的应用价值，有利于把他们的工作与社会的需要结合起来；通过科学研究，为他们提供了从研究中学习的机会，做到学用一致。

大学生参加科学研究，有利于发现优秀的人才。一些优秀的科学家，大都有早熟的特点，不少就是在大学的研究中"冒"出来的。例如，著名的数学家高斯，在大学一年级时发明了用圆规和直尺进行正 17 边形的作图法，解决了两千多年悬而未决的几何难题；天文学家伽利略 17 岁上大学时，就发现了摆振动的等时性规律；17 岁的爱因斯坦，写出了关于磁场中的以太研究现状的论文；两次诺贝尔化学奖获得者鲍林，在大学一年级时就提出了化学键的新概念，等等。

大学生参加科学研究的内容是很多的，形式也是多种多样的。从目前的条件看，可以采取的形式有：毕业论文（或设计）、学年论文、设计实验、工艺革新、社会调查与咨询、业余创造等。对于不同的学科和不同年级的学生，要有所区别，选择他们自己认为比较有效的研究内容和形式。教师要加强对学生科研工作的指导，并且尽可能地把教学与研究结合起来，真正做到既出成果又长才干。

第八章　创造教育与教师

曾经拜读过一篇杂文——《有感于“终身的遗憾”》。读后，颇有共鸣。这篇文章讲的是两位教师，由于他们未能公正地对待两个学生，严重挫伤了他们的心灵，并导致他们辍学。这两位教师在回首往事时，都对当时的不敏之举感到终身遗憾。其中一位教师在若干年后，偶然看到那位学生在一家酒店当伙计，他自责地感叹道：“倘若当年我不无端指责，恐怕他未必会这样！”①

这两位教师毕竟是明智之师，在意识到自己的错误以后，受到了道德和良心的谴责。问题是，像这种“终身遗憾”的事，何止万千！并不是每一个有过这种错误的教师，都感到了遗憾。当然，最好还是不要再发生这类遗憾的事。怎么才能杜绝这类事发生呢？这就要加强教师队伍的建设，提高教师的素质，培养创造型教师，以适应培养创造型人才的需要。

第一节　创造型教师的素质

创造教育的目的是培养创造型人才，作为实施这种教育的教师，当然应当是创造型的。也许有人会问道：是不是要对教师排队，把他们分为创造型和非创造型的呢？这完全是误解了。我们所说的创造型教师，是从创造教育的原则和任务出发，对教师应当具备的素质提出的要求。所谓创造型教师，就是具备了各种创造性素质和能够胜任创造教育任务的教师。创造型教师是个总目标，每个教师都应当自觉地

① 崔已文．有感于“终身的遗憾”［N］．文汇报，1988-08-26.

朝着这个方向努力，不断提高自己的素质，逐步地适应创造教育任务。

1. 创造型教师的基本个性品质

创造型教师也是一种创造型人才。一般来说，创造型人才的各种心理素质，每个创造型教师也是应当具备的。但是，由于职业的不同，人们的创造性心理素质的表现可能是不同的，有时甚至是相反的。例如，在对待权威上，对于创造型学生来说，要求他们不迷信权威，敢于向权威挑战；对于创造型教师来说，除了要有不迷信权威和敢于向权威挑战以外，还有一个不要谋求权威的问题，因为后者是压制创造型学生的。

根据教师的职业特点，创造型教师应当具备以下品质：

一是要有深厚的爱心、耐心和诚心。爱是一种伟大的力量，是心灵的润滑剂。有人说：教师是心灵的父母。这句话是十分深刻的。如果说父母的责任是为了儿童的健康成长，那么教师的全部使命就是为了造就一颗健全的理智的心灵。因此，每一个创造型的教师都必须树立对教育事业的无限热爱和忠诚，对学生深厚的爱心、耐心和诚心。

二是要有责任心、计划性和时间观念。责任心、计划性和时间观念是紧密联系在一起的，其核心是责任心。一个事业心极强的教师，必然会精心安排自己的工作计划和合理地利用属于他生命的一分一秒。

三是要具有强烈的真理感、是非感和信任感。教育在本质上来说，就是探求真理的事业，在于启迪学生明真理，辨是非。教师的信任感是平衡教师和学生关系的砝码，你拿出的越多，那么你获得的也越多。因此，每个教师都要坚信：天下没有不可教育之才。

四是要善于理解人、尊重人和乐于助人。教育以人为工作对象，而人是有理智的动物，因此理解乃是沟通人与人之间感情的桥梁。创造型人才既是有鲜明个性又是有高度价值观念的人。一个创造型教师，应当善于了解自己的学生，尊重他们的兴趣与爱好，尊重他们的价值观，并满腔热情地帮助他们实现自己的理想。

五是要具有高度的民主作风，公平待人，不以权威自居。创造型的教师，要革除传统的家长式的训导作风，代之以平等的“教学相长”的关系。在伦理观念上，要建立尊师爱生的关系，但是在真理观上，要建立师生平等关系，坚持“在真理面前人人平等”的原则。在任何时候，教师不得以职业谋求权威，更切忌对持有不同意见的学生耍权威。

六是要富有独创精神，乐于接受新事物，对新式教育感兴趣。独创性是一切创造型人才所共有的特质，创造型教师也不例外。创造能力是多种多样的，除了教师在自己的研究工作中所表现的创造力以外，在教学活动中的创造力主要表现有三点①：一是对具体、生动的教学过程的设计和实施；二是对课程的精心设计和新型教学方法的采用；三是对创造型学生的发现和指导。

创造型教师的品质，远不止所列六点，但我认为它们概括了最主要的特征。创造型教师的品质之所以重要，一方面，它们是教师修养最主要的内容，反映了他们的人格，是他们创造性地完成本职工作的重要保证；另一方面，教师的品质不仅是关系到教师本人的问题，而且，由于教师是学生的楷模，他们的品格和每一个行动，无不对学生起着潜移默化的作用。这就是：以高尚的人格去造就高尚人格的人。

2. 创造型教师的知识结构

我国古代的大学问家们，历来主张“博大精深”，但实际上不易做到；而且传统上往往褒扬精深，贬责博大。这是因为，在传统上总是把精深视为做学问的真正功力，而把博大看作是“万金油”或“杂家”。这种看法是片面的，正是由于这种传统观念的影响，才导致了我国教师知识面太窄。日本国立遗传研究所的岗彦一教授就亲自对我说：“中国大学教师有三个不足：一是阅读文献太少，缺乏对整个研究领域的了解；二是知识面太窄，科学思维不灵活；三是兴趣贫乏，不愿与外界交流。”这些批评是诚恳的，颇有针对性。因此，创

---

① 外国教育，1988（1）：32.

造型教师一定要拓宽自己的知识面，把精深与博大结合起来，构筑成一个创造型教师的合理知识结构。

作为一个创造型教师，起码应当具有三个方面的基本知识。

一是精深的专业知识。专业知识是教师手中的工具，也是他们从事教学和研究工作的主攻方向。教师从事不同的专业工作，这是培养专门人才和发展科学事业分工的需要。因此，每个教师要热爱自己的专业，刻苦钻研专业知识，跟踪本专业的发展新趋势和最新研究成果。

作为一个创造型的教师，在本专业知识领域里，应当具备两种能力：一是教授专业课的能力，包括实验课和指导毕业论文、生产实习；二是从事本专业领域科学研究的能力。一个高水平的教师，应当教学与科研两副担子一肩挑，使教学与科研相互促进。但是，在实际工作中，相当多的人做不到这一点。这里面问题很多，既有思想上的问题，也有能力和工作安排上的原因。对于搞教学的那一部分教师来说，他们没有条件搞研究工作，于是只能停留在传授前人知识的水平上，不可能把科研引进到教学中来，也不能结合教学培养学生的创造能力。对于搞科研的那一部分教师来说，不愿意承担教学任务，把教学看成是妨碍科学研究的负担。这样一来，一些研究新成果反映不到教学中来，他们在研究中形成的思维方法与经验，也就不能传授给学生。这一现象不仅在中国存在，在国外也依然存在，所以一些教育家和科学家纷纷发出呼吁，要求重视教学，要不然未来的教育质量是难以想象的。为此，一些最负盛名的科学家身先士卒，带头回到教室里去上课。例如，1989 年，美国诺贝尔物理奖获得者利昂·莱德曼（Leon Max Lederman，1922— ）谢绝了担任国立费米实验所所长的再任命，从费米实验室退休，在芝加哥大学当物理学教授。他还协助建立教师学院，培训科学和数学教师。在一般人看来，这简直是不可思议的，一个诺贝尔奖获得者去教大学生不是浪费吗？其实，这完全是不同价值观念的不同反映。在莱德曼看来，科学还在发展，还应当有更多的物理学家去摘取诺贝尔物理奖的桂冠，如果都不去培育一代新的人才，那么未来的诺贝尔奖得主又从哪里来呢？作为一个创造型教授来说，莱德曼的精神是高尚的，眼光是深远的。据说，在莱德曼之前，已有6位诺贝尔奖获得者在该校任教，难怪这所学校被誉为有创新学风的大学。它培养出来的学生，知识面广，后劲大。

二是广博的边缘学科知识。人类发展到今天，已有的知识的确可以说是浩如烟海，堆积如山。对一个具有广博知识的创造型教师来说，知识到底应当广博到什么程度，有一个基本要求，这就是需要有一定的与本专业有关的边缘学科知识。如果没有这个限定，犹如在大海里捞针，恐怕不易测定。为什么教师需要有边缘学科的知识呢？这是因为：第一，各有关边缘学科知识之间，彼此有相互借鉴的作用。例如分子生物学，它既需要借鉴物理学的理论，又需要用到化学的一些方法。第二，多学科的知识，可以丰富头脑，开阔视野，有利于信息的加工，促进思维能力的发展。第三，当代科学发展的特点之一，就是各学科之间既综合又分化，而且综合是主要的趋势。在各有关学科综合的过程中，往往会产生一些新的思想和理论，甚至诞生一门新的学科。这正如美国数学家、控制论的奠基人维纳（Norbert Wiener，1894—1964）所说："在科学发展上可以得到最大收获的领域是各种已经建立起来的部门之间的被忽视的无人区。"事实正是如此，维纳的发明正是数学、生物学以及其他各门技术科学之间相互渗透的结果。

三是科学方法论的知识。现在人们已经普遍接受了这样一个观点，即方法比结论更重要，因为结论是具体的，而方法是普遍的。只要有了正确的科学方法，就可以去获得所需要的知识，并且方法是通向真理之路。因此，创造型教师不仅应是专业知识渊博的学者，而且同时必须又是方法论专家、教学法专家和实践家。

科学方法的含义很广，解释也颇多。从特征上看，科学方法是一种软科学知识，也是一门综合的学问。科学方法的特征有四：观察、测量、假设和求证。科学方法是分层次的，第一个层次是认识方法论，即辩证唯物论的方法论；第二个层次是科学方法论，如自然辩证法；第三个层次是各门学科的特殊方法，如教育学上的教学法，社会学上的社会调查法，生物学上的解剖法等。创造技法则是科学方法中的一种特殊的方法，它是建立在心理学、社会学以及其他技术学科基础上的。创造型教师不仅要掌握一般的科学方法，而且要特别注意学习创造技法，自觉地把它运用到教学实践中去。

学习科学方法知识，主要是加强哲学理论的修养，正如恩格斯所指出的："除了学习以往的哲学，直到现在还没有别的方法。"① 除此以外，学习逻辑学、自然辩证法、科学学、科学哲学、自然科学史等，对于丰富我们方法论方面的知识，也是大有裨益的。学习科学方法论知识，目的是为了应用，因此一定要理论联系实际。我们既要善于把学到的方法论的知识运用到教学和科学研究实践中去，同时又要注意从实践中总结新的经验，以丰富科学的方法论。事实上，大量的科学发明和创造，就是我们学习科学方法的源泉。

3. 精湛的教学技能

教师的教育科学知识和技能是十分重要的，它是实施教育任务的一种重要能力。不妨打一比方，如果把教师比为一架飞机的机身，那么他的专业学术水平和教学技能就是他的双翼。很显然，飞机离开了双翼或者只有一翼，那是不能升空翱翔的。

从总体上看，目前大多数教师没有接受过教育科学知识的训练，也缺乏最基本的心理学知识。我曾对一所大学作过调查，大约有90%的教师没有学过教育学、心理学和教学法等知识。我还发现了一些带有一定普遍性的规律：由师范院校毕业的任课教师，其教学效果一般比非师范院校毕业的任课教师要好；教过中学的大学教师比未教过中学的教师教学效果好；自学过教育学或对教学法研究感兴趣的教师，其教学效果比完全未接触过教育学的教师好。这些观察说明：经过教育学、心理学训练和教学实习的教师，其教学效果明显较理想，这充分地显示了教育科学知识和技能对于提高教学效果的重要作用。

在教学过程中，教师和学生之间的隔膜是普遍存在的。原因当然是多方面的，但有一个共同性的原因，就是教师的讲授不得法，有的

---

① 马克思恩格斯选集（第4卷）[M]. 北京：人民出版社，1995：284.

甚至根本不受欢迎。教师为什么不愿意去学一点教育科学知识，对教学法进行一番研究呢？我看主要是习惯势力的原因，正如培根所说："习惯真是一种顽强而巨大的力量。"我似乎觉得，教育这种职业本身就容易滋生保守思想，在传授知识的同时，把旧的教学方法也传授下来了。因此，要在教师当中倡导学习教育科学知识，还必须从转变观念入手，使他们认识到"磨刀不误砍柴工"。只有端正了认识，教师才能积极、自觉地学习教育科学知识，研究教学方法的改革，提高教学技能。

近三十多年以来，教育科学发展很快，不仅充实了大量的新内容，而且还繁衍出了一批新兴的教育学科分支。在这样的情况下，一个创造型的教师应当具备哪些最低限度的教育科学知识呢？应当指出，对创造型教师的要求与对专门从事教育学研究的教师的要求是不同的，前者将它作为一种手段，而后者将它作为目的。

对创造型教师来说，要求掌握最低限度的教育科学知识应当包括：教育学、心理学、教学法、创造教育学、教育技术学、教育管理学和人才学等。当然，这些课目也不是全部要学，而是选择那些最重要的东西学习。鉴于大多数教师都有很强的研究能力，所以主要靠自学，并且结合教学工作开展教学方法的研究，把自学、应用和研究结合起来。

以上从三个方面分别阐述了创造型教师应具有的素质，实际上这些素质是相互联系、相互促进的。在实际工作中，这些素质又是综合起作用的，表现出一种综合的能力——创造能力。一个教师的创造力主要通过实践表现出来，并且接受实践的检验，其标准有四个：一是创造性完成教学工作，并且受到学生们的一致好评；二是研究教材、教法，提出创造性的方案和建议，并具有可行性；三是善于发现有创造才华的学生，对他们进行培养，使其成才；四是在学术研究中，表现出较高的创造力，获得突出的成绩。这四条不是每一个创造型教师都必备的条件，创造型教师的分工不同，因此他们的创造性主要表现在某一两个方面，其成果也可能集中在某一两个方面。这是允许的，因为要求一个创造型的教师包揽诸事，到头来可能一事无成。

科学技术在不断地发展，作为创造型教师，要不断学习，更新自己的知识，提高自己的素养，不断激励自己的创造性。激励教师创造性的因素可分有形的和无形的，例如学生的推动、完成任务的期限等，都是有形的；而价值观念、献身教育和科学事业的精神等，就是一种无形的力量。美国一些大学的研究生院对研究生质量与教师的积极性作了调查，并作出了结论。他们认为：研究生不仅是教授们从事科学研究的有力助手，而且一个富有创造性的研究生，又直接刺激教授创造性的“灵感”。教师与学生就是这样一种相互依存、相互激励的关系。一般说来，一个生气勃勃的集体给人以工作热情，一个有创造力的集体给人以创造力。

21 世纪是创造的时代，21 世纪的创造型教师又应该是什么样的呢？对此，未来教育学家们提出了未来教授的模式。他们认为：未来的教授是新型的、更加完美的一代教授，他们是未来社会创新和解决社会问题的力量。教授们的形象，过去在好莱坞的影片中都是呆头呆脑的，没有创造力。时代正在改变这种形象，未来的教授应当是：积极参加激烈问题的争论和社会问题的咨询；具备多方面的相关技术知识；掌握最有效的教学战略和评估学生的技巧；鼓励学生在更高认识水平上，从根本上去突破原先对人脑和人类认识的研究；更多地注意开发人类右脑的潜力；懂得其他国家和民族的知识，懂得商业和工业的知识。总之，未来的教授同时代的联系更密切了，他们只有适应未来，才能服务于未来。

第二节　创造型教师的作用

我国宋代理学家朱熹曾说过：“指引者，师之功也。”他一贯主张，学生求学要靠主观努力，教师的作用主要在于指引。这话虽然是七百多年前讲的，但它却深刻地反映了一条教育规律，即使在今天，仍不失它的借鉴意义。在创造教育的实施中，教师处于主导地位，他们的主要作用也就体现在“导”字上面。

1. 调查研究，心中有数

教师在接受一项教学任务之后，他要做的第一件事，就是要了解学生，掌握他们的性格和能力，以便做到心中有数，为日后的整个教育活动打下基础。

从履行一个教师的职责来说，教师应当深入地调查教育的对象，透彻地了解每一个学生。但是，能做到这一点的教师太少了。我就经常听到学生们的抱怨，他们说："教师与我们如同路人，只能在课堂上见面；教师如同售货者，我们如同购物者。"有的教师，不仅谈不上了解每一个学生，甚至连绝大部分学生的名字也叫不出来。教师不了解学生，同样地，学生也不了解教师，有的课都上完了，学生连教师的名字也不知道。像这种建立在相互完全不了解基础上的教学，似乎仅仅是为了完成任务，而根本不是为了育人。这种毫无针对性的教学，无情感的教学，怎么可能受到欢迎，怎么会得到良好的教学效果呢？

教师对学生的调查，主要包括三个方面的内容：一是学生的思想及个性特点，包括学生的学习目的、学习态度、兴趣与爱好、竞争意识、受挫后的心理承受能力等。只有了解了学生的个性，才能更好地去培养他们创造的个性。二是了解学生的知识基础，包括他们对已学过课程的掌握和应用的程度，以及他们所具有的相关学科知识。这对教师确定教学的起点、选定教材、制订教学计划和指导学生选修课程等，都具有重要的作用。三是了解学生的智力基础。这一点是极为重要的，但往往又是被忽略的。这是因为，传统教育只重视知识，而忽视能力的培养。当然，教师不适应也是一个原因，因为大多数的教师尚不具备评判学生能力高低的技巧，他们只习惯按分数衡量学生。了解学生的能力包括他们的记忆力、模仿力、思维能力、实践能力、观察能力等，总之就是创造力。只有透彻了解了学生能力的特征，才能有针对性地去开发他们的创造力。

对学生进行调查，一定要置身于学生之中，把自己看作是他们之中的一员。只有建立了相互的信任，才能了解真实可靠的情况。至于采用的调查方法，可以通过多种方式，如个别谈话，召开座谈会，参加学生的课余活动等。但是，大量的还是通过教学活动实践，如课堂提问、课堂讨论、辅导与答疑、批改作业等。教师的调查研究，是教学工作的一个组成部分，因此应当纳入教学计划，计算工作量，作为考核教师的内容之一。否则，即使教师有良好的愿望，如果没有这些条件的保证，调查研究的任务也是无法落实的。

2. 因材施教，科学指导

“无论在什么情况下，天才总是要脱颖而出的。”这是一种传统的说法，并不完全符合人才成长的规律。对此，美国心理学家布鲁纳在芝加哥大学领导了一个研究小组，对120多位名人进行了3年的研究。他发现了以下几点规律：大多数人生来就具有巨大的潜力；父母的激励起着很重要的作用；启蒙老师的热情和友爱、名师的指导也都有直接的巨大的作用。布鲁纳认为：一个人在某一方面所潜存着的天资，单靠他们自己是无法达到光辉的顶点的；在其超凡人生的路途中，家庭和师长可以说每时每刻都起到了举足轻重的作用。这就充分说明，创造型人才的成长与教师的指导是分不开的，如果有谁认为强调学生成才的内因，就可以忽视教师的作用，那就大错而特错了。

但是，从我国目前的教育状况看，主要的不是否定教师的作用，而是教师尚不善于发挥自己的主导作用。德国教育学家第斯多惠（F. A. W. Diesterweg，1790—1866）指出：“科学知识不应该是传授给学生的，而应引导学生去发现它们。”他又说：“一个坏的教师奉送真理，一个好的教师教人去发现真理。”① 当然，这是极而言之的话，但是他毕竟为创造型教师提出了一个标准，每个教师应当朝着这个方向努力。

据分析，在许多获得重大发明的科学家中，他们的成功大都受到了名师的熏陶。1970年诺贝尔经济学奖获得者保罗·萨缪尔森

① 张焕庭，主编．西方资产阶级教育论著选［M］．北京：人民教育出版社，1964：357.

(Paul A. Samuelson, 1915—) 就说:“我可以告诉你们怎样才能获得诺贝尔奖,诀窍之一,就是要有名师指点。”那么,一个创造型教师在教学中该如何指点呢?指点什么呢?根据教学的特点,教师的指导作用主要表现在指点方向、方法、路径;指导创造性思考问题、提出问题和解决问题;指导创造性研究工作的选题、设计和实施,等等。当然,这些活动有些是与讲授教学相结合的,有些则是在课外进行的。对此,爱因斯坦深有体会,由于他饱尝过旧教学制度之害,所以他上课就反其道而行之。他上课,绝不做传统教学方法的奴隶,不追求论述的优美和体系的完整,只希望将物理的思想、精神和方法教给学生。他允许并鼓励学生打断教授的讲课,当场提问。

教师的指导作用,有时可能就是一句话或一个建议,但是对学生的成长可能起到无可估量的作用。我国前科学院院长卢嘉锡先生是一位著名的化学家,他倡导成立了我国唯一的物质结构研究所,并在物质结构研究方面作出了重要的贡献。但是,他走上化学科学的道路,还得益于名师张资珙教授的指点。原来,卢嘉锡先生早年在厦门大学主修数学,张资珙教授为他讲授普通化学。在教学中,张资珙教授发现卢嘉锡的头脑灵活,思辨能力很强,实验细心,于是建议他改学化学。卢嘉锡先生接受了张资珙教授的建议,从那以后,他就与化学结下了不解之缘。卢嘉锡先生回忆说:“如果不是恩师的指引,我不可能有今天的成就!”

3. 民主管理,教学相长

在教育实施过程中,教师的主导作用还表现在管理的功能上。创造教育主张发展学生的个性,这同加强管理是否有矛盾呢?问题不在管理本身,而在于如何管理。我们所倡导的管理是民主管理,是要造成创造型人才成长的有利环境,这同传统教育那种“管、卡、压”的管理是根本不同的。

教学中的民主管理是一个很广泛的概念,不光指思想政治管理和学习纪律的管理,还有教学的组织与管理,学生选择专业与选修课程,学生的自习与阅读,学生的业余爱好与发展,学生的科研与指导，学生的就业与选择等方面的管理。但是，对这么多的重要活动，我们的教师很少去问津，更没有意识到这些活动也是个管理问题。管理不是限制，而是指导，是把学生引向正确的方向。例如，学生不懂得如何确定选修课，为了避免他们盲目选课，教师就要针对每个学生的特点，对他们提出选课的建议。学生不知道如何利用图书馆，教师就要指导他们学会图书目录检索和工具书使用等。

在教育的民主管理中，教师的主导作用是通过教师的巨大影响力来实现的。教师的影响力是巨大的，而且是潜移默化的。这正如苏联教育学家乌申斯基所正确指出的："教师对学生的影响是学校的任何规章和大纲、任何组织都不可能代替的一种教育力量。"① 那么，教师的这种影响力是从哪里来的呢？是靠教师的人格、学识和爱心，还是靠职位、资历和权威呢？大量事实说明，教师对学生的巨大影响力主要是前者。因此，每个教师都必须加强人格的修养，造就高深的学问，激发对学生的爱心，这既是完善自己的需要，也是发挥教师主导作用的保证。

建立民主、平等、信任、和谐的师生关系，这是搞好民主管理的重要保证。管理的基本原则之一，就是讲求有效性。教育民主管理既符合创造教育的要求，也符合现代管理的原则。在实施管理时，教师要恰当地选择激励学生的办法，不适当的斥责和有损学生自尊心的做法要绝对避免，因为它不仅达不到教育目的，而且还会产生一种抵抗的情绪。在各种激励的方法中，实在没有比信任和希望更有力量的了，因为它们能给人以信心。因此，教师无论在什么情况下，都不能对学生失去希望和信心，只要你诚恳助人，那么你肯定是不会失望的。

---

① ［苏］巴拉诺夫，等．教育学［M］．李子卓，等译．北京：人民教育出版社，1983：2.

第三节　大学教师必须做研究工作

大学教师姓“教”不姓“科”，为什么要做研究工作呢？这的确是一个众说纷纭的问题，而且争论由来已久。以大学科研比较普及的美国来说，其认识也是不同的。美国著名的哈佛大学校长博克（Derek Bok，1930—　）强调说：“教学是天平上的一头，重要的一头是科研。”但是，美国加州大学学术委员会主席、伯克莱大学社会学教授尼尔·斯梅利亚则认为：“教学与科研绝对平衡是不现实的，这就像苹果与橙子不同一样，而且好的科研与好的教学之间不一定有内在的联系。”① 类似这样不同的看法，还可以列出很多，有的甚至是完全对立的看法。究竟怎样看待大学的科学研究工作呢？这是一个比较复杂的问题，恐怕一时还难以求得一致的意见。不过，我认为有一点是共同的，那就是大学必须开展科学研究工作，对科学技术的发展不能漠不关心，教师参与科学研究，既丰富了教学内容，又促进了科学技术的发展。至于教学与科学研究中的关系如何处理，那是需要通过实践去探讨和解决的问题。

1. 只有从事研究，才能进行指导

根据教师所从事的工作，我们暂且把大学教师分为三个类型：“教学型”、“教学与研究型”和“研究型”。顾名思义，所谓“教学型”，就是单打一从事教学工作；“教学与研究型”是既搞教学工作，又搞科学研究工作；“研究型”是单打一从事科学研究工作。从我国目前大学教师结构看，属于“教学型”和“研究型”者居多，而“教学与研究型”者很少。这既反映了我国教师构成的模式，也反映了我国大学教师的素质。当然，在不同类型的大学里，这种构成的比例也是不同的。

根据创造教育的原则，教师在教学中是起主导作用的，既要传授

① 外国高等教育资料，1988（1）：50-52.

知识，又要培养能力，应把两者结合在统一的教学过程中。从以上三种类型的教师来看，单纯“教学型”的教师是不能适应的。“研究型”教师需要向教学方面发展，不断取得教学经验，逐步转变为“教学与研究型”的教师。同样地，“教学型”的教师也必须做科学研究工作，提高科学研究能力，转变为“教学与研究型”教师。总之，一个创造型的教师，必须具备两种能力，既搞教学，又搞科学研究工作。对于教师要做教学工作，这是不言而喻的，不赘述。下面，我着重分析教师为什么要进行科学研究工作，为什么科学研究能力是教师培养创造型人才必备的素质。

教师不做研究工作，就不能培养学生的科学研究能力。从世界教育发展趋势来看，今后将越来越重视人的潜力开发，寻求发挥人的才智的最佳途径，培养和发挥人的创造能力。人的创造力是一种高级的思维能力和实践能力相结合的综合能力，一般是通过发现新事物和完成创造性成果体现出来的。从这个意义上说，创造力就是一种科学研究能力。

俗话说：“不入虎穴，焉得虎子。”教师要求学生做到的，首先自己要做到。科学研究是认识未知，科学发现和发明是人的主观意识同客观规律第一次正确认识的反映。很显然，这种能力绝非靠传授知识而能达到的，只有通过亲自从事科学研究，才能提高自己的想象力和抽象思维能力，培养发现问题、提出问题和解决问题的研究能力。对此，诺贝尔化学奖、和平奖获得者鲍林（Linus Pouling，1901—1994）的体会是深刻的。他的获奖研究课题就是在大学二三年级学习时萌生的，他的第一篇关于化学键的论文，也是在教授的启发下写成的。因此，当了教授以后，他十分重视结合教学进行研究，培养学生的创造能力。他说：“不管在什么时候，即使在教普通化学时，我还是进行科学研究，我认为应该这样做，学生也会发现对他们是一个促进。”又据统计，在美国的诺贝尔奖获得者中，有半数以上的人跟前辈诺贝尔奖获得者学习过。反过来说，如果前一辈的诺贝尔奖获得者不从事科学研究，恐怕他们既不能获得诺贝尔奖，又培育不出下一代的诺贝尔奖获得者。

教师不做研究工作，就不能把学生带领到科学的最前沿。科学研究就是解决问题，科学的发展是通过解决一连串的问题实现的。发现和提出问题，这需要眼力，特别是预测科学中的前沿领域，那更是需要有广博的知识和深邃的科学洞察能力。所谓科学前沿，就是在不久的将来有可能获得重大的突破，并且能够带动一个或几个学科发展的领域。例如，20 世纪 40 年代核技术的应用研究，50 年代初蛋白质结构的研究，60 年代初激光的研究，70 年代计算机的应用，80 年代超导的研究，90 年代纳米材料的研究等，这些都是前沿领域。

科学发展史说明，抓住了科学前沿，不仅可以使科学技术获得迅速的发展，而且还会在前沿领域里造就一大批杰出的人才。例如，日本理论物理学家仁科芳雄较早地认识到基本粒子是理论物理的前沿方向，于是带领他的学生开展研究，培养了汤川秀树、坂田昌一和武谷三男等优秀的科学家，形成了一个十分引人注目的理论物理学派。

教师从事科学研究，对于掌握科学发展的趋势，认清科学研究的前沿是十分重要的。为了开展科学研究，教师就必须大量地查阅文献，对前人已做过的工作进行调查和评价。在这个基础上，教师才会知道有哪些领域还是空白的，有哪些课题是尚未攻破的疑难问题，学术上有哪些不同的派别，等等。弄清了科学发展的状况，一方面可以选定自己的研究课题，同时又可以把这些问题介绍给学生，让他们也来研究。由此可以看出，教学和研究是完全不同的，教学只能传授已有的知识，而科学研究则是专门寻找未知的领域，掌握新的知识。我自己就有这样的体会：在模仿的囚笼中，是永远不会开拓出新路的，而科学研究总是不断地把你引向那未曾开拓的处女地。

教师不做科学研究，就不能更新教学内容。尼尔·斯梅尼亚认为："好的科研与好的教学之间不一定有内在联系。"这种情况是存在的，但我们也可以找到例子说明：有了好的科学研究，才会有好的教学。问题就在于如何理解和如何做，如果用一项好的研究成果去代替教学内容，或者一个很有研究成就的教授对教学工作不负责，那么的确是好的科研不能代替好的教学。但是，如果一个有科研成就的教授，他以认真做研究工作的态度对待教学工作，不仅用自己的研究成果去丰富教学内容，而且还把从事科学研究工作的方法和经验也传授给学生，那么好的科研就会变成好的教学。因此，科研能不能促进教学，关键在于人，新的研究成果与方法要同教学相结合，只要结合得好，就能起到促进教学和专业发展的作用。

2. 打开科学研究的广阔天地

尽管科学研究的重要性人所共知，但在实际中，仍有相当数量的大学教师未能参加到这项工作中来。据美国卡内基教学促进基金会1984年的调查，大学中有70%的教师的兴趣主要仍在教学上，目前正在从事期望能导致公开发表成果的研究工作的教师占60.8%。在发表论著方面，有大约1/3的教师未发表过论文，半数以上的教师未出版过著作①。这一情况，在我国表现得更为突出，在重点大学里专门从事科研的教师大约是1/3，在普通大学里就更少了。

是什么阻碍了教师从事科学研究工作呢？这里有对科学研究的认识问题，也有科学研究的条件问题。科研条件是具体工作问题，故不想多谈，但我却希望国家和大学为教师们创造良好的研究条件，推进大学里的研究工作。关于对待科学研究的认识问题，我倒想多说几句，因为我觉得正是这个问题才束缚了广大教师的思想，现在是打开科学研究广阔天地的时候了。

什么叫科学研究？对这个问题的理解，长久以来在大学里受到了很大限制。按照传统的理解，科学研究是指那些结合专业而进行的具有学术或实用价值的研究课题。从纯科学研究意义上理解，这是无可指摘的，但是，就大学中的科研来理解，又似乎太狭隘了。正是这一认识问题，束缚了广大教师的研究积极性，阻碍了他们加入到科学研究行列中来，也影响他们发表研究成果。

大学不同于科学研究所，也不能完全按照研究所的模式去进行研究工作。大学里的科学研究，是一个广义的概念，一切问题都是研究

① ［美］欧内斯特·博耶，著．美国大学教育——现状、经验、问题及对策［M］．上海：复旦大学出版社，1988：308-318.

的对象。从这一理解出发，大学里的科学研究，至少可以分为三个类型。

一是专业学术研究，这里面又分基础、应用和开发的研究。专业学术研究也是多层次的，大的可以是一项国家规模的科研，小的可以是一个公式、一个实验方法的研究。因此，只要你愿意的话，每个人都可以找到适合于自己的研究课题。与一般人的理解相反，一本教科书不是一部法典，其中就有研究不完的问题。诺贝尔化学奖获得者鲍林就说过："我所研究的课题，有时是从自己的教学中产生的。我向学生解释一个问题时，会发现有些东西讲不清楚。这说明，我自己还没有彻底理解。于是便问：为什么不进行一些研究来澄清这些问题呢？"鲍林这一段话是很深刻的，为我们从事教学工作的教师如何教书，如何选择科学研究课题开拓了思路。

二是教育科学的研究，包括课程设计、教材、教法、教学技能、学习方法等。一定要消除一种误解，以为这些问题是教育学专家们研究的事。其实，正是由于专业教师不愿研究，而教育学家们又研究不了，才造成了在这一交叉领域里的空白状况。

三是教育管理学的研究，包括思想管理、教与学的管理、学生的课余学习活动管理等。过去，只是靠少数政工干部作一些思想管理和行政管理，尚有大量的管理工作完全没有抓。教师必须参加管理，研究教育管理，积极发挥教师的主导作用；对于学校来说，是发挥主人翁的作用。

政策是平衡教学和科研的最好杠杆。过去，为什么教师不愿意从事教育学和管理学等领域的研究工作呢？这是因为，他们得不到研究经费的资助，他们的成果得不到承认，他们晋升职称受到了影响，等等。因此，必须从政策上摆平教学与科研的关系，摆平各种类型科研工作的关系。对于各种类型的科研工作，都要根据需要与可能予以支持，都要承认研究成果的价值，在评审职称时要一视同仁。只有这样，才能解除广大教师的后顾之忧，拓宽大学科学研究的新天地，使大学的教学工作与科学研究工作相结合，真正起到相互促进的作用。

第四节 教师应当是教育家

什么叫教育家？在英国德·朗特里编的《西方教育词典》里的注解是："指教育领域中知名的研究者或理论家和具有比教师威信更高的人（他们可能不再当教师，或甚至从未当过教师）。"他对教育工作者的注释是："教育积极分子：可能从事或可能不从事教育研究和就教育发表公开意见，但他自认为是教师并从事教师工作。"① 在注释时，朗特里是把教育学家与教育工作者相互参照的。从这里可以看出，作为一个教育家，应当有三个条件：一是从事教育理论或教育实践工作；二是对教育有一定见解，公开发表过论著（或意见）；三是有一定的知名度。

社会主义现代化的建设，不仅需要大批的科学家、作家、企业家、金融家……而且还需要大批的教育家。现代化建设必须依靠科学技术，而教育又是科学技术的基础。培养优秀的人才要靠良好的教育，而教育家的责任就在于创造这种良好的教育，如先进的教育思想、高质量的教师队伍、科学的教学方法、创造的教育环境等。可以肯定地说，中国如果不涌现出一大批教育家，那么只可能停留在经验式和模仿外国的模式上，这是不可能建立中国的教育学派，不可能建立具有中国特色的教育制度的。

中国到底有多少教育家？没有作过统计，据说寥寥无几，而得到世界公认者，恐怕更是黎明时的星辰。这是十分值得深思的问题。不是中国的教育园地不生长教育家，而是长期不重视教育、不重视教育科学研究和不尊重教育规律的结果。同时，教育家的"神秘感"和"不安全感"，也在很大程度上影响了教育家的成长。

我历来主张破除对教育家的迷信，希望中国产生一大批教育家。我认为，教育家要比专门从事教育学研究的专家的概念更广泛，在每

① ［英］德·朗特里，编．西方教育词典［M］．陈建平，等译．上海：上海译文出版社，1988：81-84.

个教育学科分支领域里，在每一个教育实践的领域里，都应当产生出大批的教育家。按照学科划分，有教育理论家、教育实践家、教育心理学家、教育经济学家、教学法家等。按照部门划分，又有儿童教育学家、工程教育家、医学教育家、农学教育家等。一般说来，一个有成就的、教学得法的学者，也就是一个教育家。例如叶圣陶、王力、竺可桢、王亚南等，都应当是他们从事专业领域里的教育家。从事教育管理工作，也会造就一批教育家。例如，陶行知先生毕生从事教育改革实验，他正是从实践中成为一位杰出的人民教育家。苏联的瓦阿·苏霍姆林斯基在长达 30 多年的教育生涯中，一直在小学和中学任教。为了进行教育学的研究，他亲自担任过帕夫雷什中学所有年级和几乎所有课程的教学，对 3700 多名学生进行了观察和研究。在深入、系统研究的基础上，他发表了 600 多篇学术论文，写出了 40 多本教育学著作，从而成为苏联著名的教育家。事实说明，丰富多彩的教育实践，为一切有志于教育事业的研究者提供了广阔的研究领域，为他们成为教育家创造了巨大的可能性。

造就大批的教育家，还应当从现在的大学教育抓起。师范大学不仅是我国造就大批教师的摇篮，而且也是发展我国教育科学的主力军。因此，师范院校应当明确提出培养教育家的目标，像理工科大学培养科学家和工程师那样，以激励师范院校的学生向更远大的目标进取。其他各类大学要开设教育学的课程，有条件的学校还应多开设一些教育学的选修课程，这是提高未来教师的教育科学素质的重要措施。我们有理由相信，未来的大批教育学家将从他们中涌现出来，发展我国教育科学的希望也将主要寄托于他们。

第五节　教师的职业道德

作为创造型教师，必须具备高尚的职业道德，这既是自己从事创造性教学与研究工作的保证，也是对学生发挥主导作用的力量源泉。道德修养涉及的内容很多，我们这里主要谈谈与教师的职业和师生关系相关的一些道德问题。

1. 发扬学术民主

民主不仅是一种权利，而且也是一种义务。在教学与研究中，如果只强调自己的民主，而不尊重他人的民主，那就是不道德的。教师与学生是教学中的对立统一体，由于受传统的影响，他们往往不是处在平等的地位。在多数情况下，也许是由于职业性质的原因，教师不能平等地对待学生。因此，在教学中能否贯彻民主的原则，其主导方面在于教师。

当前，教育民主化是一个国际现象，这是整个社会进步的表现，是发展科学和培养创造型人才的需要。其实，在教育史上，已有很多开明的教育家都主张教学民主。例如，人民教育家陶行知先生就告诫教师说："在你的教鞭下有瓦特，你的冷眼里有牛顿，你的讥笑中有爱迪生。"① 这说明，教师的好恶、感情、惩罚都可能埋没人才。不管其主观愿望如何，如果教师压制或扼杀了人才，都是职业道德问题。

在教学中，教师要发扬民主，必须要有高尚的风格和开阔的胸怀。在讨论学术问题时，一定要让学生说话，允许各种意见充分发表。按照创造原则，对各种意见不要随便斥之为"荒唐"、"愚蠢"、"错误"和"可笑"等，要正确使用"延迟评判"的创造技法。比较困难的是当教师的学术观点不正确时，允不允许学生提出讨论或批评，这对教师的确是一个考验。对于创造型教师来说，应当勇于坚持真理，也要敢于修正错误。如果是自己错了，那就痛快承认错误，接受学生正确的意见。这样做了，不仅不会降低教师的威信，反而更显示出教师的高尚的职业道德，并且对学生也是最好的身教。

2. 合作精神最可贵

有人说：当代是一个高度竞争的时代。这话只说对了一半。我说当代又是一个需要合作的时代。美国前总统里根的科学顾问基沃斯

---

① 哈尔滨师范大学，编．怎样培养创造型人才（内部资料）．1985：358.

(George A. Keyworth) 提出了科学创新的“两 T”理论，即科学创新依靠于天才（talent）和合作（team work）。教育事业从历史上看，是一种集体的事业，有着合作的优良传统，今天还要发扬这种传统。

教学中的合作精神不仅体现在教师们之间，而且还体现在教师与学生之间。师生的合作不仅只是在学习期间，即使学生离开了学校，他们仍有可能成为教师合作的伙伴。这种合作是教育和科学事业延续的需要，也是联结科学学派的纽带。这种师生合作的事例，在科学发展史上屡见不鲜。搞好师生的合作，也必须有良好的职业道德，只有相互尊重、相互谦让，才能把这种合作关系保持下去。

在科学史上，也有由于师生不合作而招致不幸的。例如，1846年人类发明了乙醚麻醉剂，并第一次成功地应用到外科手术上。发明人是大学医学院二年级学生莫顿。莫顿是维尔斯教授的学生。莫顿听化学教授杰克逊说，他在一次做实验时，不幸吸入一口氯气，为了解毒，他又吸入一口乙醚，不一会儿他就失去了知觉。这件事引起了莫顿的注意，他对用乙醚作麻醉剂进行了研究，先后在动物和自己身上进行试验，最后终于成功了。可是，在申报专利时，他的老师维尔斯和启发过他的教授杰克逊都来争发明权。官司打了很久，但没有结果。在你争我夺的过程中，他们都遭遇了不幸，杰克逊得了精神病，维尔斯自杀身亡，莫顿本人也因患脑溢血而死去。这个悲剧本来是不应该发生的，其之所以发生是由于不能正确对待师生间的合作，彼此缺少科学职业道德。

3. 做新时代的伯乐

伯乐相马的故事，作为慧眼识才、荐才的逸闻，在我国人民中广为传颂。后来，世人感叹道：“千里马常有，而伯乐不常有。”这说明，识才不容易，人才成长也艰难。现在，我们面临着培养和造就千百万人才的宏大任务，单靠少数伯乐去发现人才显然是不能适应了，但伯乐识才的普遍意义在今天仍是值得倡导的。

辨别人才靠眼力，大公无私荐才要靠魄力。宗白华先生有文坛伯乐之称，他是最早发现郭沫若的人。他深有体会地说：“发现人才，培养人才，爱惜人才，在当前乃是一个严重的问题。有些人容不得别人好，嫉贤妒能。更难得的是，从名不见经传的小人物中发现人才。"① 自古到今，发现人才和推荐人才遇到的最大困难就是嫉妒。培根曾说："嫉妒之情恐怕要算作最顽强、最持久的了。"依我看，对人才的嫉妒是世界上一切嫉妒中最顽固的了，因为无德者总是嫉妒有道德的人，无才者总是嫉妒有才华的人。

嫉贤妒能也是职业道德问题，因为它是违背社会利益的。嫉妒是一种顽症，要治疗这种病必须下极大的力气，要在全社会造成爱才求贤的崇高风尚。与此同时，还要制订相应的保护人才的法律和政策，以保证优秀的人才能"才尽其用"。

4. 喜看"青胜于蓝"

荀子在《劝学》中写道："青，取之于蓝，而青于蓝。"这个论点，是千百年来所称颂的，也是一代宗师崇高的职业道德的体现。

纵观古今，科学上的一些重大成果，都是集前人之大成。我们今天一切高度发达的物质文明，也是一步一步地从无到有、从低级到高级逐步发展起来的。例如，从第一部庞大笨重的汽车到"轿车之王"，从黑白电视到彩色等离子电视，从电缆到光缆通信，从原子核裂变到原子能电站，从热气球到宇宙飞船，等等。在所有这些重大的发明中，都渗透了人类集体的智慧，从老师到学生，代代相传。因此，科学发展的历史，就是一部教育与科学既继承又创造的历史。

在科学发展史上，学生超过教师的现象常有，这是符合"后来居上"规律的。但是，要正确处理好这个问题，无论对于教师还是对于学生，都要受到职业道德规范的检验。对于教师来说，要有高风亮节的风格，要有甘作人梯的精神，乐于让学生超过自己。这正如陶行知先生在遗嘱中所留下的箴言："教师的成功，是创造出值得自己崇拜的人。""先生之最大快乐，是创造出值得自己崇拜的学生。"这的确是崇高的师德，闪烁着"捧着一颗心来，不带半根草去"的品

① 文汇报，1984-04-30.

质。著名大科学家牛顿的老师巴罗就是这样的一位宗师。他发现牛顿才华出众，于是在自己39岁时，把当时英国剑桥大学唯一的一个数学教授讲座让给了年仅26岁的牛顿。

对于学生来说，也有一个如何正确对待老师的问题，即使自己获得了再大的成就，也绝不能作为傲视老师的资本。俗话说："纵然，学富五车，但蒙育有师。"因此，学生的成功总是离不开教师的启蒙或指导，永远要记取教师的恩德。而那种"翅膀硬了就要飞"，"过了河就拆桥"，"有了成果就争名"，甚至当个人利益未得到满足时，对老师进行诽谤、诬陷，等等，都是一些不端的品行，应当受到社会和道义的谴责。

我国有着尊师爱生的悠久传统，我们无论如何不能丢掉这"传家宝"。在尊重知识、尊重人才的今天，我们一定要在全社会树立尊师重教的新风尚。同时，也要在全社会更新人才观念，让大批创造型人才脱颖而出！

第九章　创造教育的环境

《晏子春秋》上曾记载了晏婴的一段话："橘生淮南则为橘，生于淮北则为枳。叶徒相似，其实味不同。所以然者何？水土异也。"这段话，原本是晏婴用于反击楚王对他的侮辱，后来，它被用来说明环境对人才成长的影响。

学校的任务是培养人才，而人才的成长犹如植物的生长一样，也受着环境的巨大影响。在一定的环境下，优秀的人才可以脱颖出来；而在另一种情况下，也可能夭折。我国目前的教育制度弊病很多，学术空气沉闷，极不利于创造型人才的成长。当前正在进行的教育改革，就是要创造这种人才成长的最佳环境，让优秀的人才茁壮成长。

学校在培养人才方面，主要承担着两方面的任务：一是提供学习的物质条件，例如编写和出版教材，购置仪器和图书，精心组织教学等。这些是属于技术性的工作，所以我把它们称作硬件，也就是办好学校的硬措施。二是创造学习的环境，例如改善学校的思想工作，倡导民主的学风，创造竞争的环境，提供广泛的学术交流条件，开辟自由争鸣的园地等。这些大都属于一些比较虚的工作，所以我把它称为软件，也就是办好学校的软措施。

为了办好一所学校，造就创造型人才，既要扎扎实实地抓好硬措施，又要善于运用软运筹，这两方面的工作缺一不可。长期以来，在办学过程中，人们比较重视有形的硬件，而对于办学的软件却重视不够。因此，本章就着重谈谈培养创造型人才的软件——创造教育的环境。

第一节 人才与环境

毛泽东同志在《矛盾论》中说过："鸡蛋因得适当的温度而变化为鸡子，但温度不能使石头变为鸡子，因为二者的根据是不同的。"①在这里，主要是讲事物变化的内因与外因的关系，内因是变化的依据，外因是变化的条件，外因通过内因而起作用。人之所以具有创造性，是因为人具有其他动物所不具有的高级思维活动，具有可教育性，这是人能够成长的内因。人的创造潜能之所以表现出来，在很大程度上取决于教育与环境的作用。所以，人才的培养既涉及人的素质与天资，也与所受的教育和环境的优劣有关。人的天资、心灵的勤奋、忘我的献身精神、严谨的治学态度、自我价值观念等，是成才的内因；而师资水平、图书资料、仪器设备及使用、教育制度与政策、学习的环境与风气等，是人才成长的外因。明白了这些道理，教者与学者，都要朝着一个共同的目标而努力，那就是既要调动学生成才的内在积极性，又要创造良好的学习成才的环境。

1. 人才的摇篮

摇篮，本来是婴儿的睡具，每个人大抵经历过摇篮中的生活。如果说摇篮是婴儿生长的最早的环境，那么我认为家庭则是人才成长最早的摇篮。对于人才的成长来说，摇篮可能不止一个，一个良好的学校可以成为摇篮，一个启蒙做研究工作的实验室，也可以成为摇篮，每个人的经历不同，其摇篮也是不同的。但是，家庭这个摇篮对于每一个人来说却是共同的，是成才的必经阶段，父母就是蒙师。

家庭和父母对于人的成才的影响是十分巨大的。青少年在家庭生活的时间长，而且还受着一定特殊关系的支配。家庭的环境，父母的职业与爱好、价值观念与追求、语言与行动，以及他们对子女的希望与教育，无时无刻不在影响着子女的性格和智力的发展。布鲁纳对

---

① 毛泽东选集（第1卷）[M]．北京：人民出版社，1991：302-303.

120多位名人进行了研究，得出了以下的结论①：

（1）名人不仅仅是天生的，而且是通过培养成长起来的。

（2）名人的成长，都必须有适当的条件。如果具备了这种条件，那么绝大多数的儿童几乎都可以成为明星。

（3）家庭教育对名人影响极大。布鲁纳认为："如果一个家庭里有音乐，并不意味着这个家庭里的孩子一定会成为音乐家。但如果家庭里没有音乐，那孩子就一定不会成为音乐家。"

（4）名人的成长，一般都经历了三个阶段：第一个阶段爱玩耍，是形成兴趣的阶段；第二个阶段是精确时期，学会各种知识与技巧；第三个阶段是个人风格形成时期。

从他所得到的结论看，有一点是肯定的，那就是家庭在人才的成长中确实起着巨大的作用。至于人才与父母职业的依附关系，我宁愿把它看成是概率的关系，而不是绝对的规律。

在科学史上，也有"子承父业"这种现象，这大概是家庭教育影响最突出的例子。例如，从17世纪中期到18世纪末期的100多年间，在瑞士产生过一个数学家族，前后出现过8位数学家，被称为贝努利家族。雅科布·贝努利（Jocob Bernoulli，1654—1705）是瑞士数学家，他是这个家族中最著名的一员，出生于巴塞尔，主要的贡献在微积分方面。另一位是他的弟弟约翰（Johann Bernoulli，1667—1748），他的主要成就是在变分学、几何学和力学等方面。丹尼尔·贝努利（Daniel Bernoulli，1700—1782）是约翰之子，是这个家族中成就最大者，主要贡献在代数、概率论、微积分学、级数理论、微分方程等方面。类似的科学家族和"子承父业"的现象还很多，这的确是人才成长的规律之一，它也说明家庭教育对人才的影响。

但是，家庭教育大量的还是表现在父母对子女的早期智力开发上，如对孩子兴趣爱好、好奇心、观察能力、求知欲、职业的选择，以及创造学习条件等。例如，日本理论物理学家汤川秀树之所以能发现介子而获得诺贝尔物理学奖，其原因之一是他父亲从小对他的教

① 参考消息，1985-04-20.

育。他父亲是一位地理学家，当汤川秀树还处在孩提时期，他父亲就经常带他去森林散步，培养他对大自然的观赏能力，并且给他讲述古希腊哲学故事。因此，他的观察能力和抽象思维能力较早地得到了开发，这恐怕是他作出重大科学发明的重要原因之一。

家庭教育往往是在一种和睦和无私的情况下进行的，从不会有嫉妒和保守的心理存在。因此，人们越来越羡慕家庭式的研究、工作和合作。在美国曾出现过一所培养高才生的家庭学校，它的某些做法确实是值得注意的。社会学教授戴维·科法克斯于1972年被华盛顿大学解聘了，于是他同妻子回到加利福尼亚乡下去养羊。他经过州政府批准，在自己家乡办学，他的4个孩子就是他的学生。经过他得法的教授，他的4个孩子都成了高才生，其中3个进入了哈佛大学。他的经验主要是：一因材施教，发展他们各自的兴趣爱好；二联系实际，除读书外还参加劳动，参观图书馆、博物馆等；三少而精，减少授课学时，重在打好基础。这些做法应当可以作为我们正规学校的借鉴。

家长对子女的偏爱，有时候并不能使子女沿着自己所希望的方向成长。这是因为，尽管父母与孩子朝夕相处，但他们有时候并不完全了解孩子的真正兴趣，不能对孩子的成才方向给予恰当的指导。有时候，父母受到社会等因素的影响，甚至会让孩子做他们不愿做的事。父母尽管是孩子们的蒙师，但他们并不见得是教育的内行，所以有时也会对孩子的成才起到不利的作用。例如，谢晋出身于书香世家，父辈本要他走治学、做官和致富的道路，但是，他却报考了国立戏剧专科学校话剧科，后来成了演员和赫赫有名的大导演。他在回忆时说：“一本‘红楼’爱不释手，她是我走上创造道路的启蒙老师，也是我形象思维和想象力的源泉。”在这里，对谢晋有两种影响力，一种是家庭的希望，一种是《红楼梦》的吸引力，最后是《红楼梦》对他的影响起了决定性的作用。

2. 学术温床

美国加利福尼亚大学伯克莱分校素有“学术温床”之称，这说明该校具有十分有利于出人才、出成果的良好环境。伯克莱分校之所以办得出色，显然与它的民主、自由的学术环境有关。伯克莱分校现有1.1万教职工（包括研究、教学和公共服务人员），其中有1640名全日制教员，450名兼职教员，他们中有不少是世界最著名的小说家、诗人、思想家及科学家，包括9名诺贝尔奖获得者，98名美国科学院院士，60名美国工程学院院士。这说明，伯克莱分校确实有雄厚的实力，在许多学科领域中，都作出了优异的成绩。我在参观该校时，学校那种强调创新的精神和民主、自由的学术风气给我留下了良好的印象。

温床，本来是人们为了创造有利于植物幼苗的生长条件而制造的人工苗床。幼苗的生成，最适宜的条件就是一定的阳光、温度、湿度和土壤。人才的成长也是一样，必须创造最合适的生长条件。什么是人才成长的最适宜的条件呢？从学术上来说，这就是民主、自由、切磋、探索的学风。它犹如阳光、雨露和沃土一样滋润着人才的成长，像多效的触媒一样催促着青少年前进。

科学、民主与迷信、垄断是根本对立的。迷信只会束缚思想，窒息科学；而垄断必定压制人才，维护旧事物。在历史上，这种正反两方面的经验和教训是值得引以为鉴的。在欧洲中世纪，迷信盛行，教会统治着学校，极力诋毁新的科学发明，进步科学家遭受迫害，严重地阻碍了科学技术和教育的发展。我国“文化大革命”期间，以阶级斗争为纲，大搞“两个凡是”，以政治冲击业务，对知识分子实行专政，学校不上课，科研停滞，国民经济几乎陷入了崩溃的边缘。成功的事例也很多，例如美国科学技术领先的原因之一，就是因为在美国大学和研究机构里有着学术民主的传统。据统计，自1901年到1941年的40年中，美国仅有17人获得诺贝尔奖。然而，从1942年到1982年的40年里，美国却有117人获得诺贝尔奖，超过了同时期全世界获奖人数的总和。究其原因，其中之一就是开展学术自由研究与竞争，不受政治传统观念和社会地位的限制，允许讨论和坚持不受欢迎的学术观点。又如，英国医学研究委员会所属的分子生物实验室是一个有着浓厚民主学术气氛的学术集体，这个人数不多的研究实验室迄今已有6人获得诺贝尔奖，而且其中1人还获得过2次。他们的经验是：民主、平等的学术气氛，家庭式的合作关系，朴实的工作作风。

在科学的发展史上，一些科学团体对科学的发展曾起过重大的作用。它的作用就在于能把一些志同道合的科学家联合起来，博采众人之长，自由地探讨各种学术问题。实际上，好的学术团体是发现人才和产生科研成果的学术温床。爱因斯坦创立相对论，这是无人不知的，但是恐怕有很多人并不知道这个划时代的理论萌发于一个小小的学术社团。原来，爱因斯坦大学毕业后，经济十分拮据，于是他在报纸上登了一则求职广告。当时，有一个想学物理的哲学系大学生索洛文去找爱因斯坦，两人十分投机，真有相见恨晚之感。于是，他约定索洛文每晚到他家来研讨问题。不久，爱因斯坦又邀请他的朋友比希特和贝索一起成立一个学术社团，起名为奥林匹亚科学院，爱因斯坦任院长，他的三个朋友是院士。此后，他们四人每晚在爱因斯坦家里研究问题，涉猎各个学科的知识，从而触发灵感，大大地增长了新知识。爱因斯坦提高得最快，一举发表了《论动体的电动力学》，创立了划时代的相对论。在这篇论著中，爱因斯坦还特别提到他的院士索洛文对相对论给予的启发和帮助。所以，爱因斯坦称该院是“不朽的奥林匹亚科学院”。

在我国出现过一阵“沙龙”热，这对于活跃大学生的学术思想以及沉闷的学术空气是有好处的。“沙龙”是法文外来语，原文“salon”，是客厅的意思。它起源于17世纪，当时巴黎的文人、艺术家们常参加贵妇人的招待会，在客厅里谈文学艺术问题。后来，传到了世界各地，并成为一些文人学者们清谈和切磋学术问题的一种无拘束的形式。

3. 逆境与成长

我们讲创造教育的环境，主要是讲良好的环境，这也是每个人所追求的。从教育行政管理部门来说，应当为每一个渴望成才者创造良好的环境，让他们顺利成长。但是，在人的成长道路上，有时也会遇到困难和挫折，甚至陷入十分困难的逆境。所谓逆境，是指一种反常的、与人们希望背道而驰的恶劣的环境，例如，身患疾病，工伤致残，爱情破裂，政治上受到打击，工作上受到挫折，穷困潦倒，等等。失去了最起码的学习和研究条件，这也算是一种逆境，当然这是同顺境相对而言的。

毛泽东同志曾说过："在一定的条件下，坏的东西可以引出好的结果，好的东西也可以引出坏的结果。"① 从事物的性质来看，逆境当然是坏事，它给人们的心理造成压抑和痛苦，给学习与研究带来困难，甚至完全失去了学习的条件。但是逆境对于不同的人来说，其效果也是不同的。对于意志薄弱者来说，在逆境中可能丧失信心，表现为消沉、颓废，从而陷入无所作为的地步；而对于意志坚强者来说，逆境却给他提供了一个磨炼意志的环境，增强了他的心理承受能力，激励其顽强拼搏。有了这种意志、毅力和思想境界，坏事就会向好事方向转化，使他走出困境，变逆境为顺境，并且创造出通常在顺境下无法实现的奇迹。

在政治上所受到的伤害，恐怕是人生中最严重的打击。人们通常所说，一个人"政治生命完了"，也就是说，人的一切，包括理想、事业、工作、爱情……都将随着政治生命的结束而化为乌有。因此，在我国政治上的逆境可以视为绝境，对人是最严峻的考验。当然，考验越严峻，对人的锻炼也就越大，一旦经受了考验，那么他就是一个胜利者。为了经受考验，需要付出巨大的代价，但得到的却也是一笔宝贵的精神财富。我很欣赏一位有才华的青年人，他是美国普林斯顿大学的经济学博士。他就是从政治逆境中拼搏出来的，其精神令人敬佩。在"文化大革命"中，他被打成了现行反革命分子，被判处10年有期徒刑，尽管他当时只有17岁，但还是提前进了监狱。铁窗生活没有使他灰心，强烈的求知欲望，努力成才的决心，使他振作起来，他把牢房变成了自学的课堂。在坐牢期间，他自学了马克思的《资本论》、《马克思恩格斯全集》、《政治经济学》、《高等数学》和大学英语。出狱后，开始当工人，后来参加全国社会科学研究人员招

① 毛泽东著作选读（下册）[M]. 北京：人民出版社，1986：793.

聘考试，他取得了优异的成绩，被破格录取为实习研究员。由于某种原因，他没有到研究所去工作，而是受聘到一所重点大学当助教。在工作期间，他开设了几门课程，发表了30多篇论文，翻译了世界计量经济学权威的著作。他的突出才华受到了外国同行的赏识，破格录取他为博士研究生。在国外学习期间，他又获得了多项成果。他的目标是要在计量经济学领域里创造出新的理论来。

在我国能进入到大学者，当然是胜利者；但名落孙山者，未必就是失败者。我始终相信，由于考试制度的弊病等原因，在那些高考落榜者中，还蕴藏着一大批创造型人才。

失去了上大学的机会，是不是就失去了学习的机会，失去了成才的机会呢？不是的，上大学与成才不能完全画等号。上大学固然可以获得一个良好的学习环境，但也仅仅是环境，能不能成才，还要看自己主观努力。失去了上大学的机会，并没有断绝成才的道路，还可以争取学习的条件。我认识三个学生，他们都是我很欣赏的学生，由于“文化大革命”的原因，他们失去了上高中和大学的机会，都当了被认为是最下等工种的工人。但是，他们不气馁，刻苦自学，结果都获得了成功。一个原有8年工龄的锅炉工，后来考上了研究生，获得了文学硕士学位，后在美国斯坦福大学攻读博士研究生。另一位是有8年工龄的下水道工人，他以同等学力资格，考上了英文专业研究生，获英国语言文学硕士学位，后来又以全优的成绩考上了美国俄亥俄州立大学的英国文学博士生。第三个学生也恰好有8年工龄，他是肉店卖肉的工人，后来径直考上了美国匹兹堡大学社会学系的研究生，获博士学位，而且在研究知识工程学方面很有成就。说来也真巧，他们三人都有8年工龄，而且工种都是被人瞧不起的。应当说，他们的学习环境是不好的，但是他们没有屈服于环境，恰恰这种艰苦的环境成了激励他们成才的巨大动力。

4. 设计与改造环境

上面所说的顺境和逆境，大都是自然或人为形成的，人们通常只能顺从和适应它。那么，人们能不能根据创造教育的需要，设计与改造环境呢？人的创造性是无穷的，不仅可以创造人类所需要的一切物质，而且也可以设计与创造自己所需要的学习环境。历史上流传的“孟母三迁”的故事，就是讲的孟子成才与环境的关系。孟子早年丧父，随母倪氏长大。开始，家住在墓园附近，孟子每天就学些丧葬的事；后来，搬到了靠近屠场的地方，于是他又学习屠宰和卖肉；最后，他母亲就把家搬到了学堂附近，由于他受到了学堂浓厚的学习风气的影响，潜心读书，终于成了我国战国时期的思想家和教育家。孟子成为一位著名的大学者，除了个人的勤奋和师长的教诲以外，他母亲给他设计的那种学习环境也起了决定性的作用。

学习和研究环境的选择是很重要的，选择就是设计，选择不当，有才华也显示不出来；选择恰当，那么才华就会喷溢而出。法国文学大师安德烈·莫洛亚（Andre Maurois，1885—1967）之所以获得巨大的成就，同他选择自己的生活和创作环境有很大的关系。莫洛亚起步较晚，30 岁方出第一部作品。在关键时刻，他遇到了哲学大师阿兰。阿兰对莫洛亚说：“我不希望你在巴黎，那种坐咖啡馆谈文学的风气会把你侵蚀掉的，那种生活看似容易，实际很危险。”听了大师的指教后，莫洛亚重新设计了自己的创作环境，他离开了花花世界巴黎，进入他父亲的工厂，了解和体验实际生活，丰富他的创作思想。正是在奠定了写作的基础之后，他一共创作了 14 部传记，如《雨果传》、《雪莱传》、《仲马一家三代》等。如果当年他不离开那种咖啡馆的环境，那他真的可能早已被侵蚀掉了。

设计环境是面对着未来的，改造环境是针对着旧有的。设计与改造是破与立的关系，一个新的环境方案设计成功了，旧的环境就要被取代。每个人都可以设计自己所需要的学习、研究和成就事业的环境，这就是“事在人为”。设计环境重要的是要从自己实际情况出发，要有明确的目标，要有切实的可行性。否则，脱离实际的幻想，即使设计得再好，那也只能是“空中楼阁”。

人各有志，人各有道。每个人都要设计自己成功最理想的环境，选择自己成才的最佳道路。如果要成为一位作家，那就要设计有利于了解生活和触发灵感的环境；如果要成为一名发明家，那就要建立发明的基地，不妨建立简易的家庭实验室；如果要搞技术革新，那就要参加生产实践；如果要成为一名艺术家，除了创造艺术的环境以外，还要虚心向名师求教，等等。世界上的职业几十万种，每个人都可以设计和选择自己喜爱的职业，都可以设计使自己的事业获得成功的环境。对于创业者来说，那种“生不逢时”、“成事在天”、“怨天尤人”的观点是无济于事的，重要的是“千里之行，始于足下”，把学习和成才的环境设计好，为日后成就大业打下基础。

第二节　信息与教育

信息是客观存在的，我们无时无刻不在和它打交道。什么是信息呢？一切语言、文字、报纸、广播、电视、图书、计算机的数据库以及自然和社会现象等，都是信息。无论做什么工作，都离不开信息。对于企业家来说，没有市场信息，就无以竞争；对于作家来说，没有信息，就不能启迪创造的灵感；对于科学家来说，没有科学观察或实验的信息，就不能把现象抽象为科学的理论；对于领导者来说，没有信息，就不能进行科学的预测和决策；同样地，没有信息，教育就无法实施，学生不掌握大量信息，是无以成才的。

1. 信息与教育

教育与信息的关系是十分密切的，它的一切活动都是围绕着信息而进行的。一般来说，一个人获取信息的多少，是衡量他成熟程度的标志。例如，成年人的信息比儿童多，受教育多的人的信息比没有受教育或者受教育少的人要多。我们常说，某人“博览群书”、“知识渊博”、“经验丰富”等，都是指他所掌握和储存的信息多。求知的青少年应当勤奋学习，采用各种途径和方法，利用一切感官，从丰富的大自然中，从几千年人类文明史的长河中，吸取你所需要的一切信息。

学校是孜孜求索的地方，它所提供的是一个学习和成才的良好环境。我们办学的目的，从根本上来说，就是要创造这种环境。一定的自然环境是必要的，但重要的是信息环境，它是人才成长的真正摇篮。

为了强化学校的信息环境，充分发挥信息在教育中的作用，应当加强四个方面的工作：

一是优化课堂教学，传授最新的信息。课堂教学即使在今后，也仍然是一种主要的教学形式，是传递信息的一种重要的途径。问题不在于要不要课堂教学，而在于如何改革不适应的教学内容和教学方法，使它真正起到传递时代信息的作用。一个优化的课堂，应当具备以下几个条件：贯彻“少而精”的教学原则，要进行信息的加工与处理，给学生提供“压缩饼干”、“浓缩鱼肝油”一类的信息，而不是“白开水”或已经变馊了的“发面馒头”。避免重复的信息，不要浪费学时。据调查，大中学校的教学内容有很多是重复的，如汉语语法体系、政治理论课、数理化基础课、计算机语言课等。造成这种状况的原因是，中学一味加深教学内容以追求升学率；而大学为了维护所谓的系统性、逻辑性和严密性，即使明知重复也不肯割爱。这的确是一种浪费，不仅使学生感到学习乏味，而且也影响了创造性思维的培养。更新教学内容，传递最新的信息。掌握信息的目的不是为了故弄玄虚，而是为了使用。因此，课堂教学内容应当筛选，删去陈旧的内容，把目前和今后最需要的信息传授给学生。做到了以上几点，那么课堂教学就会起到有效的传递信息的作用，对人才的培养起到积极的作用。

二是要加强图书馆的建设，提高图书的流通与使用效率。图书馆被称为“人类文明的宝藏”、“无形的财富”、“智慧的摇篮”。一般来说，一个国家拥有的图书馆的数量和藏书容量，不仅代表着这个国家的悠久的文明历史，而且也反映了该国现代文化科学和教育发展的水准。图书馆不仅是信息储存的中心，而且也是学习和做研究工作的极重要的基地。因此，各种类型的图书馆都要实行开放，实行科学的管理，充分发挥它在传播信息中的作用。

图书馆是学校的主要信息库。古今中外，凡名牌大学都十分重视图书馆的建设。正如美国哈佛大学图书馆馆长布克所说：“没有一个高质量的图书馆，就不会有高质量的教育。”“一个好的图书馆，也是吸引优秀人才、培养优秀人才的中心。”这样来评价图书馆的作用是不过分的。但是，目前国内多数大学图书馆还达不到这种要求。当前存在的问题是：经费缺乏，藏书不足，管理不善，利用率很低等。因此，必须对图书馆的管理指导思想、管理制度和方法等进行大力的改革。改革的目标应当是：开放式办馆，面向社会，扩大服务的对象；实行开架借阅，方便读者；最大限度地延长开放时间，满足各种作息时间的工作人员的需要。大力推进现代化的管理，实行编目、检索、借阅、咨询服务的自动化。改变管理人员与读者的主客关系，树立“读者是主人，一切为读者服务”的思想。总之，通过改革后要达到：最大限度地吸引读者，最大限度地提高图书的使用效率。

三是要加强实验室的建设，积极创造条件，逐步建立开放式的实验室。实验室也是一种学习环境，是自然科学进行理论联系实际教学的重要场所，是观察和认识自然现象和规律所必需的条件。可是，目前实验教学的状况是不能令人满意的。主要问题有：大学实验设备落后，内容陈旧，教学方式死板，使用效率低；为数不少的学生不重视实验教学，或敷衍应付，或者压根儿就不重视。对于前者，我们应当按照现代化的要求，积极改善实验室的条件，改进实验教学方法，以利于培养学生的独立工作能力。对于后者，我倒想多说几句，以寄语于广大的青年同学们。严格地讲，自然科学是建立在科学实验的基础上的，实验室是自然科学家活动的舞台。一切科学的发现，是对事物固有现象的特征，经过细致、反复的观察，并加以系统说明的过程。苏联著名的生理学家巴甫洛夫（Ivan Petrovich Pavlov，1849—1936）有句座右铭：“观察，观察，再观察。”在这里，他不仅强调了实践的重要性，而且也指出了一个科学家应具有的科学态度。正是这种信念，驱使他对动物的正常生理过程的观察长达30多年，提出了两个信号系统学说，从而获得了1904年诺贝尔生理学或医学奖。青年学生正处在长知识的阶段，思维敏捷，好奇心强，乐于观察事物，因此，应当投身于科学实验中去，培养自己的观察和实际操作能力。培养创造能力，不仅要充分利用第一课堂学习，而且还要善于利用第二课堂学习；不仅要通过书本获取信息，而且还要通过实践去捕捉新的信息。

四是广泛开展学术交流，适时地获取最新的信息。学术交流不仅对于科学研究重要，而且对于教学也是很重要的；它不仅交流了知识，而且还交流了学术思想。英国皇家学会会员、牛津大学无机化学系主任格林教授是我的朋友，我们在学术上经常交流学术思想和研究资料。他曾向我介绍了他领导的实验室开展学术交流的情况。他大约指导20名研究生和博士后，每学年要举行约40场学术报告，每场1小时，主讲人报告半小时，然后讨论半小时。实验室里的人至少要讲一次，可以讲自己的研究工作，也可以报告最新的文献进展。除了本实验室的人以外，他们还专门邀请国内外的知名学者去讲学。用他的话来说，这就是花钱去买信息。他认为：这种学术讨论很好，不拘形式，是获取新知识和新思想的好机会。他说，很多新学术思想和新研究课题就是在那些交流和讨论中产生的。

对比之下，深感我国大学和研究所开展学术讨论的风气实在太不浓了。首先是学术活动太少，不仅一个实验室，即使是一个专业一个学期不召开学术讨论会，也是“正常”现象。其次是不愿参加，不仅对边缘学科的学术报告不愿听，即使是本专业的报告会也不愿参加，宁愿坐着清谈，也不愿去参加学术讨论。再次是不愿发言，讨论会不仅没有争论的热烈气氛，而且常常冷场。有时也有一些发言，都是一些知识性的发问，而不能在学术观点上进行交锋。由于教师不愿意参加学术讨论，所以学生也是一样，只顾死读书。这种保守的学术风气实在不好，不仅影响了最新信息的获取，而且还将导致学术思想的僵化。因此，每个学校都要营造浓厚的学术风气，举办各种学术讲座和讨论会，使它真正成为学术交流的中心。

2. 信息革命对教育的挑战

当前，我们正处在“知识爆炸”的时代，知识正在以前所未有的速度剧增并迅速地更新。就知识增加而言，其速度是惊人的，这就是人们之所以用“爆炸”这个词来形容知识增长的原因。有人把这种巨大的变化称为信息革命，其意思是指由于新技术和信息大量产生而引起经济、社会等一系列的重大变革。

在这样的时代，信息革命对教育提出了哪些挑战呢？教育又如何有效地传播信息呢？为了适应信息革命的需要，未来的教育应当具有以下的特征：

从知识的整体性上打好基础。大学的学制是固定的，学生的精力也是有限的，因此不可能通晓各门学科知识。那么，大学生在校期间应当学习和掌握哪些最必需的知识呢？根据科学发展的规律，应当掌握对专业学科发展起长远作用的基础知识，也就是从知识的整体性上打好基础。这是因为，枝繁叶茂的科技知识大树，都是从科学知识母体发展而来的。我们所说的从整体上打好基础，也就是要掌握科学知识的母体。对于基础课，也要作具体分析，既不能因为知识更新而忽视那些至今仍然有用的基础理论，但也不能以维护基础课的系统性为由而阻止对陈旧的课程体系进行改革。

在教学中，怎么从知识的整体性上打好基础呢？一般说来，主要应开设对专业发展起长远作用的基础课，对进一步获取知识有用的工具性的课程，对发展新学科有用的综合性的课程，对促进思维能力有用的方法和技能的课程。改革课程体系，从整体性上传授知识，这是国际上教育改革的趋势。例如，美国国家科学基金会资助卡内基·梅隆大学、麻省理工学院、俄勒冈大学和犹他大学进行改革试验，开设新的课程，以适应新的技术革命的需要。

课程设置更趋向灵活性，不断更新知识。知识的激剧增加和更新，也势必影响到学校的课程设置，一些陈旧的课程可能被一些新的课程所代替。现在看来，课程体系几十年一贯制的做法，已显得不适应了。课程的多样化，也是由于信息革命影响带来的结果，它既适应了学生们更多的选课自由的要求，也是未来职业多样化的需要。

21世纪是高度“科学化、专业化、技术化、信息化”的时代。为了适应这一趋势，在教学中应当开设与高技术有关的课程，增强学生对未来工作的适应性。日本筑波大学是一所新型的综合大学，它的目标是：“培养学生善于综合的思考方法和能力，把握学术领域的新方向。”为此，他们对传统的课程体系进行了改革，开设了许多新课，如《思考的方法》、《宇宙中的人类》、《自然、人类文化》、《人类和思想》、《语言及其功能》、《计划的科学》、《物质与人类》、《生命的历史》等。这些课程是面向全校开设的，这对于学生获取新知识和培养思维能力，都是很重要的。

大力推行现代教育技术，实现教学信息化。新技术的大量产生，为实现教学信息化提供了可能。科技和教育比较发达的国家都在努力向教学信息化的方向发展。1983 年下半年，法国专门召开了“信息与教育”讨论会，讨论了信息对教育的影响，并对教育与信息发展进行了认真的研究。会议认为：“把信息引进到学校，已经刻不容缓。”信息进入到教育的好处是：对所有的人来说，提供了更多的学习机会；缩小了学校与社会需要之间的鸿沟；将使生产者与研究者直接交流信息；有利于改革现有的教育制度，使教育从手工业进入到“工业世纪”。

近几年来，发达国家在推进信息化教学方面，取得了很大的进展。日本各类学校大批引进电脑，采用计算机辅助教学。美国在推行信息化教学方面，进展也很快，不仅在大学里普遍使用电脑教学，而且在中小学里也大力提倡。例如，美国花费了 2600 万美元在蒙哥马利县创建了一所名叫昆士·奥查德的中学，它被称为是 21 世纪的学校。这所学校的学生可通过电脑向国会图书馆检索卡片目录，可以通过一个双向录像系统听课和提问，等等。美国开办这类学校的目标是“为了 21 世纪”。

促进教学、科研和企业的结合，更加注重知识的创造与应用。英国的大学教育历来是重学轻术的，但是在信息革命的冲击下，近年也发生了相当大的变化。英国大学通过了争论多年的新教育方案，其中重要内容之一就是鼓励大学与企业挂钩，重视科学技术成果的应用。

苏联在高等教育改革中，特别重视大学生的科学研究活动，而且形成了很好的传统。据统计，在苏联 894 所大学中，有 506 所大学成立了大学生设计处，有 250 万未来的专家们接受创作活动的训练。每年来自他们研究成果的经济效益为 5000 万卢布。苏联古比雪夫综合技术学院院长尤里·萨马林认为：大学生设计所和大学生科技协会的工作是一种集体创作活动的最富成果的形式。目前，大学生们的科技设计活动已成为教学过程中不可分割的一部分。这种做法的好处是，不仅提高了大学生们应用和创造知识的能力，而且通过他们密切了学校与社会的关系。

第三节　竞争与合作

竞争的氛围是一种创造性的工作环境，而亲密的合作工作关系，也是创造性工作所必需的。因此，竞争与合作不能互相排斥，为了竞争就必须要合作，也只有更好地合作才能有更大的竞争力。我们今天所面临的时代，就是一个既竞争又合作的时代。

1. 竞争意识是创造的驱动力

社会主义承不承认竞争？这个问题，在二十年以前，似乎还是一个禁区。一提起竞争，有人很自然地联想到资本主义，似乎竞争是资本主义的专利。其实，这是一个极大的误解。社会主义本身就是在竞争中诞生的，并且它的继续发展也还需要竞争。只是后来逐步形成的僵化的思想观念和经济体制，束缚了人们的竞争观念，致使我国的经济、文化、科学和教育缺乏活力。

同样地，教育事业的发展也必须竞争。没有竞争就没有压力，没有压力，也就没有活力。教育方面的竞争，表现在许多方面，例如师资水平、仪器设备的装备水平、教学质量、学术水平和管理水平等。但是，归根到底，教育的竞争是人才的竞争。

学校是培养和输送人才的，今天的教育，是为了明天的需要。那么，学校如何为社会输送高质量的人才呢？这是一个国际上正在探讨的问题，但大家都认为，21 世纪需要极富有竞争性的人才，也就是创造型人才。

作为创造型人才，必须具备各种良好的素质，如辩证唯物主义的世界观和方法论、矢志献身科学的精神、丰富的思想内涵、坚实的理论基础、渊博的专业知识等。但是，我认为增强竞争意识最重要，因为它是人们追求远大理想和崇高目标的原动力。既然如此，学校就应当想方设法培养学生的竞争意识。这种竞争意识的培养，不仅是要做思想教育工作，而且还应当贯穿于教学的各个环节，使整个校园变成一种促人上进的竞争环境。

（1）要坚持不懈地对学生进行远大理想教育。人不能没有理想，特别是青年人正值立志和创业的黄金时期，更应该树立远大的理想。一个人追求的目标越大，那么他的动力就越大，进步的速度就越快。什么是青年的理想？我国是社会主义国家，党的奋斗最高纲领是实现共产主义，现阶段主要任务是建设高度民主、高度文明的社会主义现代化强国。因此，每个青年必须树立为建设社会主义现代化作贡献的理想。但是，为社会主义现代化作贡献不是一句空话，要通过自己创造性的工作来体现。所以，一个有崇高理想的青年，应当把为社会主义现代化作最大贡献同追求个人事业的最大成功与实现自我的最大价值统一起来。如果没有为社会主义现代化作最大贡献的出发点，那就失去了个人理想和事业的支撑点；如果没有个人事业的最大的成功，那么为社会主义现代化作贡献就是一句空话。

（2）教育青年要认清时代的特征，敢于迎接新的技术革命的挑战。当今，在世界范围内已经出现了一次新的技术革命，它像浪潮一样冲击着经济与社会的各个部门，深刻影响和改变着人们的思维方式和生活方式。世界上一些发达国家，都在认真研究和制定政策，以便在这场竞争中保持优势和赢得胜利。在科学研究领域中，竞争也是十分激烈的，人们的目标越来越瞄准那些重大而又有开发价值的研究领域。例如，自 1986 年发现钡镧铜氧陶瓷材料的高温超导性以后，美国、中国、日本和西欧的科学家们展开了激烈的超导科研竞争，现在已经获得了在室温下呈超导特性的新材料。尽管这项研究的诺贝尔奖桂冠已被德国物理学家柏诺兹（J. Georg Bednorz，1950—　）和瑞士物理学家缪勒（K. Alexander Muller，1927—　）所摘去，但竞争并没有停止。目前，这一领域的竞争已进入到新超导体的应用阶段。为此，美国国际商用机械公司在加州的实验室已实验了 5000 多种复合材料。虽然美国科学家在新超导材料研究与应用方面取得了较大的进展，但仍有一种危机感。他们警告说："在超导体商业应用的竞争中，美国有落在日本之后的危险。"① 类似这样的竞争，当今在空间科学、生命科学、电脑、激光、能源等领域中也激烈地进行着。认清了这个时代的特征，一切立志献身科学的青年都要迎接挑战，敢于竞争，勇攀科学高峰。

（3）把竞争的机制引入到教育中，创造竞争的气氛。一所学校办得是否有生气，创造型人才能否涌现出来，关键看采用什么运行机制。长期以来，我国大学实行的是统一计划的体制，一切实行大统一，因此挫伤了办学的积极性，也影响了创造型人才的成长。随着教育改革的深入，人们日益认识到，只有把竞争机制引入到教育中来，才能打破"吃大锅饭"的状况，才能开创学校工作的新局面。

为了创造学校的竞争环境，不仅要在学生中提倡竞争，而且从学校领导、教师到一切管理部门，都要开展竞争。对于学校的领导来说，应当追求"卓越的办学目标"，努力使学校的一部分学科处于同一领域的领先地位。如果一个学校的领导没有竞争意识，对什么事都抱着"得之不喜，失之不惜"的办学思想，那怎么能率领广大师生去竞争呢？一个学校的竞争环境，在很大程度上决定于学校领导人的竞争意识。只要领导有了竞争意识，即使学校没有竞争的环境，他也会去创造这种竞争的环境。相反的，如果领导人没有或缺乏竞争意识，即使教师和学生有竞争意识，那么最后也还是会被窒息的。

把竞争机制引进到教学中来，这是一项综合性的改革，涉及教师、学生和管理部门。对于教师来说，要真正实行职务聘任制，坚持标准，不得迁就、照顾；要试行挂牌选课，实行优胜劣汰；要对教师的教学、科研和社会服务进行认真评估，论功行赏，等等。对于学生来说，要实行分流制，打破一次高考定终生；要实行贷金制，把学习成绩与承担的经济义务挂上钩；开展各种学习与科研竞赛，鼓励优秀的人才冒尖，等等。对于管理部门来说，要定岗定编，实行聘任制；

① 人民日报，1988-11-11.

提拔干部，要经考试和公开竞争；要实行科学管理，定期评估办学效益，接受群众的监督。如果学校各类人员有了强烈的竞争意识，各个部门都有竞争的目标，那么整个学校就会呈现出一个竞争的环境，它就像大熔炉一样，一定会冶炼出一批创造型人才和创造成果。

2. 合作是教育与科学研究的重要特征

1966年2月19日，在普林斯顿大学科学教育研讨会上，大名鼎鼎的物理学家、诺贝尔物理学奖获得者惠勒（John Wheeler，1912—）提交了一篇论文，题目是“合作品质——大学的核心”。他论述道：“大学并不是专业或者大楼，而是人。一所大学，并不意味着把一定数量的知识类别聚集起来，而是要把各种程度的合作者聚集起来……大学是一个联合体，包括刚刚开始接触知识的初学者，知识组织中的学徒，以及有经验的工人和探索真理的专家。”① 这说明，合作品质是大学精神的重要表现，大学必须培养学生的这种精神。

教育和科学是人类文化事业中两大重要组成部分。人类今天的高度文明，正是建筑在数千年教育和科学发展的基础之上的。这充分说明了教育和科学事业的连续性和合作的重要特征。

科学发展史充满着合作精神。翻开人类科学发展的历史，我们就不难发现：一部科学发展史，就是人类合作的最好证明。尽管在历史上，也经历过个体和手工业方式的研究时期，但自19世纪末进入到现代科学技术发展阶段以后，出现了有组织的、规模庞大的研究活动。这个时候科学研究的主要特点是集体劳动与合作精神。

1985年诺贝尔生理学或医学奖获得者迈克尔·布朗（Michael S. Brown）在谈到他成功的秘诀时，特别强调“合作”二字。他说：“我同哥斯丁教授合作了20年。彼此亲密无间，互相学习，取长补短。另外，还得到得克萨斯大学医学院遗传病研究中心的支持，得到了勤快学生的协助和医生的合作。这些都是很重要的因素。”他还

① 转引自杨建邺．合作品质——大学的核心［N］．中国图书商报，2007-04-03.

说："搞现代科学研究，单枪匹马是不行的。合作，包括国际合作，是取得成功的重要途径。"

在重大应用和国防科研中，这种合作的特点就更为突出。它不仅需要研究人员之间的合作，而且还需要不同学科研究单位、大学和企业的广泛协作。例如，美国于1942年制订的曼哈顿计划，动员了15万人，耗资20亿美元，动用了全国1/3的电力，用3年时间制造了原子弹。美国于1958年开展的"北极星导弹"研究计划，共组织了研究所、大学和企业公司11000个单位参加。美国"阿波罗计划"更是空前的，它共动员了42万人参加，其中有120所大学、2万家公司，耗资300亿美元。以上事实均充分说明，当代的一切重大科学研究项目，无论是基础研究，或者是应用研究，都必须实行紧密的合作。可以肯定地说，现代科学研究不仅取决于天才，而且还取决于科学研究人员之间的有效合作。因此，作为创造型人才，一定要具有合作共事的能力，这也是充分发挥个人创造才能的重要保证。

教育是合作的事业。有人说：教师是个体劳动者。这话不确切，他们只看到教师不坐班，个人备课、上课。这仅仅是从表面上看问题，没有看到教师的活动是属于整个教学活动的一部分，它既与其他各种活动密切相联系，又受许多因素的制约。就拿教师上课所使用的教科书来说，这就是编写者所付出的劳动，如果没有教者与编者的合作，即使再好的老师或再好的教科书，都难以达到最好的效果。一门课的教学往往分为若干教学环节，如理论课、实验课、辅导课、习题课等，如果没有理论课教师与实验课教师的配合，没有主讲教师与辅导课教师的配合，那也不可能达到提高教学质量的目的。由此看出，教师不是个体劳动者，而是集体教学活动中的一分子，只有当他同集体活动有效合作时，他才能成为一位优秀的教师。

教师与学生之间的合作，这是获得良好教学效果的重要保证。教育心理学研究表明：没有良好的师生关系，就不可能有最佳的教学效果。良好的师生关系，不仅仅表现在师生之间的无拘无束，和和气气，更重要的是表现在师生相互理解，在教与学上进行最佳的合作。要做到这一点，当然需要双方努力，但教师负有主要的责任。对于教师来说，要尊重学生的个性，要适应学生对学习的要求。对于学生来说，要尊重教师的劳动，要适应教师的教学方法。如果双方有了这些共同的认识，我想一定会形成教与学合作的良好关系，营造一个和谐的教育环境。

既然教育是一种富有合作精神的事业，那么它应当负有培养学生合作精神的任务。可是，我们现在的教育既缺乏竞争观念的教育，也缺乏合作精神的培养。因此，我们应当把培养学生与他人协作和配合的能力纳入到教育计划中。合作是一种综合的能力和素养，它既是价值观念的反映，又是从事实际工作的一项基本技能。从价值观念来看，当一个人对合作产生需要的时候，一般来说，此时他已经超出了自我。他已不只是考虑一个人的力量，而是要依靠众人的力量；他已不只是考虑一个人的得失，而是想到集体的成功。一个人有了合作精神，他的思想就开阔，眼光就远大，才能也会得到充分的发挥。从实际工作看，善不善于与他人合作共事，的确是一项重要的基本技能，包括交际能力、组织能力以及倾听和采纳他人意见的能力。培养学生的合作精神，要从多方面着手，一方面可以开设一些选修课程，如科学发展史、科学方法论和现代管理学等；另一方面，要多组织一些集体的学术活动，在实践中培养和锻炼他们的合作能力与习惯。

第四节　奖励与荣誉

奖励制度源于何时，没有进行过考证，据史料记载，早在古希腊时就已经有了。那时，给运动员和剧作家颁奖，从而促进了体育和戏剧的发展①。从历史发展来看，人类之所以获得今天如此之大的成就，看来各种奖励曾起到过巨大的推动作用。今天，奖励到底有多少种？恐怕很难说清楚，它已经是一种十分普遍的现象了。可以说，世界上有多少种工种就有多少种奖励；有多少种学科就有多少种奖励；

① ［美］S. 阿瑞提，著．创造的秘密［M］．钱岗南，译．沈阳：辽宁人民出版社，1987：414.

有多少种艺术就有多少种奖励。总之，凡是有人群活动的地方，都有奖励。尽管奖励的种类、名称、国别和形式各不相同，但设立奖励制度的目的是相同的，那就是以奖励为手段，创造竞争的环境，激励人们奋进，获得工作上最大的成就，推动文学、艺术、教育、科学以及整个社会的进步。

1. 要激发创造性行为必须有奖

托兰斯（E. P. Torrance）在考察了大量的创造性行为以后，提出了一个有名的论断："要激发创造性行为必须有奖。"① 这一论断无疑是正确的，是符合人的心理活动规律的，与恩格斯关于人的行为"受其激情和意图支配"的结论也是相吻合的。阿瑞提在分析激励创造性的因素时，提出了九个激励创造性的"基因"，其中之一就提倡鼓励和奖励。世界范围内的各种奖励制度的建立不是偶然的，而是以科学的心理学和行为科学的理论为依据的。大量的事实可以作出结论：一种尊重创造力的奖励政策会带来创造力；一个尊重创造力的国家必将是最富有创造力的国家。

在所有的各种科学奖励中，影响最大的莫过于诺贝尔奖了，从它诞生第一天起，就获得了极高的名望。这不仅仅是因为它与献身于科学的大发明家诺贝尔的名字联系在一起，也不在于它的奖金丰厚，而主要在于它那具有卓越远见的评奖指导思想：此奖"只授予确实对人类有难以磨灭的伟大贡献的人们"。为什么诺贝尔奖有如此之大的吸引力和推动力呢？其根本原因，就在于"难以磨灭的伟大贡献"这一句话所蕴涵的无穷力量。对于获奖者来说，因为对人类作出了"难以磨灭的伟大贡献"而感到无限光荣和欣慰；对于那些希望获取此奖的人们来说，他们会为作出"难以磨灭的伟大贡献"而奋勇地去拼搏。

据说，在诺贝尔奖建立以前，全世界总共只有十几种国家和国际的奖章。可是，在不到一个世纪的时间里，各种国家和国际的奖励已

① 外国教育资料，1986（1）.

经多得不计其数。从已有的资料看，各种奖励可以分为五种类型：国际奖、国家奖、学术团体奖、企业或单位奖和个人奖。在国际奖中，比较著名的有诺贝尔奖、国际发明奖、联合国发明创造金质奖章、国际环保奖、第三世界奖等。在国家设立的奖励中，影响比较大的有：法国荣誉团十字勋章、英国功勋章、德国普鲁士二级王冠勋章、西班牙巴塞罗那皇家科学与艺术研究院奖章、美国国家科学技术奖章等。属于学术团体和单位的奖励那就更多了，如美国化学学会颁发的各种奖励就有二十多种。从奖励的形式看，多数都是精神（奖章或证书）和物质（奖金）相结合的。奖金的来源各种各样，一般有国际组织捐助、国家拨款、学术团体捐赠、企业资助和个人捐款或遗产等。从发展趋势看，各种奖励还有进一步普及的趋势，这是因为从现代管理的角度看，奖励已成为一种最普遍和最有效的管理方法，社会通过奖励而获得的智力和财力要比支付的奖金大得多。

纵观当今设立的各种奖励，概括起来有三个特点：

一是明确的目的性。任何一项奖励的设立，一定是为了鼓励从事某种活动，达到一种积极的目标。无目的的奖励是不存在的。例如，1982 年设立的哈默奖是以美国西方石油公司董事长阿曼德·哈默的名字命名的。此奖的宗旨是："授予对探索癌症成因和找到癌症治疗方法有突出贡献的研究人员。"哈默说："谁找到治疗癌症的方法，哈默基金会将授予其 100 万美元。"

二是时代性。科学是随着人们对客观世界认识的深化而不断发展的。科学是不断发展的，旧的矛盾解决了，新的问题又出来了，科学家们为解决新的问题而工作。科学奖励是随着科学发展而不断变化的，一种新的需要可能促使一项奖励的诞生，而一项新奖励的建立又会把科学研究推向新的阶段。也就是说，科学奖励要扣住时代的脉搏，满足时代的需要。例如，当前世界面临环境污染和野生动物灭绝的危险，于是由伊朗王室设立了国际环保奖，由国际生态学会设立了格蒂奖，分别奖励在环境保护和野生动物保护方面作出突出贡献的人。

三是国际性。当今，广泛的国际学术交流与合作已经把科学研究中的国界突破了。因此，科学奖励也出现了国际化的趋势，这不仅是对跨国合作成果的奖励，同时也是吸收各国科研成果的需要。例如，日本于1982年设立的日本奖是由松下电器公司创始人松下幸之助资助、由日本科学技术基金会发起的。它的宗旨是："授予那些在应用科学上取得显著成就的任何国家的科技工作者。"该奖的金额为21.6万美元，与诺贝尔奖金额相等。又如，沃尔夫奖也是一种按照诺贝尔奖金模式建立的在国际上影响大和奖金额高的科学奖金之一。这个奖由沃尔夫等人倡导和资助，于1975年由以色列议会通过而设立。沃尔夫是德国汉诺威人，后移居古巴。他从炼钢厂的废渣中回收钢，从而发了大财。同诺贝尔奖相类似，沃尔夫奖也分为农业、化学、数学、医学和物理，各项奖金为10万美元，每年评选一次。

从以上的叙述中可以看出，各种科学奖励对于促进科学技术的进步和激励人们的创造力的确起了巨大的作用。今天，人类又面临着技术革命的新挑战，有关人类社会和科学技术中的一些疑难问题又提到了科学家们面前。中国有句俗话："重赏之下，必有勇夫。"我们毫不怀疑，如果我们正确地选定科学研究的未来目标，加强国际间的合作，充分发挥奖励的作用，一定会涌现出一批俊杰，作出一批划时代的成果。

2. 奖励与示范作用

心理学家们认为：榜样的作用对于获得创造性有着相关性①。所谓榜样的作用，就是选择具有最佳道德和工作规范的人作为标准，通过他们去影响或带动更多的人去力求达到最佳的道德和工作规范。设立各种奖励制度的目的，从本质上来说，就是树立这样的榜样，而评奖的标准，就是所设想的道德和工作规范。评定最佳的道德和工作规范，是有着客观标准的，最主要的是价值。每个人都应当建立"有所贡献"的价值观念，小至于对自己的学术研究或工作，大至于对

① [美] 特丽萨·M. 艾曼贝尔，著. 创造性社会心理学 [M]. 方展画，文新华，胡文斌，译. 上海：上海社会科学院出版社，1987：180.

人类社会的进步，都是可以有所贡献的。因此，奖励的本质就是鼓励人们表现自己的价值，为社会作贡献。

奖励与荣誉是紧密相联系的。奖励是为了给人以荣誉感，不管以何种形式进行奖励，都会给人带来荣誉。对于个人来说，荣誉是一种心理的感受，是激发个人感情的力量。一个人一旦获得了某种荣誉，那么他会十分珍惜它，维护自己的人格，并且会去追求更多的荣誉。对于众人来说，荣誉是一种感染的力量。如果一个人产生了羡慕他人的荣誉的心理，那么他就会暗下决心，一定要去取得它。因此，荣誉无论对于获得者本人，或者对于他人，都是一种推动力。

居里夫人对人类的科学事业作出了不朽的贡献，同时她也得到了崇高的荣誉。为什么人人都知道居里夫人呢？是因为她有过不朽的业绩，有很多的荣誉，有很高的知名度。法国大科学家法拉第因在电化学方面所作的杰出贡献，曾得到欧美各国授予的荣誉头衔 97 个。如此众多的奖励，是对他杰出成就的充分肯定。一种奖励的设立，一种荣誉职衔的授予，都会对科学家和广大的青少年产生巨大的吸引力，无疑，对他们的成才和在事业上的成功，也会起到巨大的推动作用。

在众多的国际科学奖励中，有不少奖金或奖章，是以著名科学家的名字命名的。除诺贝尔奖金以外，比较著名的还有：罗蒙诺索夫奖章、皮卡奖章、开普勒奖章、富兰克林奖章、法拉第奖章、伽利略奖章、戴维奖章、麦奇生奖章、爱因斯坦奖金、费米奖金等。在每一个科学领域里，几乎都有以著名科学家名字命名的科学奖金或奖章。这种做法具有两种意义：一是纪念他们，让后代永远铭记他们的不朽业绩；二是以他们为榜样，发挥著名科学家的示范作用，激励青年一代沿着科学前辈的成功道路前进。科学家的示范作用，不仅仅表现为以他们的名字设立的奖励，而且还表现为继承他们所开创的事业，学习他们思考问题的风格，借鉴他们进行科学研究的方法。

第五节　科学学派的作用

所谓科学学派，是由最负盛名的学术导师领导的，在某一学术领域中从事学术研究的科学家集团。科学学派是一种重要的科学现象。从历史上看，什么时候学派兴旺发达，则那个时期的学术研究就欣欣向荣。一个国家拥有的科学学派越多，这个国家就拥有更多的科学天才，拥有最多的先进成果，也有最强的竞争力。

1. “无形的学院”

在谈到学派的作用时，有人说：学派是“无形的学院”①。俄国思想家普列汉诺夫也说过：“在一个天才人物的周围通常有整个学派出现。”这说明，学派与人才有着密切的关系，学派是由天才人物领导的，是由杰出科学家组成的，同时，它又是造就优秀人才的地方。

一个科学学派对于培养人才的作用，主要是通过两个途径来实现的：

一是学派的继承作用。科学学派有一个很重要的特征，这就是它的继承性，也就是通常所说的“师承效应”。一个学派的产生，是通过长期研究而逐步形成的。作为一个学派，必须具备三个条件：一是有德高望重的学术导师，并能团结一群科学精英；二是要有主导的研究方向，并且形成了有代表性的重大学术理论；三是在学术界必须得到一部分科学家的支持，并自愿参加学派内的研究和学术活动。从这些条件看，一个学派的确是一个很理想的学术研究集体，也是一个最佳的创造环境。因此，在这种环境中培养创造型人才的概率比任何地方都要高。

学派的继承主要表现在两个方面：一是老一辈科学家所创立的科学事业要能延续下去并发扬光大；二是要培养出优秀科学人才。这两者在一般的情况下是统一的，但有时候又不排除老师让学生另辟蹊径，发展新兴学科。在科学史上，培养人才最著名的学派要算英国卡文迪什实验室（Cavendish Laboratory）了。这个实验室创建于1871年，是以当时剑桥大学校长卡文迪什（William Cavendish）的名字命

---

① 周昌忠，编译．创造心理学［M］．北京：中国青年出版社，1983：114.

名的，实验室主任由物理系系主任兼任。这个实验室是一个科学发明的中心，物理学上的许多重大成就都与卡文迪什实验室有关。这个实验室在汤姆逊（Joseph John Thomson，1856—1940）的领导下，形成了一种优良的传统，激励着一批又一批才华横溢的人。在一个多世纪里，这里先后有二十余人获得了诺贝尔奖。

名师出高徒，这在卡文迪什实验室得到了最充分的体现。卢瑟福（Ernest Rutherford，1871—1937）是汤姆逊的学生，而玻尔（Niels Henrik David Bohr，1885—1962）又是卢瑟福的学生，他们先后获得诺贝尔奖。后来，玻尔回到了丹麦，又创立了著名的“哥本哈根学派”，领导理论物理研究长达42年，成绩卓著，培养了不少优秀人才，其中有8人获得了诺贝尔奖。

二是学派的辐射作用。一个学派的出现不是偶然的，它的存在也不是孤立的。它犹如一座炽燃的熔炉，向四周辐射光和热。学派的辐射作用，主要是通过学术导师的指引、优良学风的传播和大量的学术交流活动得以发挥的。一个学派，无论是出于推进科学事业的进步，或是扩大学派的影响的目的，都会不遗余力地宣传自己的学术思想。费米和爱因斯坦都说过：“我们绝没有研究的机密，同时更欢迎任何问学的人。”在科学史上，科学大师们都有很高的思想境界，他们不仅愿意把自己的学问无保留地奉献给年轻人，而且为了让他们超过自己，宁愿自己黯然失色。

科学发明家们不仅仅是看到发明的重要，他们还时刻关心着人才的培养。1960年诺贝尔化学奖获得者利比（Willard Frank Libby，1908—1980）认为：“培养一个富有创造力的学生，其重要性如同在科学中发现极其重要的定理，至少对于我来说是如此。”科学发明家们在识别人才上是富有经验的，成功率也是很高的。因为他们根据自己的经验，知道创造型人才应当具有什么样的素质，并且知道应当如何培养他们。诺贝尔化学奖获得者鲍林曾说：“我对青年人主要是发现他们的智力。”汤姆逊挑选人才的标准是：“我们需要的是能够开始一个新的方向的人。”

美国是科学技术高度发达的国家，堪称20世纪世界科学技术的中心。由于历史的原因和高技术产业的兴起，美国形成了东、西两个科学重镇，东部以波士顿为中心，西部以旧金山为中心。据统计，加州拥有全美20%的科学家，拥有36%的诺贝尔奖获得者。这些诺贝尔奖获得者大都分布在伯克莱、斯坦福、洛杉矶分校和加州理工学院，并且围绕着他们形成了许多科学学派。科学学派对于这些学校的发展和提高起了极大的辐射作用，营造了一种民主、竞争、创新的学风，激励了大批优秀人才的成长。

2. 学术交流的中心

科学研究与科学情报的交流始终是紧密联系在一起的。也就是说，科学技术的每一个进展，都为科学情报增添了新的内容，而科学研究每前进一步，又需要科学情报为它服务。在科学技术高度发展的今天，科学情报是十分重要的，它不仅可以促进科学研究，而且还可以将其转化为智力和生产力。

在科学上的学术交流，可以分为学术资料的交流和学术思想的交流，前者可以传播知识和信息，后者往往导致新思想、新发明的诞生。为什么在科学学派里，最容易产生新的成果呢？除了那些科学大师们的创造性思维能力以外，还由于经常地开展学术交流。这种在高智力上的交流切磋，就是各种创造思维的再组合，可以激励出更多的新思想来。一个学派不仅要在内部进行交流，还必须同其他学派进行交流，如果不善于吸取各家之长，那么它也就很难再发展了。

从历史上看，很多科学学派的产生，其本身就是学术交流的产物。奥地利的孟德尔（Gregor Johann Mendel，1822—1884）与美国哥伦比亚大学的摩尔根（Thomas Hunt Morgan，1866—1945）进行交流与合作，成功地进行了果蝇试验，从而共同成为遗传学的创始人。作为学术交流出成果的例子，控制论学派的形成是最有代表性的。控制论是在20世纪30年代创立的。原来，维纳（Norbert Wiener，1894—1964）、罗森勃吕特等一批科学家利用每月聚餐的方式，组织科学方法论或多学科的讨论会，参加的有数学家、物理学家和医学家等。他们广泛地涉猎，自由地交流，热烈地讨论，充分体现了民主自由的学术精神。他们坚持不懈，相互切磋，因而在日后的科学研究上，分别登上了科学的高峰。维纳创立了控制论，罗森勃吕特成为控制论和人工智能的奠基人，而别格罗和戈德斯汀也成了电子计算科学的大师。

3. 学术争鸣的园地

科学史表明，学派之间的自由讨论与争鸣是导致科学发展的重要原因之一。我国春秋战国时代就出现过群芳争艳的繁荣学术局面，并且诞生了我国最早的学派。在这个时期，产生了诸子百家，形成了"百家争鸣，百花齐放"的盛景，出现了像孔子、孟子、荀子等一批有影响的思想家，他们对我国数千年的文化产生了深远的影响。

欧洲的学术争鸣在18世纪也出现过兴盛时期。那时，恰逢欧洲的思想启蒙时代，科学团体与新的科学思潮风起云涌。在科学史上，在科学家中有"观察家"和"理论家"两大派别。自18世纪以后，"观察家"们获得了很多的事实论据，希望寻求解释事实的理论；而"理论家"们为了维护自己的理论，又需要寻求事实。于是，便出现了科学上两派的争鸣。在科学史上，欧洲是学术交流的中心，也产生过许多有重大影响的学派，所以在20世纪以前世界各地的科学家都要到欧洲留学或进行合作研究。近代科学技术是从16世纪40年代开始的，那时的科学中心在意大利。后来，世界科研中心逐步地由英国(17世纪60年代至18世纪）向法国（18世纪70年代至19世纪)、德国（19世纪20年代到20世纪20年代）转移。为什么在长达400年间，欧洲一直成为世界的科研中心呢？这是因为，历史上的前三次产业革命都发生在欧洲，科学研究与产业革命是相互促进的。此外，当时欧洲的科学学派和自由争鸣的风气也起了巨大的作用。

从20世纪20年代开始，世界科学研究中心又转移到了美国。这不是偶然的，除了经济发展的背景以外，同美国在科学研究上的一系列的开明学术政策有关。这些政策包括：实行学术民主自由，不讲资历讲才华，不受传统政治和社会观念的束缚，大量引进优秀的科学人才，等等。例如，从1949年至1969年的20年中，共有14.3万高级专门人才从发展中国家流往美国，平均每年有7100多人流入。在20

年中，这些人至少为美国创造了630亿美元的财富。所以，美国前国务卿腊斯克就说过："专家入境，如果认真地对其进行安排的话，可以变成我们民族的一种极为重要的资源。"对比之下，英国就出现了相反的情况。据统计，英国理论与实验物理已从世界第2位下降到第4位，生物医学和遗传学也落后于美国而处于第2位。究其原因，主要是英国的人才外流。据统计，有25%的皇家学会会员在国外工作，每年至少有1000名出色的科学家流到国外去。人才的流入与流出是一种表面现象，实质上反映了国家为科学家们所提供的研究和生活条件，也反映出一个国家民主自由的研究风气。

对一个国家来说，有没有民主和自由争鸣的气氛，关系到一个国家的科学事业能不能兴旺发达；对于一个学术研究单位来说，有没有民主与自由争鸣的气氛，关系到具体学科能不能向前发展。在科学史上，学术争鸣推动科学发展的事例很多。例如，关于分子生物学起源问题曾存在两个学派，一派以英国的结晶学家布拉格为代表，主张"结构和三维学说"；另一派以美国的噬菌组的德尔布吕克为代表，坚持"遗传学和一维学说"。两派争论很久，但统一不起来。后来，英国的克拉克（Francis Harry Compton Crich，1916—2004）和美国的沃森（James Dewey Watson，1928—　）发现了DNA的双螺旋结构模型，把这两派统一起来了。在科学上，有不一致的看法是正常的，真理总是越辩越明，从不一致到统一，这似乎也是一条普遍的认识规律。

第十章　创造教学制度与管理

创造教学制度是一个迄今并不通用的概念，甚至有人对此还有异议。事实上，在现在的学校中，也并没有创造教学制度与普通教学制度之分。我之所以使用这个概念，一方面是为了同整个创造教育相适应，既然存在创造教育，那么必须要有与它相适应的创造教学制度；另一方面，也是为了强调创造教学制度的重要性。随着创造教育的实施，在教学改革中，已经出现了一些有利于培养创造型人才的教学制度。虽然它们还不完善，但随着教学改革的深化，一定会形成一套创造教学制度，并逐步地代替传统的教学制度。

第一节　必须改革传统的教学制度

教学制度是在一定教学原则指导下形成的教学体系，是教与学双方在教学过程中共同遵守的规范和行动准则。同时，作为一种有约束作用的制度，它又是培养计划在教学过程中得以实施的保证。一般地说，教学制度包括学制、教学计划、课程规划、课堂纪律、考试制度和各种教学管理制度等。

近代高等教育是从文艺复兴运动以后开始的，至今已有六百多年的历史了。所谓的传统教学制度，也就是指自那以后逐步形成并不断完善的一套教学制度。几百年以来，经过历次教育改革，教学制度虽有某些小的改进，但基本模式没有变动。今天，在各类教育中，传统教学制度仍然还在起着主导作用。尽管目前还找不出一套新的制度代替它们，但是传统教学制度的弊端已经暴露出来，要求改革传统教学制度的呼声也日益强烈起来。

美国卡内基教学促进基金会主席博耶（Emest L. Boyer）在1987年出版的《美国大学教育》一书中，深刻地分析了美国大学教学中存在的八个问题，其中不少就涉及教学制度的问题，例如，“中学教学与大学教学之间的脱节”，“学科设置越来越细以至于支离破碎”，“课堂教学中的墨守成规与创造性之间的矛盾”，“大学与更大的外部世界之间存在着难以逾越的鸿沟”，等等。由于这些教学制度上的弊端，使得“许多本科院校丧失了使命感”，“可能会逐渐损害学校的教育目的”。出路何在呢？他说：“当然，我们还是相信本科生教育通过革新，能创造出比各分散部分的总和更大的东西，并为更新我们公共生活开辟新的前景。”①

欧洲各国也十分重视教学制度的改革，陆续研究和制订相应的措施。前德意志联邦共和国围绕改革学制问题展开过一场激烈的争论。前德意志联邦共和国教育部提出，要缩短学制，从平均7.5年时间完成大学学业压缩到4至5年，“以适应统一欧洲的需要”②。英国高教改革也加速进行，提出了改革的目标，其中包括建立弹性的学制，给大学生提供更多的选择专业和课程的自由，鼓励大学与企业挂钩等③。前苏共中央也专门召集会议，研究教育改革问题，并提出了改革的重大步骤，其中包括实行民主化的管理体制，扩大校长的自主权，学生参加民主管理等④。看来，改革传统的教学制度是世界各国教育发展的趋势。未来的教学制度将具有更大的灵活性，以适应创造型人才的成长。

传统教学制度最大的特点是它的统一性，但同时这也是它的最大缺点。它的好处是：有利于统一教学计划的实施，有利于大批量地进行教学，也便于集中管理。它的主要弊端就在于：抹杀了人的差异，

---

① ［美］欧内斯特·博耶，著．美国大学教育——现状、经验、问题及对策［M］．上海：复旦大学出版社，1988：20-22.

② 参考消息，1988-11-28.

③ 中国青年报，1988-12-11.

④ 人民日报，1988-04-02.

用永恒不变的古板方式代替了本来应该是生动活泼的教学过程，不利于调动学生学习的主动性和积极性，不利于贯彻“因材施教”的教学原则，不利于培养学生的创造思维能力。个性的发展是十分重要的，它不仅是一个人获得创造能力所不可缺乏的重要素质，而且也是创建一个高度民主和充满活力的社会所不可缺少的。从本质上说，教育的功能应当是发展学生的个性，发展学生的创造才能，使他们成为独立、自信和有高尚人格的人。但是，在统一教学制度的束缚下，个性被同化了，创造性被压抑了，人格也失去了独立的价值。相比之下，教学制度统一性的束缚在我国比西方国家更为突出，这是与我国整个大一统的政体和文化观念相联系的。因此，在教育改革中，应当把重点放在以改革传统教学制度为中心的教学领域上来，这是由学校的性质和任务决定的。改革传统的教学制度，是教育改革中的一场攻坚战，既有学术问题又涉及管理问题，因此必须按照科学的态度办事，依靠广大的教师和学生，作坚持不懈的努力，这样方可创立一套适合于创造教育的教学制度。

第二节　创造教学制度

近十多年以来，在教育改革中，一些学校针对不适应的传统教学制度进行了改革，试行了一些新的做法。它们有的是从外国已有的制度改造而来的，有的是通过实践摸索出来的。实践证明，它们比传统的制度要优越，所以我把它们一并归入到创造教学制度之列。

1. 学分制

以学分为单位来衡量学生修学课程的学业成绩和衡量学生是否达到培养目标要求的制度，就叫做学分制。它是相对于学年制而言的，是一种具有较大灵活性的教学管理制度，在执行教学计划上，也具有较大的弹性。

从历史来看，学分制首先产生于美国。最早，它在美国的一些高中实行。1869 年，查尔斯 · W. 艾略特（Charles William Eliot,

1834—1926）就任哈佛大学校长，他要求结束强制性的古典课程。这一开放性的改革不仅更新了大学的课程，而且使哈佛大学很快走上自由选课的道路。这就是学分制的源起。学分制的产生不是偶然的，它有着一定的经济和社会背景。19 世纪下半叶，美国资本主义生产迅速发展，社会分工越来越细，新兴的产业纷纷出现，这就对各类专门人才的培养提出了要求。而学分制，正是适应当时美国经济发展需要而产生的。1872 年，哈佛大学实行选科制，允许学生自由选科。后来，哈佛大学以学分对学生的学业成绩实行管理，这时就正式实行了学分制。到了 20 世纪初，学分制先后在欧洲、加拿大、日本和中国得到推广。

中国最早提倡实行学分制的是蔡元培。在 1919 年前后，北京大学在国内首先实行选科制和学分制。1929 年，当时的教育部在制定的《大学章程》中明文规定："大学各学院或独立学院各科课程得采用学分制，但学生所修学分须有限制，不得提前毕业。"此后，我国各大学都相继实行了学分制，直至 1949 年为止。

1978 年 5 月，在北京召开了粉碎"四人帮"后的第一次全国教育工作会议，当时刘西尧同志是教育部部长，我是高等教育司司长，我们都主张尽快恢复学分制。最后，在会议的文件中明确提出："凡有条件的高等学校，可以积极试行学分制。"至此，在中国中断了整整 30 年的学分制又得以恢复。当然，不是简单的恢复，而是通过改革使它更符合我国的国情，以更好地为我国现代化建设服务。

自 1978 年以来，围绕着学分制有着各种不同的看法，学分制的试行也经历了几起几落的局面。有人担心，也有人怀疑，甚至还有人持否定的态度。有不同的认识，完全是允许的，可以通过试验和比较，由实践来作出结论。我从实践中体会到，有时候我们在一些问题上争论不休，究其原因，主要还是在理论上没有搞清楚。对学分制的争论，突出地反映了这个问题。例如，对学分制的争论有：学分制是美国早已有了的，算什么改革呢？学分制是资本主义的教学制度，是不是适合社会主义呢？学分制已有近百年的历史，是否还适应现代的要求呢？学分制会不会冲击有计划地培养人才，会不会导致削弱党的思想政治工作呢？……

为了对学分制有一个全面认识，探讨它的理论基础是很有必要的。这样，我们就不会被一些表面问题所局限，不为枝节问题而纠缠。学分制延续了很长的时间，说明它是有生命力的，是反映了一定的客观规律的。从教学实践的结果看，学分制是符合教学规律的。它尊重学生的兴趣，允许学生自由选修课程；它承认学生的差异，有利于“因材施教”；它重视学生的主体作用，有利于调动他们的主动性、积极性。从经济角度看，教育应当提高办学的经济效益，遵循经济发展的规律。学分制允许学生多选修课程，多得学分，学得好的学生可以提前毕业。这对于缩短教育周期，提高教育的经济效益，多出人才、快出人才是有实际意义的。总之，无论是理论上还是实践上，都说明它是比学年制更有效的一种教学制度。当然，学分制也不能停留在原有或现有的做法上，应当在改革中不断发展，使之更加完善，更适合于未来创造教育的需要。

事实上，我们现在所试行的学分制与外国目前实行的学分制是不同的。我们的学分制应从我国的实际情况出发，根据党的教育方针，充分考虑德、智、体、美全面发展的要求。概括地说，我国的学分制有以下的特点：

一是计划性与灵活性相结合。我国学分制吸收了欧美国家学分制灵活性的长处，但又从我国社会主义初级阶段出发，并不完全排斥计划对教育的指导作用。比如，我们的专业设置，各类专业招收的大致人数，毕业生的就业等，都还需要有宏观计划的控制。我们的学分制，正是在这种宏观指导下进行的。在具体选课上，我们也体现了计划性与灵活性相结合，这与外国大学的学生完全自由选课是不同的。这具体表现在必修课与选修课的规定上，一般规定必修课应占全部课程学分的70%，选修课占30%。我们之所以规定必修课，主要是保证全体学生打好基础，保证专业的培养目标，同时也可避免少数学生为了捞学分，而专门选修一些容易的课程。选修课虽然只占30%，但它毕竟开辟了自由选课的渠道，为学生培养兴趣和发挥特长提供了机会，为优异学生冒尖创造了条件。而且选修课的比率随着我国经济的发展和教育环境的改善，还将不断地提高，其发展前途是很广阔的。

二是鼓励冒尖与大面积提高教学质量相结合。根据智力发展的规律，学生中的高智商者一般是少数，大约占全体学生的1/3。因此，在教学中就要正确处理少数尖子人才与大多数学生的关系。学年制采用齐步走的办法，实际上是抑高就低，起了压制尖子人才的作用。但是，学分制也不能只顾一部分尖子人才，把大部分学生丢在一边不管。必修课与选修课的规定，正是考虑了这两部分学生的需要。对于大多数学生来说，都必须达到起码的要求，无剩余精力的可以少选或不选选修课。而对于少数尖子学生，允许“吃得饱，跑得快”，选修课可以不封顶。如果他们提前达到学分的标准，允许他们提前毕业或报考研究生。对于提前毕业的学生，应当从严要求，可作补充规定如下：修满全部所需学分；各门修学的课程成绩均是优秀；出色地完成毕业论文（设计）；通过实际了解，证明确实具有一定的独立研究或工作能力。这些标准是严格的，可以确保实行“学分制”的质量。据有的学校实行的情况看，能够提前达到学分标准的学生约占20%，实际批准提前毕业的只占1.5%。

三是发展个性与加强思想工作相结合。实行学分制最大的优点是有利于发展学生的个性。这主要表现在：学生的兴趣爱好可以得到保护和发展；学生可以自己设计知识结构；学生可以独立地钻研自己感兴趣的问题；学生可以不去上课，自由支配时间，等等。但是，发展个性同加强思想工作不是矛盾的，不能以为发展个性就不要思想工作了，可以不受必要的纪律约束。学分制规定政治理论课作必修课，并规定一定的学分要求。除此以外，每个学生还必须按规定参加党团的组织活动，以及必要的集体劳动和文艺、体育活动。采取这些措施，可以造成一种既有民主自由又有纪律的生动活泼的学习环境，使他们沿着正确的方向健康成长。

关于学分制的具体实施，各校的做法不尽相同，主要表现在规定总学分的标准和计算学分的标准方面。外国有些大学之间可以互相选课，互相承认学分，我国尚未实行。一般来说，学分制带有共性的做法有以下五点：规定学分是计算学生学习量与学业成绩的单位；规定学生毕业所必须达到的最低总学分数，一般为150分左右；规定计算学分的范围，一般包括必修课、选修课、实验课、教学实习、社会调查、毕业论文（设计）等，也有的学校把业余科研成果、暑期选修课和专题学术讲座等计入学分或作为附加学分；规定必修课与选修课的学分比例，一般必修课占70%，选修课为30%；规定每学期控制学分的限度，防止学生负担过重，一般为30~55学分。

在实行学分制的过程中，也发现了一些问题。如有的学生求多不求深，盲目追求学分。以学分计算学业成绩，只能反映量，不能反映质的差异。例如一门课为4学分，一个考得100分和一个考得60分的学生都是4学分，这显得不合理，也不能激励学生上进。

为了克服学分制的不足之处，有的学校又将学分制发展为绩点学分制。这种方法，保留了学分制选课的优点，同时又克服了学分不能反映学习成绩"质"的缺点。实行学分绩点的要点是：确定评分制和绩点值。如果采取四级评分制，那么优、良、及格和不及格的绩点值分别为4.00、2.00、1.00和0.00；如果采用五级评分制，各分数段的绩点值分别为：90~100（4.00），80~89（3.00），70~79（2.00），60~69（1.00），不及格或59以下（0.00）。以学分绩点表示每门课的实际成绩，它是每门课的学分乘以绩点值。全学年的学习成绩是全学年所修学的各门课程的学分绩点之和，如用平均绩点来表示，即以全学年各门课程学分绩点之和除以各课的学分之和。毕业成绩是各学年全部课程学分绩点数总和，如果用平均绩点表示，即以各学年全部课程学分绩点数总和除以全部课程学分数总和。从实践的情况看，学分绩点制的优点在于：计算简便，突出了主要课的地位，鼓励学生既要多学又要学好。

2. 主修辅修制

所谓主修辅修制，是允许学生在校学习期间以选学一个专业为主，同时以选学另一个专业为辅的教学制度。实行这个制度的目的在于：培养"一专多能"的人才，增强学生毕业以后对工作的适应能力。

我国高等学校现在采取分科教育，是按照培养专门人才的教学计划实施的。这一点与欧美国家的“通才”教育不同。我们现在的专业教育存在两个问题：一是专业划分太细，学生学习的知识面太窄，毕业以后难以胜任工作，特别是当工作发生变动时，这种不适应就表现得更加明显；二是专业设置计划难以反映社会实际需要，“供销”脱节，时常产生学非所用的情况。很明显，主修辅修制对于克服以上两个问题确实具有一定的作用。也可以说，主修辅修制是克服专业教育之不足的一个重要的补充措施。

从实践的情况看，为使主修辅修制获得预期的效果，必须注意以下几点：

适用的专业范围：专业面比较窄的专业，如外语中的小语种专业；纯理论专业，如基础数学、理论物理等；纯技术或工具性质的专业，如图书馆学、科技情报学、编辑学等。

适用于学习能力较强的学生，在完成主修专业学习的同时，他们还有比较充足的精力。

适用于学科性质相近的专业，使主修与辅修的课程相互补充，互相促进。例如外语系的学生，以所学的外语专业为主修，同时选择国际法、世界经济、国际贸易、世界历史、国际政治等专业中的一种辅修，这样外语与这些涉外专业可以相互促进。

适用于学习兴趣广泛的学生，一方面可以发展学生的广泛兴趣，开阔学术视野；另一方面，也可给学生提供发展自己个性的机会。

主修辅修制与学分制是相辅相成的。如果没有学分制的实行，不允许自由选课，那么就不可能实行主修辅修制。反过来，实行主修辅修制又可以进一步促进学分制的发展。实行主修辅修的专业，其课程设置分为三类：一是公共必修课，如政治理论、外语、体育和毕业论文（设计），需修满 40 学分，约占总学分的 22%；二是主修专业课，包括专业基础课和专业选修课，需修满 100 学分，约占总学分的 56%；三是辅修专业主课，包括辅修专业的基础课和部分专业课，需修满 40 学分，约占总学分的 22%。实行主修辅修专业的学生，其毕业的最低标准为180学分。学制可以是4年，也可以延长到5年。

主修与辅修并不是绝对不可以变化的。目前，我国大学在招生上还不能作出科学的预测，带有一定的盲目性。学生考大学填报自愿，受家庭和社会等因素影响较大，很难真正反映个人的兴趣和爱好。同时，一个人的兴趣和爱好，也不是一成不变的。当他们进入到学术领域以后，才能对一个学科有所了解，才能产生对它的真正兴趣。一些以外语为主修专业的学生，在选修某一涉外专业为辅修的学习过程中，就出现过这种学习兴趣的转移。不少学习外语的学生考取了涉外专业的研究生，或毕业以后从事涉外专业的工作，这些都显示了他们具有两种专业能力的强大优势。在实际工作中，我们还看到不少例子：学外文的成了生物学家，学历史的成了社会学家，学计算机的成了计量经济学家，学图书馆学的成了经济学家，等等。这说明，主修辅修制，有利于学科之间的交叉与互相渗透，既有利于新兴学科的发展，又有利于在学科的交叉点上作出创造性的成果。所以，主修辅修制作为一种创造教学制度，确实大有推广的必要。

3. 插班生制度

插班生制度，是我在任武汉大学校长期间首创的一种教学制度。为了获得试行这个制度的许可，自1983年到1984年，我三次到北京，先后多次向教育部和国家计委有关负责同志汇报，改革的决心感动了他们，最后终于获得了批准。

有人问我：你怎么想到要试行插班生制度呢？使我萌发并决心进行这项改革的原因有二：一是我有与广大社会青年通信的习惯。从他们的大量来信中发现：他们都有强烈的上大学的欲望，为失去上大学的机会而悔恨，有的表示要奋起，也有的表现出沮丧；他们当中有不少优秀人才，有的写出了论文，有的发表了文艺作品，有的获得了发明奖励。于是，我认定他们之中必有俊才，我一定要给他们以帮助，为他们提供学习机会，为他们成为创造型人才开辟一条道路。二是我深感高考制度存在着弊端，完全“按分录取”，“一次高考定终身”。学生进校以后拿到了“铁饭碗”，出现了明显的目标上的失落感，

“60分万岁”者不乏其人。于是，我想对入学考试进行一些改革，建立一种多因子的评价学生水平的体系，并想把优秀的自学成才的青年录取到学校，形成一种竞争的局面。这就是我倡导插班生制的初衷。

按照传统教育观念来看，插班生的确是难以接受的。有的担心没有经过全国统一高考，保证不了质量；有的认为年纪偏大，难以成才；也有的怕打乱了按部就班的秩序，影响正规的教学，等等。那么，实行插班生制度究竟有什么意义呢？从改革上，我认为主要有三点：

一是打破了“一次高考定终身”的升学制度。现在，我国实行的全国统一高考制度是各大学录取学生的唯一渠道，也是适龄青年升大学的唯一机会。所以，每年的高考被认为是通向成才的入口，是就业和拿到“铁饭碗”的阶梯。因此，每一年几百万应届高中毕业生和社会青年参加高考，其激烈竞争的局面是可想而知的。这就是人们所形容的“千军万马争过独木桥”。问题就在“独木桥”上，为什么我们不能多架起几座桥呢？插班生制度的目的之一，就是想在全国统一高考之外，再架起一座进入大学学习的桥梁。它试图改变这种状况。高考落第以后，并没有最终失去上大学的机会，只要努力学习，获得了研究成果，还是有机会进大学深造的。尽管试行插班生制的学校很少，而且实际上招生的人数也有限，但毕竟使那些有志于成才的青年们有了信心，有了希望。所以，在试行插班生制度的一开始我就说过，“一石激起千重浪”，它会激励着千万青年朝着成才的方向奋进。

二是打破了完全按考分录取学生的制度。我国目前高考录取学生唯一的标准，就是考分，严格由高分到低分录取。全国高等学校分为几个等级，相应地把学生的考分也分成几个分数段，这就是“对号入座”。虽然很多人都认为：考试分数不能完全代表一个学生的实际智力，也确实存在高分低能的现象，但是，在这个问题面前，人们似乎显得无可奈何，只得沿用这种做法。它造成的副作用是：那些爱思考而不重死记硬背的学生，那些偏科而有突出才能的学生，那些临时失误的优秀学生等，都将受到不公正的待遇。

实行插班生制度，有意要改变单纯按考分录取学生的做法，建立既考核知识又考核能力的评价学生的标准。所以，报考插班生条件就规定：要有相应的学历和公开发表或鉴定的研究成果。考核办法分两部分：一是需要考试4～5门课程；二是提交全部的研究论文，并接受面试。评分标准：考试成绩占40%～50%，科研成果分占50%～60%。录取时，把考试分数和科研成果分数折算为总分数，由高分到低分录取。这样做，可以达到双考核的目的，课程考试起到了解基础知识和记忆力的作用；评审研究成果可以起到了解思维能力和独立研究能力的作用。采取这种评价方法，录取的插班生确实质量高。例如，武汉大学1985年录取的90名插班生中，在入校前有35人发表过有关学术论文，共121篇；13人有共15项获奖研究成果；3人出版过著作；40名作家有45篇文学作品在国际和全国获奖。入校学习一个学期以后，这90个学生又发表了论文13篇，译文2篇，各类创作小说125篇，诗词3首，参加两项业余科学试验的研究。

三是打破了按部就班升级的制度。按照传统教学制度，学生进入大学以后，只能由一年级到四年级，一个台阶一个台阶地升级。虽然有允许跳级的原则规定，但由于繁多的课目和考试，所以要跳越台阶实际上是不可能的。

插班生制度规定：凡具有或相当于大专学历，经过考试和科研成果评审合格者，可以插入到大学三年级学习。从这项规定看，插班生制度是一种跳跃式的制度，弹性比较大。从三年的实践看，效果是好的，尚未发现失败的例子。通过跳跃插班试验，至少可以说明：第一，很多课程完全可以自学，不一定非要通过上课才能掌握。第二，大学的学制是可以缩短的，至少不应当再延长。实行“弹性学制”是有利的，也是有可能的。第三，再一次说明人的潜能是很大的，只要创造必要的条件，他们可以获得“事半功倍”的效果。

插班生制度试行4年，在社会上引起的反响是很大的。仅就招收首届插班生为例，招收名额只有90人，可是来信、来访者竟达15000多人。插班生制度使我与广大社会青年们的联系更密切了。至今，我还收到大量青年们关于插班生制度的询问来信，给这些青年们回信和咨询成了我的一项重要工作内容。他们反映说："插班生制度的确是一项首创，它是多出人才、快出人才、出好人才的好办法。"有的在信中说："插班生制度的确是不拘一格选人才，它是培养创造型人才的有效途径。"

插班生的毕业生有的考取了研究生，之后，有的在大学当教师，有的在改革开放的前沿区创业，也有的在省市或学术团体担任要职。据我所知，他们工作得都很出色，也很有成绩。随着时间的推移，他们的优势已更加充分地发挥出来。

4. 转学制度

我所说的转学制度是一个广泛意义上的概念，既包括学校之间的转换，也包括校内转系和转换专业。所以，这个"学"包括了学校的"学"和学习的"学"。因此，所谓转学制度，就是允许少数学生在进入大学以后，经申请和必要的批准手续，在校际之间或校内转换专业学习的一种制度。

为什么要提出允许转学？会不会扰乱学校的正常秩序？后面这个问题，的确是可能存在的，如果处理不好，不仅影响学校的教学秩序，而且会影响一些学生的学习。但是，如果制订明确的转学的规定，严格审批手续，不仅不会影响正常教学秩序，而且还会给教学增添竞争的活力，有利于少数有特殊才能的学生的培养。

从原则上讲，允许学生转学是有根据的。我国宪法规定："中华人民共和国公民有受教育的权利和义务。"同样地，每个青年也应当有选择自己受教育的形式和学校的权利。当然，由于需要与可能存在很大的矛盾，不具备普遍自由选择学校和专业的条件。也许，等到高等教育普及以后，有可能实现这一制度。但是，把它作为一种尝试，为少数特殊人才开辟一条道路，看来还是有现实意义的。

从实际情况看，的确有一些特殊情况应当予以考虑。例如，有的学生由于临时失误，未能进入名牌大学。但是，通过学习，他表现出了很高的才华，为什么不允许他向高水平的大学跳呢？又比如说，有的学生盲目地考入到了某校，但经过一段时间的学习和了解，发现该校确实没有发挥他特殊专长的专业，又为什么不允许他转入能发挥他创造才能的学校或专业去深造呢？当然，类似这种情况都是个别的，而我们倡导的转学制度正是适用于这些个别的特殊人才。转学制度不可能适用于多数人，更不能为那些不安心本专业学习的好高骛远的学生当跳板。

转学制度中包含有一种竞争机制，它适宜于竞争型的人才，绝不保护落后。因此，不必担心会引起大多数人转学。任何需要转学的人，他必须受到三方面的限制：一是必须以实际的成果证明他的特殊爱好和才能。例如，一个学数学的学生想转学中文，除了他应当完成数学选课学习以外，他还必须选学若干门中文系的课程，获得优秀的成绩，提出正式发表的有影响的作品。一般来说，如果能达到这些条件的要求，可以认定该生具有学习中文的潜力。二是必须征得转出和转入双方的同意，不满足任何一方的要求，都是办不成的。三是要受社会多种因素的制约，如家庭的干预，同学之间的竞争和互相影响，未来工作的出路，个人实际的优势，等等。因此，经过各种形式的审查和竞争，最后能够满足上述要求的学生，只能是很少的，不至于影响正常的教学秩序。

5. 分流制度

现在的学年制，基本上是“齐步走”的一种教学制度。学生进校以后，一般地说，几乎全部可以顺利地通过各学科的考试，最后获得合格的毕业文凭。所以，学生们反映说：“大学的门难进，进来以后好混。”这说明，在教学过程中，对学生要求不严，分数贬值，学生也缺乏动力。

既然学生入校以后存在“随大流”的思想，因此采取分流的办法是必要的。这就是分流制产生的背景。所谓分流制，就是在大学的一定阶段，采用一定的方式，对全体学生进行一次资格的考核，凡达到要求的，准予进入旨在获得毕业文凭的深入学习阶段；如果达不到要求，将从那些合格的学生中分流出来，或经过适当职业培训后，发给大专文凭。分流时间，一般在二年级下学期考试后，也可以同期末考试结合进行。考试的课目、内容和方法可根据不同类型的学校和专业性质而定。

目前，在我国大学中，实际上没有淘汰率或者淘汰率非常低。对这个问题到底怎么看，历来有不同的见解。一种观点认为，没有或者很低的淘汰率，是社会主义教育制度优越性的表现。另一种观点认为，没有淘汰就没有竞争，因此控制一定的淘汰比例是必要的。对于我国大学没有或很低淘汰率的现象，我们应当从两方面看，一方面要看到我国学生素质的确是好的，教师们付出了辛勤的劳动，有些教育措施也起了保证作用，如思想政治工作等。另一方面，我们也应看到没有或很低淘汰率是种假象，因为分数的标准是相对的，而且人为的因素起极大的作用。例如，试题出难一点，分数就下来了；评卷放松一点，分数又上去了。因此，我们不能单纯以分数的高低作为合格的唯一标准，只有通过竞争、淘汰表现出来的能力，才是合格的科学标准。

近年来，一些大学已开始实行了“分流制”，把竞争的机制引入教学中，从而打破了实行淘汰的禁区。其实，教育上的竞争与淘汰本来就是存在的，例如20世纪80年代高考中有约80%的应届高中毕业生就升不了大学，这也是淘汰嘛！奇怪的是，进入大学以后就不能淘汰了，这正是一部分学生缺乏动力的原因之所在。我们都知道一个基本事实，世界上没有不淘汰的运动竞赛，也没有自己和自己竞争的冠军。没有竞争与淘汰，就没有世界体育明星，也没有世界纪录。同样地，没有竞争与淘汰的教育，肯定不是最好的教育，也不可能培养大批富有竞争意识的创造型人才。

第三节　创造教学的管理

在高等教育学中，对教学制度和教学管理制度尚未作出明显的界说，有时笼统地都称为教学管理制度，有时也把管理包括在教学制度之内。为了规范化起见，我还是把它们分开，这样既有利于工作，也有利于它们自身的科学体系的建立。为此，我暂且对它们分别下一个定义：所谓教学制度是指那些同教学业务工作和学生专业学习直接有关的规定或规范；所谓教学管理制度是指那些对教学工作起保证作用和促进学生学习积极性的规定或规范。上面已经介绍了几种创造教学制度，下面再扼要地谈谈创造教学管理问题。

1. 目标管理

在一切管理措施中，目标管理是最重要的方法之一，所以现代管理学家们都十分重视发挥它的作用。特别是对于人的管理，更应当通过对某种目标的追求，以最大限度地调动人的主观能动作用。

美国专门研究创造型人才管理的专家弗雷德·古特尔指出："创造型劳动力的优秀管理人就像一位导演，他鼓动并引导具有高度个人主动性的演员，为着一个共同的目标而努力。他的作用有如教师、教练甚至拉拉队队长，而不是负责制定和实施各项规章制度。"① 就学校而言，应当把学生当作创造型劳动力，或是创造型劳动力的后备军，而我们的教师和管理人员就是引导他们的导演。我过去也经常说：从大学校长到教师和管理干部，都不要当生产队队长，而要当拉拉队队长。虽然都是"队长"，但他们所起的作用是不同的。在人们的心目中，生产队队长是个辛辛苦苦的事务主义者，从早到晚督促社员出工干活。而拉拉队队长就不同，他就是给人们鼓劲，让大家奋力去争夺金牌。

在教学上实行目标管理，就是要树立"金牌观"，教师和学生都要为此而努力。要把"金牌观"贯穿到一切教学环节中去，贯穿到学习、生活和思想政治工作的各个领域里去。在学习上，要夺取学习的金牌；在研究中，要夺取科学研究的金牌；在文艺、体育方面，也要夺取金牌。在将来，要成就一批创造型人才，夺取发明创造金牌。有了这样的目标，也就会产生高度的自觉性，这是任何管理措施和纪律的力量所不能代替的。

在教学中，实施目标管理的方法很多，可以因地因校而异，利用

① 交流，1988（4）：65.

一切办法来激发学生的“金牌观”。不少学校评选“三好学生”，评选“优异生”，设立名人奖学金，开展各类学习竞赛等，实践证明，这些形式都是好的，也起到了一定的目标管理作用。问题是在评选的内容和掌握的标准上，要更新观念，建立科学指标体系。通过评比，真正起到促进创造个性和才能发展的作用。

2. 导师制

导师制是教师对学生德、智、体、美全面发展进行指导的一种制度，是“教书教人”具体化的体现。导师制（tutorial system）最早产生于英国的一些传统大学，如牛津大学和剑桥大学的学院常采用这种方法。最初它是一种教学方法，其形式是以导师个别指导为中心。一个导师指导一个或几个学生，不是系统地讲授课程，而是根据学生提出的问题或写出的研究资料进行面对面的讨论和研究。现在，在英国和美国的一些著名大学中，仍然保留了这个传统，但在做法上有些变化。我们借用了导师制这种形式，把它作为一种教学管理制度，发挥教师对学生成才的全面指导作用。

过去，高等学校对学生的管理，主要是通过专职政治辅导员来实现的。实践已经证明：这种制度已经过时了，它的主要问题有：一是把思想政治工作与教学工作割裂开了，脱离教学工作的单纯政治思想管理是无法进行的；二是不可能建立一支稳定的、有权威的政治思想工作队伍。辅导员由于未来的归宿不确定而普遍不安心，且由于在政治上和学术上缺乏权威，所以在学生中没有说服力。而采用导师制，恰恰可以克服政治辅导员制度存在的问题，因为“教书教人”寓于一身，把政治与业务统一起来了。教师是一个最稳定的队伍，不仅对学生有很大的说服教育作用，而且还有极大的潜移默化的作用。

从教学管理上说，导师具有多方面的作用。根据有的学校的做法，导师的职责范围有以下几个方面：对学生进行思想和品德教育，使他们自觉地坚持四项基本原则，坚持改革开放的方针。要结合教学，引导学生明确学习目的，端正学习态度，树立良好的学风，培养创造性的品格。及时了解教与学中存在的问题，沟通任课教师与学生之间的联系，促进教学方法的不断改革。指导学生学会学习，包括指导正确地选择专业、选修课程、选修辅修专业，指导自学和进行课外阅读，指导和组织业余科学研究、社会调查和学术社团活动，等等。导师还可对学生的择业和就业提供指导。

在具体做法上，各校不完全相同，即使在一个学校内，也不必强求一律。担任导师的教师应当有明确的标准，应当从能为人师表、有较高的学术水平和具有组织管理能力的优秀教师中遴选。一般一个导师负责指导10个左右的学生，可以由系主任分派，也可以由师生互选。导师可以从学生进校起担任直到学生毕业，也可以按基础课和专业课分段配备。

为了充分发挥导师的管理作用，必须有政策和措施保证。教师从事的导师工作应当计入教师的工作量，出色完成导师工作的教师要予以奖励。对教师履行导师职责的情况要进行考核，作为教师评定工资和职称的条件之一。学校应当为导师开展工作创造条件，提供必要的活动经费和活动场所，支持他们大胆工作。根据工作需要，还要组织导师学习教育学、心理学、方法论等学科知识，提高他们的思想认识和指导能力。这是充分发挥导师作用的最根本的措施。

3. 奖学金制度和贷学金制度

从管理学上讲，对创造型人才给予奖励和赋予责任，都是强有力的推动措施。实行奖学金制度和贷学金制度，正是想借助于它的推动作用，以达到管理的目的。

奖学金制度和贷学金制度是在人民助学金制度的基础上发展而来的，也是教学管理中的一项重要改革措施。两者的不同之点就在于：前者是竞争机制，而后者是“照顾机制”。自新中国成立后，我国大学都实行的是人民助学金制度。这项制度的目的是帮助家庭经济确实困难的学生解决最起码的生活和学习费用。评定人民助学金的标准，主要是依据学生家庭经济的困难程度。很明显，这种做法只能起到照顾经济困难学生的作用，但不能达到鼓励优秀学生的目的。

实行奖学金制度和贷学金制度的做法是，在不增加国家财政支出的情况下，把原来用于人民助学金的那部分资金分为两部分：一部分作奖学金，约占30%左右；一部分为贷学金，约占70%左右。奖学金是对学生德、智、体全面考核和评议，奖励其中最优秀的学生。贷学金是学生根据自己的经济收入情况和实际需要提出申请，经审查批准，贷给其所需要的费用。奖学金是发给的奖励，而贷学金一般是要偿还的。由此可以看出：奖学金是一种荣誉，可以促进创造才能的发展；贷学金是一种责任，使学生把学习的成绩与承担的义务挂上钩，从而起到激发他们潜创造力的作用。

为了充分发挥贷学金的作用，在具体做法上，还可以作出某些免予偿还贷学金的规定。例如，有的学校曾规定，凡符合下列条件之一者，可免予偿还贷学金：以优异的成绩考上研究生；毕业后自愿去边疆工作；毕业后自愿从事中学教育事业；在偿还贷学金期间获得省以上科学技术发明成果奖励；在偿还贷学金期间获得省以上劳动模范称号；作出了其他重要贡献或建立功勋。无论是从经济效益还是社会效益看，采取这些免还贷学金的措施都是十分必要的，虽然少收回了一部分贷学金，但它所起的作用要比贷学金的价值高得多。

学校中的教学管理远不止以上三项，其他如学籍管理、教学经费管理、学生科学研究管理等也是很重要的。由于篇幅所限，不能一一赘述。不过，我认为只要抓住了竞争机制这个关键，就可以制订出相应的有效管理办法来，从而满足培养创造型人才的要求。

第十一章　创造型人才的发现与保护

在我国历史上，有不少的开明政治家不仅重视人才，而且还深懂用人之道。宋朝王安石就是这样一位政治家。他敢于仗义执言，大胆变法，在历史上曾产生过很大的影响。他不仅善于用人，而且对人才颇有研究，曾著有《材论》。他的主张是：对人才要“教之、养之、取之、任之”。他的主要经验是：“人才难得亦难知。”这说明，识别和选拔人才自古就是一大难题。因此，本章试图就人才的发现、选拔和保护等问题作一些初步的探索。

需要说明的是，同整个创造教育的研究相比较，对于创造型人才的发现与保护研究得很少，因此没有什么资料可以借鉴。我对这个问题之所以感兴趣，主要是基于两点考虑：第一，这个问题是整个创造教育的组成部分，是创造型人才管理的入口处。如果不能把好第一个关口，那么创造型人才的培养、使用、管理等，都要受到极大的影响。第二，我从实际工作中深切体会到，创造型人才的发现与保护的确是至关重要的问题。创造性人人皆有，为什么创造型人才发现不出来？这是发现无法。创造型人才为什么会夭折？这是保护不力。由此看来，对创造型人才的发现和保护的研究，已是刻不容缓了。本章的叙述，将不局限于学校的教育范围，拟从更广泛的意义上谈创造型人才的发现与保护。这样一方面对全书的体系是一个呼应，另一方面，对实际工作也会起到一些参考作用。

第一节　摒弃旧观念

思想观念是客观事物在人们头脑中的反映，但它不是机械的反映。人的思维的能动作用，还表现在能够对感性认识材料进行组合和加工，进而形成新的思想观念和理论。人的思想观念，不仅来源于自己对客观事物的反映和加工，而且还可以通过教育的传播作用，接受他人甚至是几千年前形成的思想观念。因此，人们的思想观念，既有现实客观世界的反映，也有历史文化的沉淀。

客观事物是不断发展的，因此反映客观事物的观念也要不断地发展。人的思想观念，从来就是要接受实践检验的。只有当人们的思想观念符合客观事物发展规律时，它才是正确的，并且能够对客观事物的发展起指导作用。但是，一旦人们脑子里存储的那些观念不符合现实情况时，即使它们过去被认为是正确的，那么现在也必须随着客观情况的变化而改变。这就是思想观念的变革或转变。

1. 打破传统观念的束缚

我国封建主义社会的历史特别长，所形成的历史沉淀也特别深厚。几千年以来，自然经济、小生产者意识、封建家长制观念渗透到了社会的各个方面，以至影响到现在。我国目前进行的各项改革，虽然取得了不小的成绩，但遇到的阻力还是很大的。从思想上来说，主要的阻力是来自于封建文化观念和过去几十年形成的“左”的思想观念。因此，为了深化改革，必须转变那些陈旧的、不符合改革时代潮流的旧观念。这种思想观念，不是人们随心所欲提出来的，而是改革实践的产物，是建设社会主义现代化的迫切需要。

教育是文化事业的组成部分，并肩负有继承和传播文化的责任。正因为如此，教育受传统观念影响最大，改革起来也最困难。在我国历史上，一些政治家、思想家提出过许多醒世恒言、治世真理，老百姓也从大量的社会实践中总结出了许多的成语和谚语等。这些是在一定历史条件下形成的思想观念，是和那个时期的社会生产和政治制度相适应的。这些观念有的带有普遍性，有的具有很大的局限性和片面性，但是这些观念都通过各种途径流传到后世，有的甚至作为箴言代代相传。所以，在我国的传统观念中，有正确的也有错误的，我们应抱着批判继承的态度，继承其精华，而扬弃其糟粕。

列宁曾说过："千百万人的习惯势力是最可怕的势力。"① 当前，我们在改革中遇到的阻力，主要来自传统的习惯势力。有些人总是安于现状，习惯于按照老规矩办事，用老观念看待新事物，所以对改革评头论足，横挑鼻子竖挑眼，反正左右看不惯。在改革中，我们经常看到这种情况：对一个人或一件事，往往表现出不同的甚至是根本对立的看法，有的赞成，有的反对，其原因就在于他们所持的思想观念不同。因此，改革中的一项重要任务，就是转变不适应改革实践需要的旧思想、旧观念和旧习惯。舍此，教育改革不能深入，一代创造型人才也难以发现和成长起来。

在教育上，传统的观念很多，有些是教育中一直沿袭的，有些是社会观念对教育的影响。只要稍加思索，就可想出几十条词句，例如"只专不红"、"个人奋斗"、"好高骛远"、"见异思迁"、"喜新厌旧"、"才不可露尽"、"好大喜功"、"好为人师"、"不务正业"等，不一而足。我认为这些观念颇有研究的价值。我初步归纳了一下，这些词句表现的思想观念，大概可以分为四类：

政治方面的观念。这些大多是"左"的路线下形成的一些政治口号或政治术语，例如"白专道路"、"业务挂帅"、"个人奋斗"、"成名成家"、"崇洋媚外"、"学习目的不端正"等。实际上，这些说法是把政治与业务对立起来，以"突出政治为名"而大搞空头政治，把智育的培养架空了。在过去50多年里，每次运动都要批判"政治落实到业务上"这个正确的观点，导致学生不敢刻苦学习，技术人员不敢钻研技术。其结果是，出现了一些政治投机分子。他们本来才能低下，不学无术，只得靠搞空头政治起家。过去，完全混淆了人才的标准，把不少真正有才华的人打成了"白专道路"的典型或"右派分子"，而把一些德才不佳的人树为"又红又专的标兵"。这就是在一段时间内，优秀人才出不来的最主要的原因。

关于才能评价的观念。传统的思想是劝导人们要抑制自己的才能，而不是最大限度地发挥自己的才华，最充分地实现自己的价值。

① 列宁选集（第4卷）[M]．北京：人民出版社，1972：200.

例如，有许多箴言都是劝告人们“不要才高于众”，“才不可露尽”，不要“见异思迁”、“好高骛远”、“异想天开”、“好大喜功”和“喜新厌旧”等。总之，在传统观念看来，凡是高、大、异、新的思想都是不好的，是不符合道德规范的。但是，这些素质又恰恰是创造型人才所不可缺乏的品格，因此创造教育的人才观与传统教育人才观的冲突就是不可避免的了。知道了这种文化观念的背景，也就不难理解为什么中国多数人信奉“求同不求异”、“求正统不求革新”、“求稳怕乱”和“怕出风头怕冒尖”的思想观念了。

关于竞争的意识观念。竞争观念不仅是适应商品经济的一个最普及的观念，而且也是创造型人才的一个十分重要的素质。但是，传统观念是不提倡竞争的。在过去的很多的名言和民谚中，都有这一方面的劝告，例如，“不求有功，但求无过”，“不为最先，不耻最后”，“出头的椽子先烂”，“安贫乐道，与世无争”，等等。总之，就是不主张冒尖，如果谁冒了尖，那就要遭到“枪打出头鸟”的下场。

关于处世哲学的观念。“中庸之道”，这是儒家的一种处世哲学，在中国的思想观念中，有着极深的影响。这种观念的具体表现很多，如“多种花，少栽刺”，“各人自扫门前雪，休管他人瓦上霜”，“明知不对，少说为佳”，“祸从口出，言多必失”，“夹着尾巴做人”，等等。这些观念，在教育上的影响是很大的，中国知识分子的许多弱点都与这些观念有着密切的关系。有人说，中国知识分子是“藤性植物”，这大概就是因为相当多的一些人缺乏独立思考、独立意识和独立人格的原因所致。

从以上所述可以看出，传统观念的影响是很大的，在不少人的头脑中，还在不同程度上起作用。这正如毛泽东同志所指出的：“现状和习惯往往容易把人们的头脑束缚得紧紧的，即使是革命者有时也不能免。”① 人的创造性是容易损伤的，一种传统观念就是束缚创造性能力显露的一条绳索，有这么多绳索的束缚，创造型人才怎么还能涌现出来呢？因此，必须要给创造型人才松绑，也就是彻底转变陈旧的

① 毛泽东．一个极其重要的政策［N］．解放日报，1942-09-07.

传统观念，树立有利于创造型人才成长和创业的新观念，让蕴藏在中华民族中的创造性喷发出来。

2. 改革旧的鉴定制度

在我国，从小学教育开始，就有一种鉴定的制度，例如品德鉴定、思想鉴定、政治鉴定、毕业鉴定、工作鉴定等。与鉴定并行的是个人档案制，它记录和保存每个人的鉴定，也可以说是一个人的历史记录。档案是很重要的，从某种程度上说，档案是一个人的“生命袋”，是代表一个人的。人在档案在，人走档案走。要审查一个人，先要看档案，如果档案记载得好，那么就容易得到重用；如果鉴定不好，或装进了什么不实的“黑材料”，那么一辈子休想翻身。难怪过去组织人事部门那么重视鉴定和档案，而个人又是时时刻刻担心自己的鉴定和档案了。

我并不笼统地反对鉴定和建立必要的档案。问题是，以什么思想指导鉴定？建立什么样的档案？建立档案的目的是什么？在过去相当长的时间里，各种形式的鉴定和档案都是为政治运动服务的，在鉴定表中充满了“政治运动表现”、“政治立场”、“政治态度”、“对待路线斗争态度”、“家庭出身”、“社会关系”、“海外关系”等。很显然，这种鉴定和档案是为阶级斗争服务的，只可能把人们搞得谨小慎微，而绝对起不到全面考核人才的作用。

思想鉴定，也是用一种传统的观念和行为规范来衡量一个人的。例如，过去搞鉴定，主要内容是评议一个人是否谦虚谨慎，是否遵守组织纪律，是否与群众打成一片，是否正确处理个人志趣与组织需要的关系，等等。从鉴定的要求看，是要把人们培养成为没有独立思考、“循规蹈矩”和“唯唯诺诺的老好人”。稍微有一点个性的学生，每次鉴定时总是要检讨自己的“自高自大”、“自我表现”、“自由散漫”、“脱离群众”、“个性太强”、“强调个人兴趣”等缺点，有的学生是要从小学一直检讨到大学毕业，但到头来还是改不了，只能落得一个不好的评语。殊不知，这种鉴定的内容恰恰是违背创造教育原则的。这不是鉴定，而是对创造性的判词。那些学生的检讨，也是在自己熄灭自己的创造思想的火花。创造思维的发展，绝对需要自由、安全的心理环境，而这种鉴定的内容和方式恰恰起了相反的作用，对学生的心理起了压抑的作用，给人们留下了后顾之忧。只要有了压抑，人们的思想和行为就要受到限制，创造性就得不到发挥。由此看来，我们过去的思想鉴定制度，从内容到方式上，都存在严重的弊端，必须进行彻底的改造。

人事鉴定本来是一件很严肃的工作，应当用科学的态度，按照现代新观念来进行评价。一个科学的、全面的鉴定，应当包括一个人的才能、特长、兴趣、工作业绩、开创精神等，这有利于全面考核，量才使用。鉴定不是一成不变的，不能管一个人的一辈子，也不能不允许人家改正自己的缺点或弥补工作上的失误。一般来说，一个人在一个单位的鉴定，只反映他在这个单位的情况，如果工作有变动，它不应当对人家在新的单位起约束作用。我就亲自听到过一个事例，听后实在让人感到那种"左"的阴魂并没有消失。有一个很有开创精神的青年，由于原来工作单位的上级部门与他过不去，有意整他。于是，他愤然离去，在新的工作单位，他获得了事业上的成功。但是，那个上级部门仍不放过他，把他的所谓材料又转到新单位的领导部门，要求予以干预，给这位青年制造了很大的困难。他对此颇有感触地说："创业者就像荒山上的野果树，平时无人管它们，一旦它们结出了满枝的果子，那些居心不善的人就向它扔石头、打棍子。"这话的确令人深思，我们为什么不能让他们生长在苗圃里而让他们生长在荒山野外呢？为什么当有人向他们扔石头时，他们得不到保护呢？

3. 改变不良的社会风气

社会风气很重要，良好的社会风气可以激励人们奋发进取；不良的社会风气像毒瘤一样，摧残着人的机体，磨灭人的意志。当然，我们社会风气有好的，也有坏的，我只是希望把那些不利于创造型人才成长和人们开创事业的坏风气好好地改造一下。

不良的社会风气之一是"看风使舵，跟风跑"。看风使舵本来是驾船航行的经验总结，即要人们依据实际情况行事，并没有什么不对的。但是，有些人把它作为“处世哲学”和“思想方法”，那就不对了。长期以来，在我国经常出现“风”、“热”，就是这种“看风使舵，跟风跑”思想的来源和反映。仅在教育上就出现过几次“热”，如“文凭热”、“从政热”、“经商热”等。物极必反，过热以后就又会冷下来，所以现在又出现新的“读书无用”的倾向。中国这么大一个国家，怎么可能所有的人都去从政、都去经商呢？只能是因人而异，适合从政的去从政，适合经商的去经商，适合治学的就专心致志搞研究。不过搞任何工作，都离不开智力，因此还是要努力学习，万万不可跟着“读书无用”的“风”跑。

有人也许会说，“跟风跑”是政策多变造成的。不排除有这个因素，但我认为“跟风跑”的社会风气也起了推波助澜的作用。有人说，中国的政策像钟摆，就算这话是正确的，如果民众的思想不左右摆动，那么钟摆又能起什么作用呢？实际情况是，政策的左右摆动导致人们“跟风跑”，而人们“跟风跑”的思潮又促使政策在更大的幅度内摆动。这就是长久以来矫枉不能居正的原因。我认为，要想营造稳定的社会风气，既要有稳定的政策，又要有稳定的民众的心态。

不良的社会风气之二是“包打听，评头论足”。包打听是指喜好打听和传播小道消息。打听小道消息的目的是为了传播，作为评头论足的材料。这是一种很不好的风气，而且这种风气很有市场。不管谁家婆媳争了嘴，夫妻打了架，谁升了官，谁免了职，谁念错或写错了一个字，等等，都要评论一番，把人评得一无是处。特别是这种评论，不少是专门冲着那些改革和创新的人，要么无中生有，要么抓住一点不及其余，采取丑化或人身攻击的做法，把人弄得无所适从。两次诺贝尔奖获得者居里夫人曾说：“在科学上我们要注意事，不要注意人。”但是，我国的社会风气恰恰相反，“不琢磨事，却专门琢磨人”。难怪一些改革创新的同志反映说：“不干事的没有事，干事的到处都是事；没有思想很安全，有了思想反而不安全”。

不良社会风气之三是“平均主义，不准你好”。平均主义现在仍然很有市场。有人说，在中国是“不患寡，只患不均”。看来，这是刨到了平均主义的病根。我曾遇到过一件事，充分反映了这种妒忌和

“不准你好”的心态。有一位非常优秀的青年教师，刚过“不惑之年”，他教学效果极佳，主持了一项重大科学研究，获国家自然科学二等奖，他曾发展了某外国学者的定理。鉴于上述突出的才能和成果，按程序并经评审，他破格由讲师晋升为正教授。在晋升以前，各方面对他反映都很好，对他的成果也没有任何异议，几乎是大家公认的“完人”。但奇怪的是，在他晋升为教授以后，舆论完全翻了过来，几乎什么都不好，甚至有的人说成果是假的，真有把人搞倒搞臭之势。这种事例，在我们生活中实在太多了，恐怕每一个改革创业者都尝到了这种滋味。

不良社会风气之四是“大惊小怪，幸灾乐祸”。在生活中，我们经常看到这种情况：什么地方发生了争吵，或是自行车发生碰撞，或警察捉拿犯罪分子，或发生了交通事故，等等，于是很快围满了人，可是，谁也没有出面去调解一下争吵，谁也不去协助一下警察，谁也不去救死扶伤……这是一种什么心态呢？完全是一种大惊小怪的猎奇心态，其实质是为一种幸灾乐祸的心理所驱使。

在工作上，主要表现为对他人工作的评议。如果谁工作上出了点什么差错，或遇到一点麻烦，也是一派舆论围攻上来。就拿改革来说，由于缺乏经验或非改革者本身的原因，出了一点小毛病，这本来是正常的，没有什么值得大惊小怪的。但是，由于有这种不良的社会风气，于是责难者、专门放马后炮者，都纷纷跑了出来，大有“秋后算账”之势。这些人大都是一些自封一贯正确的人，他们大事干不了，小事不愿干，唯一能干的是盯住人家，一旦发现所谓的毛病，马上抓住不放。这正像爱尔兰作家萧伯纳所说：“能者干事，无能者训人。”这些人虽然是极少数，但是他们却压抑了大多数人的积极性和创造性。

不良的社会风气一定要彻底转变，一定要在全社会造成一种新的风气，大家都来支持改革，支持创新，支持敢于冒风险的精神。

第二节 创造型人才的发现与识别

关于创造型人才的发现和识别，虽然有不少的经验总结，但是作为一门系统的学问，至今还没有形成。现在，越来越多的事实表明，无论是咨询决策部门、学术研究单位或是商业贸易公司，都十分重视创造型人才的作用，但是“对创造型人才的管理正处于一筹莫展的状态”①。这说明，研究发现、识别和管理创造型人才，已是迫在眉睫的事，是开创各项事业的战略措施。

1. 发现人才和识别人才的辩证关系

近些年来，谈论“人才”的多了起来，甚至成了人们的“口头禅”。但是，什么叫人才？每个人各有深浅不同的理解，而且谈得多了，人才的意义也会慢慢地淡化了。

我们还经常听到关于缺少人才的议论，例如“青黄不接”、“求贤若渴”、“万事俱备，只欠东风”等。这说明，我国目前的确缺乏人才，特别是缺少高层次的创造型人才。但是，另一方面，我国人才资源还远未得到开发，已有的人才也未合理使用，存在很大的浪费。这正如列宁所说：人才既多又缺——社会民主党的组织生活和组织需求间的矛盾很早就可以用这个矛盾公式来形容。怎么看待这一矛盾的公式呢？人才多这是事实，是指人才的社会性和广泛性。人才缺也是事实，这是因为我们还不善于发现和识别人才。解决这一矛盾的最好办法是：打破清规戒律，学习掌握发现和识别人才的学问，发挥人才管理部门发现人才的主动精神和首创精神。

在有些论著中，对发现人才和识别人才是分别叙述的，这样的好处是线条比较分明。但是，我认为发现人才和识别人才是辩证的关系，二者不能分割。为了发现人才，首先必须善于识别，如果不经过识别，怎么知道他是人才呢？人才一旦被发现以后，也不是就此完结

① 交流，1988（4）：64.

了，在人才的整个培养与使用过程中，还要不断识别，以检验起初的发现是否正确。在历史上，人的才能随着时间和环境的变化而变化的例子也是很多的。例如，在南北朝时有一个叫江淹的人，年轻时已驰名文坛，但是没过多久，他便默默无闻了。因此，在历史上有了“江郎才尽”的故事。另一方面，也有不少人，原来并未被发现，甚至被认为是劣等生，但是后来他们却成了大科学家、发明家。例如，华罗庚在读初一时，数学不及格，是经过补考才及格的。他虽然没有上过大学，但却成了全世界著名的数学家。1984 年他荣获了美国科学院外籍院士的衔职。美国科学院院长普雷斯在颁发荣誉证书时说：“他是一个自学出身的人，但是他却教出了千百万人。”这些事例说明，发现人才和识别人才是一个统一的过程，是不断发现和认识的动态过程。因此，发现人才和识别人才必须以唯物辩证法为指导，透过现象看本质，从共性中找出个性，从不知名的凡人中发现具有创造型人才。

2. 创造型人才的个性

认识创造型人才的个性，对于发现创造型人才是非常重要的。正因为如此，半个世纪以来，一些心理学家、创造学家和教育家们，花了大量的精力去跟踪研究各类杰出人物的个性，试图揭开创造的奥秘。20 世纪 40 年代，美国心理学家安妮·罗（Anne Roe）开始从事创造型人才的个性研究，她先后研究了艺术家、生物学家、实验物理学家、理论物理学家和社会科学家的个性。虽然她说还找不出一个“其他成员都共同具有的个性模式”，但是，这些研究毕竟为了解创造力与个性的关系积累了资料①。

创造型人才具有多方面的素质，也受着许多因素的影响。那么，发现和识别这类人才从哪里入手呢？起决定性的因素又是什么呢？大量的事实表明，正确地把握住个性特征，这是发现和识别创造型人才

① ［美］S. 阿瑞提，著．创造的秘密［M］．钱岗南，译．沈阳：辽宁人民出版社，1987：447-448.

的一个窗口。如果说识别创造型人才有什么学问的话，我认为学问主要是下工夫去研究创造型人才的个性。一般地说，创造型人才都具有一些与众不同的个性，用传统观念看，也是一些不受欢迎的个性。我们经常发现，一些富于创造型人才受到压抑甚至扼杀，都是由于老师或上司不能容忍他们的个性。因此，能不能正确地对待创造型人才的个性，乃是发现和识别创造型人才的第一个重要问题。

创造型人才的个性之所以如此重要，是因为它同一个人的创造力的发展有着密切的关系，也是发明创造的最宝贵的素质。目前，国内外对创造型人才个性特征的描述很多，归纳的条目虽不相同，但内容却大同小异。综合各方面的意见，现将创造型人才的个性特征表述如下：

热爱自己的职业，并且把它作为最美好的事业如醉如痴地去追求；

具有高度的负责精神，如果需要的话，能够夜以继日、年复一年地工作，坚持不懈；

不囿于成见，不因袭传统，不迷信经典，乐于接受新思想、新观念和新理论；

具有对独立、自主和自治的强烈追求，乐于采用新的行为方式工作，但生活方式往往守旧；

对小事和细节问题从来不感兴趣，总是想解决那些最大和最难的问题；

乐于发表意见，爱激烈争论，既十分自信，但又比较尊重他人；

对刺激很敏感，竞争意识强，最容易为挑战所振奋；

富有好奇心，愿意接触不熟悉的事物，喜欢追根溯源；

信时、守时、惜时，不尚清谈，办事讲求效率；

心理平衡素质好，不怕失败，不怕他人讥笑议论，不易受外界干扰。

以上这些特征，是从大量的创造型人才身上归纳出来的。这并不是说，每一个有创造性的人都必须具备所有这些素质。事实上，这是不可能的，多数情况是他们只具有其中的一部分素质。但不管如何，这些素质都是有利于发展创造力的。普通人与创造型人才的区别主要表现在上述的个性特征上。如果能培养更多的人具有上述的素质，那么他们同样也会获得创造力。

俗话说："三百六十行，行行出状元。"这就是说，在每一种职业中，都有创造型人才。对于不同职业的创造型人才来说，除了他们具有某些共同的个性特征以外，往往不同的职业又表现出某些鲜明的职业个性。这就是创造个性的共性与特殊性。例如，一个科学家与一个企业家的创造个性是不同的，一个作家与一个军事家的创造个性也是有区别的。所以，有人在总结不同职业人的成功经验时说："科学家靠灵感，企业家靠敏锐，金融家靠判断。"这里讲的就是创造型人才的职业特征。总之，发现和识别创造型人才，既要把握住创造型人才共同的个性特征，又要善于区分不同职业人才具有的个性特征。只有这样，我们才能抓住创造型人才所具有的特殊"质"，顺利通过选拔创造型人才的第一关，并为他们创造能力的培养打好基础。

3. 创造型人才的发现与识别

创造型人才的发现与识别之所以困难，一方面是由于传统观念的束缚，不能正确地对待创造型人才的个性；另一方面也缺乏发现与识别的方法，管理人员的素质跟不上是一个重要的原因。当然，识别人才不像检验商品那样简单，合格与否有具体的标准可以衡量。虽然识别人才也可以订出一些原则和标准，但是被识别的人是复杂的，识别的人也具有较大的主观随意性，这就使得人才的选拔变得更加困难。因此，更新管理人员的人才观念，提高他们的素质，全面正确地掌握创造型人才的特征和标准，这乃是发现和识别创造型人才的重要保证。

总结我们过去在选拔人才上的经验和教训，也许对于我们正确地掌握识别人才的标准是有益的。总的说来，我们过去在识别创造型人才方面没有太多成功的经验，但教训却是很多的。主要问题是：清规戒律太多，论资排辈严重，求全责备风气太盛，以及只看考分不看能力，等等。为什么青年总是感到受压抑？为什么一些冒尖的人才遭非议？为什么有创造才能的人出不来？从思想认识上说，主要是这几个问题造成的。因此，为了识别和造就大批的创造型人才，应当针对以上几个问题，切实转变思想观念，全面正确地掌握识别人才的标准，采用科学选拔人才的方法。为此，我认为必须坚持以下几点：

(1) 坚持不拘一格选人才的原则。清人龚自珍的“我劝天公重抖擞，不拘一格降人才”的名诗句，很多人都能背诵出来，而且都把它作为选拔人才的一条格言。但是，实际上，很难做得到，有些人只不过以此掩人耳目而已。在现实生活中，不是破“格”，而是到处设“格”，使人无法跳出这些“格”子。

选拔人才不能没有标准，广义地说，这些标准当然也是“格”。作为创造型人才来说，标准是相当高的，选拔也是相当严格的，不是什么人都可以自封为创造型人才。但是，创造型人才又十分忌讳“格”的束缚。这里所说的“格”，显然不是必要的标准，而是指那些陈旧的清规戒律、不科学的规定和人为的干扰。当前，影响人才选拔最大的“格”就是年龄。我国高层次科技队伍老化、教师队伍老化、领导干部老化，正是这种“论资排辈”的反映。长期流行着这样一个口头禅：“嘴上没毛，办事不牢。”这就是为“论资排辈”造舆论的。这个观点，对创造型人才束缚极大，因为一个人的创造最佳年龄是35岁左右。如果按照资历排队，等轮到他们的时候，创造的黄金时代已经过去了。正是这种效应，窒息了中华民族的创造性，压抑了创造型人才的成长，阻碍了发明创造成果的产生。

除论资排辈以外，阻挠创造型人才的“格”还有很多，例如政治面貌、家庭出身、性别、相貌、所有制隶属关系、户口、档案、群众关系、与领导人的关系等。有时候，即使你是一个人才，由于上述某一个“格”卡住了，那么你就不可能脱颖出来。所谓的“格”，只不过是一种表现形式，而且这些“格”也是人为设置的，起决定作用的还是制造和掌握这种“格”的人。在中国，长期有“官大一级压死人”的说法，如果你得罪了某领导，那么他总会找出一些“格”来治你，即使你有再高的才华，你也只能是徒唤奈何。因此，破除选拔人才的“格”，最根本的是要端正领导部门的指导思想，破除领导人思想上的“格”。只有这样，不拘一格降人才才能实现。

（2）坚持用人唯贤的路线。在用人问题上，毛泽东同志曾说过：“我们民族历史中从来就有两个对立的路线：一个是‘任人唯贤’的路线，一个是‘任人唯亲’的路线。”① 任人唯贤说起来容易，做起来很难，就连毛泽东本人，也并不是在用每一个人时都做到了这一点。特别是在他晚年，由于听不得不同意见，影响了坚持他倡导的任人唯贤的路线。

贤与不贤是相对应的，所谓贤，是德才之意。什么叫德才？司马光曾解释说：“夫聪察强毅之谓才，正直中和之谓德。”并且把“才德全尽谓之圣人”，主张要重用“圣人”。他所说的“圣人”，也就是我们任人唯贤的贤者。按照创造型人才的要求，贤者当然是指那些具备了创造性素质和能力的人。

任人唯亲的路线对于发现和识别创造型人才妨碍极大。我这里所说的“亲”是一个广义上的概念，不仅包括亲戚朋友，而且还包括那些同“唯贤”相左的因素，例如，“任人唯顺”、“任人唯诺”、“任人唯派”等，也都属于此列。在这里，所谓的任人唯亲就是按照自己的观点，选拔符合自己“口味”的人。美国一家公司的董事长聘任了一位名叫乔治的总经理，他在送给总经理的不倒翁中放了一张纸条，在上面亲笔写道：“如果我们每个人都雇用比自己差的人，我们就会变成侏儒；反之，我们雇用比自己强的人，我们就成为巨人。”像这样开明的人毕竟太少了，特别是在中国，“武大郎”式的人物太多了，正是他们不准创造型人才冒头。看来，在中国，医治一下“武大郎”的心态病，实在是太有必要了。

（3）坚决纠正求全责备之风。近些年来，我们时常碰到这种情况，当要破格提拔干部或是破格晋升职称时，其结果总是提拔不上来。主要原因是，对将被提拔的人总是挑三拣四，左右都看不顺眼。汉朝东方朔在《答客难》中说：“水至清则无鱼，人至察则无徒。”有些单位之所以挑选不出人才来，以至于造成后继无人，正是这种求

① 毛泽东选集（第2卷）[M]. 北京：人民出版社，1991：527.

全责备思想造成的。

人的优点与缺点往往是相伴而生的。这正如列宁所指出的那样："人们的缺点多半是同人们的优点相联系的。"而且他还说："只要稍微一夸大，就是印证了一条真理：从伟大到可笑只有一步之差。"①本来，世界上根本没有完人，人非圣人，孰能无过？值得指出的是，苛求完人的人，其真意并不在追求人的完善，而是以完人作借口，否定他们不中意的人。那么，他们心目中的完人究竟是何种人呢？说穿了就是一些才能平庸的"老好人"或八面玲珑的巧伪人。难怪群众反映某些部门的用人政策是："只要奴才，不要人才。"

美国管理学家杜拉克在评论人才时说："倘要所用的人没有短处，其结果至多只是一个平平凡凡的组织。所谓'样样都是'，必然是一无是处。才干越高的人，其缺点往往也越明显。有高峰必有低谷，谁也不可能是十项全能。"看人才，着眼点放在哪？这的确是一个很重要的问题。过去，一些组织人事部门专门收集人的缺点，这样就看不到本质，就发现不了人才。现在，应当把观念转变过来，主要去发现人的优点，特别是那些可贵的创造性素质。识别和选拔人才的目的是为了使用，要知道起作用的是他们的优点而不是缺点。因此，应当树立一个新的人才观点：宁愿用一个有缺点的开创型人才，而绝不重用一个平稳无为的庸才。

(4) 坚持公开竞争的原则。在很长的一段时间里，组织人事工作都有一种神秘的感觉，特别是干部的考核和提拔，被认为是党和国家的机密，不从事这项工作的人，是不得打听和过问的，否则，是违反组织纪律的。这样一来，挑选人才，特别是选拔高级的领导人才就成了极少数人的事了；而广大的群众是不了解情况的，既没有推荐的渠道，也没有发表意见和毛遂自荐的机会。这种做法，不仅严重地脱离了群众，而且更重要的是限制了发现人才的视野，堵塞了发现人才的广阔渠道。

能不能把公开性和竞争性的原则引入人才的识别与选拔中来呢？

---

① 列宁选集（第4卷）[M]. 北京：人民出版社，1972：476.

肯定是可以的。并且，实践证明，这种做法效果是好的。问题是，现在要加快这一改革的步伐，扩大实行这一做法的范围，特别是尽快实行在领导干部中的公开、竞争的选拔。例如，高等学校文化素质最高，应当采取公开和竞争的办法来选拔校长。国外大学和我国新中国成立前都是这样做的，我们现在也已具备了这种条件。每个教师、干部有权自荐和推荐任何人，主管部门也可以提名或推荐。通过公开评议和竞争，一定会把那些深受群众拥护的、富有管理能力和开拓精神的教育家推选出来。这种做法，肯定会比派出一个工作组，采用神秘办法圈定要好。

(5) 坚持实践是检验人才的标准。实践不仅是检验真理的唯一标准，而且是检验创造型人才的唯一标准。唐朝大诗人白居易在《放言》诗中有两句名言："试玉要烧三日满，辨材须待七年期。"这里以玉喻材，不管是试玉或辨材，都必须通过实践的检验，并且还需要经历一定时间的考验。历史上，曾有"和氏璧"的故事，讲的就是试玉：楚国卞和得了一块璞玉，先后拿去献给历王和武王。这两位王不识玉，都认为是卞和诳他们，并昏愚地把卞和的双腿砍了。后来，文王识玉，为卞和恢复了名誉，并把那块璞玉命名为"和氏璧"。对此，卞和伤感地说："吾非悲刖也，悲夫宝玉而题之以石，贞士而名之以诳，此吾所悲也。"这种历史的悲剧，今天不可能再重演了，但是不识玉的却大有人在。

一个人是不是创造型人才，主要的不是表现在他具有多少创造性的素质，只有当他们作出了创造性成果的时候，才能够证明他们的创造才能。对于识别创造型人才来说，也只有当被发现的人才获得了创造性成果时，方能证明我们的识别是正确的。但是，实际情况又是复杂的，又必须全面地、辩证地看待创造性的成果。在实际工作中，常常碰到三种情况：一是由于学派观点的不同，不能轻易地否定一派学术观点，也不能以此而否定创造型人才。例如，摩尔根的遗传学说经过了几十年的争论后，还是证明它是正确的。二是评价创造成果的滞后性，必须有耐心和远见，不能急功近利。例如，苏联谢苗洛夫院士的理论，经过22年才获得诺贝尔奖，德意志联邦共和国的狄尔斯和阿尔德的成果经过28年才获得诺贝尔奖。三是情况不断变化，创造型人才也会发生变化。原来不具有创造性的人，后来可能表现出很高的创造性；也可能原来有创造性的人，随着时间的推移而创造性逐步衰竭。因此，创造型人才不是一成不变的，也不是终生的。我们应当以辩证唯物主义为指导，从实践中发现和识别创造型人才，并通过实践检验他们，在动态中不断地发现和考核，让一切有创造才能的人，都有用武之地。

第三节　敢于保护人才

若干年以前，报纸上曾报道了上海中学生茅嘉凌退学的消息，并围绕这一问题开展了讨论。一个因发明“穿绳器”而获国际比赛优胜奖的学生，为什么会退学呢？这除了反映出教学制度和考试制度上的弊端以外，还说明具有创造型学生缺乏保护。如果有人出来为茅嘉凌说几句话，那么他是不会被退学的。因此，我痛感保护创造型人才的重要，希望全社会都来关心和保护他们。

1. 正确对待有争议的人

在20世纪80年代初的中国大地上，掀起了一股改革的浪潮，它荡涤着旧思想、旧文化和僵化的经济体制，有力地推动着经济、社会和各个领域的工作发展。一批思想解放、有志于改革的知识分子、工人、农民和干部，率先投入到了这场改革的潮流中，接受它的洗礼，为它贡献自己的力量。与此同时，这些积极参加改革的人，逐渐地引起了人们的注意，其中还有不少人成了所谓的争议人物。

当年，由于工作关系，我认识了一位青年教师，他才思敏捷，学识广博，的确是一位极富才华的青年科学家。他为改革呕心沥血，但到头来却成了一个有争议的人物。这是为什么呢？其实，争议从他当学生的时候就开始了。争议的主要问题就在于：他不应该在读书的时候崭露头角，不该超前提升为副教授，不该提出培养“企业家型”的人才，不该搞跨学科的研究，不该参加那么多的社会活动，等等。

总之，不该冒尖，不该搞改革。这位教师不愧为创造型人才，他明知自己是一个有争议的人物，但他对此毫不理会，照样走自己的路。

有争议的人物何止这个青年教师呢？无论是在今天，或是在历史上，凡是有作为的政治家、思想家、科学家以及一切主张变法和改革的人，又有哪一个没有争议呢？例如，奥地利的指挥家卡拉扬是一位音乐奇才。他4岁学习钢琴，8岁开始演奏，21岁开始指挥莫扎特音乐学院的管弦乐团，从1949年（41岁）起成为维也纳乐友协会的终身音乐指挥与指导。1985年，他被公认为世界管弦乐的第一指挥。但是，在他获得成功之后，恶意攻击向他袭来，说他“把所有能演奏的东西都变成了金钱”，还说他是“艺术野心家”。类似的情况，在古今中外有成就的人身上，都程度不同的存在着。似乎这是一种普遍现象，创造性才华越高和创造成就越大，理所当然的遭到的非议和攻击也越大。

对创造型人才有争论，这是不足为奇的。问题是，领导部门应当怎么看待争议。我们的领导部门是缺乏分析的。他们一听说对某人有争议，首先在思想上打一个问号，此人一定有问题，不然怎么会有争议呢？于是，要么予以否定，要么挂起来，要么派工作组无休止地调查。在他们看来，争议一定是贬义的，此人一定是不可委以重用和信任的人。在这种思想指导下，不知压抑和埋没了多少优秀的人才。什么人没有争议呢？“老好人”没有争议，不干事的人没有争议。其实，争议并不是什么大不了的事，也并不一定是坏事。可是，某些领导人却把争议变成废人或废事的根据。他们判断争议的标准，要么是依据多数人的意见行事，要么由长官意志判决。用这种办法看待和处理争议，创造型人才怎么可能不受压抑呢？

创造型人才不会自生自长，它不仅期待着慧眼去发现，更渴望得到扶植和保护。对于保护创造型人才，首先，各级领导和人事部门负有重要责任。要出于公心，敢于负责，发现有压制人才的情况，要果断处理。发现对创造型人才有争议，要迅速排除争议，要为创造型人才撑腰。其次，要依靠法律的保护作用，凡发现诽谤、诬陷等违法行为，一律要追究责任。再次，要造就良好的社会风气，消除群众中的不负责的评头论足风，树立人人争发明创造和支持发明创造的高尚道德。

2. 保护人才不要怕非议

俗话说：人言可畏，人言可以杀人。当一种流言出来后，很快传遍开了，真是“好事不出门，‘坏事’传天下”。一种潮流来了，多数人是人云亦云，随波逐流。在重重的舆论之下，如果有人站出来说公道话，澄清是非，排除非议，的确是十分难能可贵的。如果想这样做，你就得准备遭非议。为了改革大业，为了一代创造型人才的成长，为了改变被扭曲了的文化心态，应当有更多的不怕非议的人站出来。1985 年 7 月 5 日，我在部分毕业生座谈会上提出：“不要怕争议，敢于做有争议的人。只要做事，就会有争议。如果你想成为一个创造型人才，想成就一番伟大的事业，想冒尖，那么你就准备做有争议的人。可以肯定地说：冒尖越高，争议越大。其实，这话是我与青年们的共勉，我愿和他们一起做一个有争议的人。

我从实践中体会到，保护人才比发现人才更重要，也更困难。这是因为，发现人才是扮演红脸，如果成功了，还落得一个伯乐的美名；而保护人才，是扮演白脸，搞不好还会落得用人不当的恶名。所以，在对待争议人物时，顺水推舟者多，逆流而上者少。这就是人们常说的：“多一事不如少一事。”

德国心理学家海纳特曾说：“创造型学生在班集体中通常不太受欢迎”；“在教育科学领域里，大家几乎一致认为，今天的学校忽视促进创造力，而且常跟创造力作对。”① 这种情况的确是一种很普遍的现象，应当引起我们的校长和教师们的深思。我们应当从思想到行动来一个转变，应当满腔热情地欢迎创造型学生，关心和爱护他们，让他们的创造才能得到充分的发展。

---

① 上海市高等教育研究所，编．教育思想研究［M］．1985：89.

第十二章　创造从这里开始

1985 年 5 月 28 日，中国青年报刊载了邓颖超同志在全国“创造杯”活动中对全国少先队员们的讲话。她亲切地勉励小朋友们说：“你们以小主人的姿态，勤奋学习创造，全面受教育，开阔了眼界，增长了才干，显示了 80 年代中国少年的创造精神。创造志向正在你们心中萌发，聪明才智正在你们身上显露。你们的活动向人们证明：创造正在从这里开始。”① 这段话寓意深刻，不仅对青少年们寄予了厚望，而且还阐明了创造学的一个基本规律。这就是：少年儿童是创造力开发的关键时期，创造教育要从他们开始，创造发明也要从他们开始。

第一节　少年儿童中蕴藏着巨大的创造力

长期以来，科学工作者们都十分重视少年儿童创造力的研究，希望找出创造型人才培养的规律。大量的研究已经表明，少年儿童中不仅蕴藏着极大的创造力，而且只要创造必要的条件，这些潜创造力可以表现为实际的创造性成果。

科学技术的巨大进步是人的创造力的表现，而新的技术革命的兴起，又对创造力的开发提出了更高的要求。因此，世界各国十分重视少年儿童创造力的培养，把它看作是本国创造力开发的希望。例如，美国自 1941 年开始的“西屋科学天才奖”竞赛选拔和培养了大批富有创造型人才。此外，美国还有其他全国和地方性的青少年科学人才

① 中国青年报，1986-05-28.

选拔赛、青少年发明展览、“发明者周末展览”等。日本很早就设立了全国“中学生儿童发明奖”。英国在青少年中开展了“未来设计师”的竞赛。荷兰于1968年起，一年举办一次“欧洲青少年科技竞赛”。世界其他一些发达国家也都制定了鼓励青少年发明创造的政策，开展青少年发明创造活动。

早在1955年，我国就举办过“全国少年儿童科学技术和工艺作品展览”。继1978年全国科学大会以后，于1979年又举办了“全国青少年科技作品展览”和“全国青少年科学讨论会”。1982年又在上海举办了“第一届全国青少年科学创造发明比赛和科学讨论会”，大会展出发明成果273件，提出科学论文70篇。这次活动既展示了发明的成果，又交流了学术思想，是我国青少年发明创造活动深化的表现。我国青少年的发明成果还参加了全国和世界性的一些展赛活动。事实表明，青少年不仅有许多美好的科学幻想，而且还具有实际的发明创造能力，有些成果已转化为生产力。例如，在1987年举办的“第三届全国发明展览会”上，就展出了30项青少年的发明成果，其中年纪最小的8名小发明家都是年仅12岁的少先队员。

儿童是最富有好奇和幻想的，而这些心理素质又是导致发明的“仙杖”。事实上，儿童们生活的环境以及那些在成年人看来是司空见惯的小事，都可能引起他们的好奇心，并且导致一项发明的诞生。例如，1988年2月在美国波士顿科学博物馆举办的第10届“发明者周末”展览会上，共展出了100多名少年儿童的小发明。在这些发明中，有饭盒警铃，防止小伙伴偷吃饭盒里的食品；有手纸警笛，告诉人们应该换纸卷了；有无线电控制的扫地机，以减轻打扫教室的劳动强度；有自动举手机，以吸引教师的注意；有自动翻谱器，为音乐工作者提供了方便，等等。这些发明并不需要什么复杂和高深的技术，但为什么成年人不去研究和解决这些问题呢？这是因为他们已经司空见惯，熟视无睹。这又证明了贝尔纳的一句名言：“构成我们学习最大障碍的是已知的东西，而不是未知的东西。”

开发青少年儿童中蕴藏的创造力，关键在于引导。创造力很容易显露，也容易消失；容易被激励，也容易被压制。这种情况在少年儿童中表现得特别明显。上海和田路小学本是一所很普通的小学，后因开展小发明活动而闻名。为什么和田路小学能做到而其他小学做不到呢？一个很重要的原因就是，和田路小学有一个热衷于发明创造的夏钟老师。他摆脱了旧的教学方法，把创造技法引进了教学，造成创造的环境，激发儿童的创造思维，指导他们的创造发明活动。正像夏钟老师所说的："善于寻找身边的科学，提出不方便、不顺手、不合理、不科学的事物，想法改进它，这种改进的欲望就孕育着创造发明。"他的正确引导的确获得了很好的效果。和田路小学参加各种级别的青少年创造发明竞赛，几乎是"每赛必奖"。年仅12岁的女生徐琛发明的"防触电插座"，在日本举办的"世界少年儿童发明比赛"中，一举夺魁，荣获"天皇奖"①。这些奇迹不是出自于科学研究所和大科学家，而是出自于一所普通小学的初出茅庐的小学生。这再一次说明：在少年儿童中蕴藏着巨大的创造力，教育者的责任就是要采用正确的方法，去开发他们的创造力。

第二节　抓好创造教育的关键期

什么时候开始对幼儿实施教育最好？这一直是教育学家、心理学家们所潜心研究的一个问题。在较长的时期内，有一种观点认为，人类的发展主要是受年龄限制，因此只有当幼儿肌体成熟到一定阶段时才能接受教育。在教育上，把这种观点叫作"成熟优势发展观"。按照这种观点，学龄前幼儿没有接受教育和学习的可能性，于是只能消极地等待幼儿长大成熟。这也是在幼儿智力开发上的等待主义②。

但是，自20世纪50年代初以来，现代心理学对幼儿智力发展的研究取得了很大的进展，有创造才能的儿童不断涌现出来，这就使得"成熟优势发展观"的观点开始动摇。因此，世界上许多发达国家都

① 文汇报，1986-08-27.

② [日]藤永保，编．创造性幼儿教育[M]．莫伽，译．长春：吉林人民出版社，1984：3.

开始重视幼儿的早期教育，提前入学的年龄。目前，世界上有30多个国家规定幼儿5岁入学。据联合国教科文组织的调查，近年来，世界各国接受学前教育的幼儿数量正在成倍地增长。小学一年级学生中，在教育机构受过学前教育的，比利时占98%，以色列占95%，日本占83%，美国占76%，法国占75%。实施幼儿的早期教育已成为教育发展的趋势，所以有人说现在是“举世开辟幼儿教育的新时代”。

1964年，美国芝加哥大学心理学家布鲁纳出版了《人类特性的稳定与变化》一书。他根据对近千名从幼儿时期开始的追踪调查资料进行研究，得出如下结论：5岁前是智力发展最为迅速的时期。儿童学业的成败，在很大程度上取决于早期的教育与发展。国际教育界对布鲁纳的研究结果十分重视，很多国家制订了具体的措施，着手抓幼儿智力发展关键期的教育。

1. 要重视幼儿智力发展关键期的教育

心理学家们认为，1～7岁的幼儿时期是人的智力发展的关键时期。所谓关键时期，是指能够最大限度地发挥学习或环境对智力发展的刺激效果的时期。人的智力发展虽然也是由低级向高级发展的，但是它不是等速进行的，有时快一些，有时则很缓慢，而且在不同的发育阶段，智力的发展还有所侧重。因此，开发创造力一定要抓关键时期的智力发展，错过时机是难以补救的。实践已经证明，开展早期的教育，可以获得同后期学习迥然不同的独特效果。“关键时期”是幼儿智力发展上的一个专用术语，具体说就是指1～7岁幼儿智力发展时期。但是，从培养创造型人才的全过程来看，关键时期当然不止一个，如创造性个性的形成、记忆力的发展、实践能力的获得等，都有自己的最佳时期。从广义上说，这些也是培养创造型人才的关键时期。

关于对幼儿实行早期教育的问题，心理学家、幼儿教育学家们作了大量的研究，从多方面提出了幼儿早期教育的理论根据。脑科学家和心理学家对于幼儿大脑神经细胞和智力发展的研究，为幼儿早期教育提供了直接的论据，关于这一点，本书第七章已有介绍。除此以外，还有以下几个原因：

(1) 人的生理发展趋向早熟。大量的统计表明，现代的幼儿不仅身体发育大大加速了，而且生理功能也日趋早熟。这当然主要是生理因素的自发作用，但同物质生活、医药卫生条件的改善以及现代化的都市生活环境等，也有着一定的关系。例如，现在幼儿的身高比其父母同期的身高要高很多。这种生理早熟，同智力的发展有着密切的关系，实际上它们是相互影响的。据国外心理学家对智力测验的结果，现在7岁儿童的智力发展水平，较祖父一代的智力平均提早了2年。又据日本、美国、英国的统计，幼儿的语言和数学能力同10年或20年前相比，同一年龄所能达到的水平有很大的提高①。

(2) 教学方法的科学化。在幼儿教育中，教学方法特别重要，它不仅关系到幼儿的学习效果，而且还对幼儿创造性思维的培养起着重要的作用。布鲁纳的同行迭因兹曾作了一个有趣的试验。他把被试验的学生分为两个小组：一个小组采用传统的教学方法，先教给学生正数，后教负数；另一组采取新的教学方法，从一开始便正负数一起教。比较的结果是，两组学生在对正负数的理解上差别很大，后一小组的成绩非常优秀。后一小组采用的教学方法，就是布鲁纳所发明的结构学习方法。所谓结构，是对一般原则的互相联系而言的。采用结构法学习，可以从众多的学习素材中找到共同的原理，可以从知识的对立方面或相互联系上学习。很明显，采用这种方法学习，对概念理解得透，对知识记得牢。

在幼儿的早期教育中，采用形象的科学教授法也是具有明显效果的。有人对幼儿不仅进行基本语言规律的教育，而且还进行几何图形、加减乘除、分数、基本代数、平方、方程式、分解因子和指数等较复杂的数学问题的教育。实验结果表明，幼儿不仅可以学懂这些教材，而且可以把他们的智商平均提高30分之多。

---

① [日] 藤永保，编．创造性幼儿教育学 [M]．莫伽，译．长春：吉林人民出版社，1984：149.

（3）教育环境的改善。许多研究表明，当幼儿处在一个丰富多彩并有社会交往的环境中时，他们的智力就会得到比较好的发展。现代科学技术的进步，使录音、录像、电视、微机等电子产品进入到家庭和学校，它们不仅是娱乐的用品，而且也是教育的手段。美国一项研究表明，看电视可以帮助幼儿掌握语言的技能，欣赏艺术，观察和辨别周围的生活等。

（4）家庭教育的加强。家庭教育是早期教育的最重要组成部分，每个幼儿的教育，首先都是从家庭教育开始的。大量的事实表明，早期的父母、子女关系和家庭教育，对幼儿的智力发展和人格的形成，都有着重要影响作用。美国心理学家布鲁纳对120多位在35岁以前成为世界超级巨星的人作追踪调查，他发现：这些人的专长虽各不相同，但他们成长的历程却有相同之点。这就是他们几乎都有机敏、开明和绝不揠苗助长的父母，以及理想的成长环境。例如，美国1987年西屋天才奖第一名获得者路易丝，她的成功就是与家庭教育分不开的。她父亲是一位大学教授，从小就培养路易丝的广泛学习兴趣，使她具有金字塔式的立体知识结构。他让路易丝5岁开始学钢琴，阅读莎士比亚选集儿童本，9岁拜师学小提琴。这些良好的素质和广泛的兴趣，正是她获得成功的重要因素。

目前，我国大力提倡计划生育，城市年轻的父母一般只有一个孩子，这就为优生优教提供了有利的条件。现在的年轻父母们，思想开明，深知开发智力的重要，所以愿意花费更多的时间去培养自己的孩子。很多家庭愿意进行家庭教育投资，如购买钢琴、电子琴，建立家庭小图书室、小实验室等，为幼儿的智力发展创造良好的环境。近年来，在我国一些地方创建了“家庭学校”和“母亲学校”，这些都是开发幼儿智力的重要措施。这正如福禄培尔所说的：“国民的命运，与其说是操纵在掌权者手中，倒不如说是把握在母亲手中。因此，我们必须努力启发母亲——人类的教育者。”这说明，每个父母在为社会造就人才方面，的确肩负着重要的使命。为了使家庭教育更富有成效，必须更新幼儿父母的教育观念，使他们掌握科学的教育方法，使家庭教育规范化，并且同学校的教师实行密切的配合。我国是有着家庭教育传统的，如果我们能够培养出亿万个懂得教育的爸爸和妈妈，那将是我国幼儿智力早期开发的一支巨大的力量。

以上我们分析了幼儿智力早期开发的必要性和可能性，下面我将再谈一谈同开发青少年创造力有关的几个问题。一般来说，这是几个比较容易忽视的问题，如果不能从根本上加以解决，不仅影响我国创造型人才的培养，甚至连我国人才的素质也要受到影响。

2. 要把幼儿教育正式纳入早期教育的计划

制订学前教育的规划，逐步地全面推行学前教育。要彻底改变传统的观念，不能把幼儿园当作代管或看管孩子的生活站，而要把它看作是一所学校，是开发幼儿智力的早期学校。应该根据这一目的，按照幼儿智力发展的规律来制订幼儿园教育的大纲，编制生动、活泼的教学资料和教具，设计教学环境，拨给必要的经费，配备合格的教师。幼儿教育要纳入到教育部门的领导和管理之下，不能再把它当作生活福利或后勤管理来看待。如果条件不具备，可以首先在城市实行学前教育，经过试验取得经验，并积极创造条件，逐步在全国推广。

配备合格的教师是实行早期教育的关键。国外对幼儿园教师的培训十分重视，专门设立了幼儿教师合格证书，只有具备了这个资格，方可到幼儿园工作。例如，美国对担任 3～8 岁幼儿教学的教师有专门的培训制度。他们一般是在中学毕业后进入到教育学院学习 3～4 年。学习的课程包括一般大学的文科基础课、专业基础课、专业课，此外还要参加两次教育实习。经考试合格者，方可到幼儿园当教师。然后，边工作边学习，待修完大学第 4 年课程后，可以获得学士文凭。当前，当务之急是对现有的幼儿教师加强培训，提高他们的文化素养，向他们传授科学的教育和教学方法。与此同时，要制订规划，解决幼儿教师队伍来源问题。只有造就了大批合格的幼儿教师队伍，才能实现对幼儿智力的早期开发。

充分利用玩具的教育作用，培养幼儿的主动性和创造精神。日本心理学家松原达哉认为：“儿童的游戏就是生活。它对于儿童的身心发展是不可缺乏的营养品，儿童通过游戏来学习，从而掌握各种能力。”的确，利用各种玩具开展游戏，是最符合儿童天性的一种教育形式。要寓教于游戏，玩具是幼儿的最好的“教科书”。如果能够充分发挥玩具的作用，可以通过它们对儿童传授知识，促进儿童观察、记忆、想象、思维等各方面的能力发展，培养儿童的初步审美能力和互助友爱的精神。

3. 要重视培养超智儿童的创造能力

关于超智儿童的教育，一直是一个有争议的问题，但同时又是一个日益引起国际重视的问题。不管看法如何不同，超智现象是客观存在的事实，而且自古有之。目前，世界上有多少超智儿童？据有关专家统计，在每个年龄层，大约有5%的智力早熟的儿童。又据美国约翰·霍普金斯大学心理学教授朱利安·斯坦利的试验，在250名儿童中，大约有1名是数学智力早熟的，占0.4%，他们成熟的年龄为10~13岁。这说明，超智儿童的确是客观存在的，应该重视他们，并且应当努力把他们培养为创造型人才。

智力超常的儿童的识别，是一个很重要的问题，他们常常被一些假象所掩蔽，所以不少智力超常的儿童被“埋没”或被“扼杀”。据福尔茨和里昂的研究，美国退学的学生中有17%是天才，只有35%的天才学生被识别和给予特殊的处理①。超智儿童之所以不受欢迎，主要就是因为他们超智，精力过剩，对学校课程“进度太慢”不满足。于是，他们表现为爱闹好动，不守纪律，以自我为中心，不尊敬教师，等等，而这些行为又是传统教育观念所不允许的，于是就要受到批评和压制。当他们实在不忍这种压制时，一些孩子就不得不中途退学。鉴于智力超常儿童具有一些特殊的个性，因此要学会善于区别超智儿童与普通儿童的特征，这是进行超智儿童教育的重要前提。

近些年以来，国际上对超智儿童的教育越来越重视。一年一度召开的国际超智儿童研讨会吸引着50多个国家的2000多名代表，大家共同探讨超智儿童的教育等问题。美国对超智儿童教育极为重视，仅

① 光明日报，1986-05-30.

官方每年用于超智儿童教育的经费就达到5600万美元。1972年为超智儿童开设课程的大学只有10所，后增加到137所。有些州开办了“超智幼儿园”，接受不满5岁的幼儿，为他们开设专门学习的课程。法国在尼斯建立了超智儿童试验班，首批招收了16名超智儿童，他们大都在4岁以前就具有了阅读能力，有的甚至是无师自通的。在此之前，法国奖学基金会曾资助过一个民办的超智儿童试验小组，他们10年曾培养了300名超智儿童。在他们的帮助下，一个未上过学的9岁儿童经过学习取得了一般孩子需要在15岁才能获得的文凭。

据报纸报道，近几年来，在我国各地也显露出了一些超智儿童。在这些超智儿童中，有的人的才能偏重在某一方面，如美术、书法、音乐、语言等，有的则具有超常的综合智力。但是，目前我们尚没有专门对超智儿童进行教育的学校，尚未能把超智儿童教育纳入教育规划。从长远来看，这对我们开发民族的创造能力是不利的。我们应当加强对超智儿童教育的科学研究，建立若干试验基地，对他们实行“先行一步”的教育计划，努力把超常的智力转变为创造力。

4. 中小学教育要进行全面的改革

中小学教育是培养和造就合格人才的基础。人们在评论人才的时候，更多的是看到大学对培养人才的作用，其实这是不公道的。各类人才的培养，是一个从幼儿教育到大学教育的连续过程，大学所起的是原材料加工的作用，而优质的原材料是由中小学提供的。没有优质的原材料，就不可能加工出优质的产品。因此，在培养各类专门人才的过程中，广大的中小学教师付出了辛勤的劳动，他们应当受到全社会的敬仰和尊重。

教育是“明天的事业”。这意思是说，今天的教育，是为明天的发展培养人才的。因此，我们的中小学教育面临的任务，应该是为未来培养人才。那么，作为输送原材料的中小学，如何为未来的教育输送合格的原材料呢？这的确是我们中小学教育所面临的艰巨任务。我们应当看到，当前我们中小学的课程设置、教学内容、教学方法和教师的水平是不适应的，距培养创造型人才的要求差得很远。因此，对中小学教育进行全面改革，这已是刻不容缓的事了。

苏联莫斯科554中学校长安德烈·奇基廖夫说："我们培养出标准化的学生进入了标准化的大学。一些人又成了标准化的老师，他们又培养出更加标准化的学生。这是一种十足的恶性循环。"他又说："我们通过把具有不同能力的孩子拉平而培养出了许多只是用一种固定模式来考虑问题的官僚主义者。我们消灭了独立思考的愿望，这样我们也就消灭了生活的乐趣。"奇基廖夫的话虽然很尖锐，但却一针见血地指出了现今中学教育的弊端，传统的学校同时代精神是多么的不协调啊！

为了迎接新的技术革命，培养创造型人才，国外对中小学都在进行全面的改革。综合起来，这些改革主要集中在以下三点：

一是加强基础知识的教育。各国加强基础教育的措施有：把中小学数理化课程的内容逐级下放，更新内容，加深难度；加强语言能力的训练，增加授课时间；加强艺术教育，开发右脑，提高欣赏的能力；强化外国语教学，适应广泛国际交流与合作的需要。尽管各国在加强基础教育上的做法有所不同，但有两点却是共同的，这就是：既要扩展知识，又要培养能力；既要适应升学的需要，又要考虑就业的需要。

二是增设反映新技术和开发智力的课程。中小学的课程也不能是一成不变的，应当根据时代的需要，不断调整教学内容，并应适当设置新课。为了满足不同兴趣和不同目的的需要，中学应当开设选修课。从国外发展趋势看，在课程设置方面的特点是：从单一的普通教育向普通教育与职业教育并重发展；从单一的必修课向扩大选修课发展；从单一课程向综合化课程发展。例如，波兰已有半数以上的中学开设了"宗教"、"环境保护"、"教育学和心理学知识"等课，有些学校还开设了"经济学入门"、"信息课"和"现代文明与社会问题"等课。

三是编写以培养能力为主的新教材。美国是最早提倡在中学实行创造教育的，他们不是停留在一般的号召上，而早就采取了实际的措施。从20世纪50年代开始，他们集中了一批最优秀的科学家，编写物理、化学、生物等课程的新教材。英国从20世纪60年代初也开始了这项工作。编写新教材的目的是，使学生从知识的整体上掌握每门课程的内容，培养学生的创造思维能力。目前，我国中小学也正在进行教学改革，除了总结自己的经验以外，借鉴外国的一些有益的做法恐怕也是不可缺少的。

5. 大学少年班要走创新的道路

1978年，中国科技大学在国内率先举办了少年试验班。后来，全国12所重点大学也建立了少年试验班。总的来说，试验班是有成绩的，发现了不少优秀的青少年苗子，在对他们的培养中，也积累了一些经验。但是，近几年以来，少年试验班的呼声没有以前那么高了。据反映，少年班的生源也遇到了困难。原因何在呢？依我看，是由于仍然因袭传统的办法来办少年班，不是少年班不好，而是办少年班的方法有问题；不是没有生源，而是旧的条条框框堵塞了优秀少年的道路。

针对少年试验班存在的问题，我认为应当从以下几个方面进行改革试验：

年龄应当大大提前。如，规定少年班招收15周岁以下的学生，实际上大多数都是招收14岁和15岁的学生。这样实际上只是起到了提前上大学的作用，而达不到超前开发创造力的目的。我认为，上限不应超过13岁，下限可以到7岁或8岁。如果以13岁为起点，经过一年预科学习，18岁大学毕业，24岁就可以获得博士学位。与传统的培养办法相比，不仅整个学制缩短了5年，而且由于智力得到较早的开发，有望培养一批在30岁左右就能有突出成就的科学家。

改革招生办法。我国少年班是按照全国统一高考的办法招生的，略微不同的是只考其中的部分课程，录取时单独划分数线。这就是少年班生源不足的原因，因为考生不仅要受到传统考试科目的限制，而且还要受到学历或年龄的限制（初中生不能报考）。

选拔少年班的学生，一定要用新的考核方法，不能因袭传统的那一套。为此，我建议：少年班招生不应参加全国统一高考，应当个别考核或单独为少年班举行一次考试；不能按照传统的科目和试题考试，应当既考试知识，又考核能力；不能单纯按分数录取，应当进行面试，建立评价智力的新体系，按智力录取学生。因此，少年班的招生工作决不只是完成招生数字的问题，而是关系到考试科目、命题、评分、面试和录取等一系列环节的问题，要不然，优秀的尖子人才是选拔不出来的。

培养办法一定要走新路。少年班的招生工作固然很重要，但它只是为培养作准备，他们能否成为创造型人才，关键还在于培养。各校培养少年班的做法大同小异，其基本做法是招收专业班，如数学、计算机软件、物理等。然后用一年的时间补习或加强某些课程，一年后归属到有关的系与同年级的普通班学生一起上课。从这个安排看，少年班与普通班没有什么区别。仅仅是提前进大学补习功课，甚至连提前毕业的目的也未必能达到。他们虽然提前一年上大学，但补一年功课后，他还是跟当年进校的新生上课。很明显，这种少年班没有在培养上认真试验，没有跳出培养人才的旧模式。

少年班不仅仅是为了培养一批年轻的大学生，而应以培养创造型人才为目标。因此，应当按照创造教育原则，重新设计少年班的培养计划，要走一条不同于现在大学生培养的新道路。这个新的培养计划应当包括以下几个要点：

一是要尊重学生的兴趣，真正贯彻因材施教的原则。不要按行政划分班级，要根据不同年龄、兴趣和智力建立学习研究小组，不要求人多，有多少是多少，甚至可以实行个别教学。

二是要实行一年预科制。在预科期间，主要是强化语文阅读、理解和写作能力，强化一门外语和学习方法的训练。经过一年预科，要养成自学的习惯，学会独立思考和学习的方法。

三是要实行课程公开，自由选课。在教师指导下，设计每个学生的合理的知识结构，选学能发挥学生才能的最有用课程，无用的课程坚决不学。实行学分制，以学分计量学业成绩。

四是要改革旧的教学方法和考试方法。坚持以自学为主，提倡独立思考。废除死记硬背的考试，主要是考核学生理解、应用和创新的能力。

五是要把科学研究贯穿在学习的全过程中，为他们开展研究创造必要的条件。

六是要配备得力的导师，指导他们的学习和研究。这些导师应当思想解放，在科学研究上有成就，具有良好的科学方法，要有识别和培养创造型人才的能力。

以上几点，是培养创造型人才最起码的要求，也是办好少年班的基本措施。我国少年班存在的某些问题是前进中的问题，只要我们坚持改革创新的精神，一定能够开创少年班的新局面，并且使它成为高等教育改革的试验田，成为培养创造型人才的基地。

第三节　为了21世纪

21世纪已经来临，从现在开始，世界各国特别是发达国家，都在认真地研究对策，迎接新世纪的挑战。

人们预计，21世纪将是新的技术革命向纵深发展的时代，是高度“科学化、专业化、技术化、信息化”的时代。在21世纪，人们在探索宇宙、认识生命本质、揭示微观世界奥秘和改造环境等方面，将取得更大的突破。新技术的开发，将会出现更多的新兴的技术密集产业，给人类创造出更丰富、更舒适、更有利于健康的物质文明。信息的高度发达，不仅成为学习、研究、管理和决策不可缺少的手段，而且将使世界联系得更紧密。这个时代，当然是一个高度发达的时代，是一个美好的社会，会给人们带来幸福和欢乐。但与此同时，高度发达的社会又带来了另一方面的问题，这就是竞争更激烈了，对人的素质要求更高了。

古人说：“十年树木，百年树人。”这就是说，教育是一种“超前”的事业，它只有走在时代的前面，才能适应时代的需要。正因为如此，世界各发达国家都在着手制订发展教育的战略规划，大力推行教育改革，为迎接21世纪的挑战培养和储备人才。目前，在世界范围内，已经形成了一个人才开发的浪潮，它与新技术革命的浪潮相互激荡，一浪高过一浪。作为这个浪潮的特点，反映在以下十个方面：

一是在一些工业发达的国家里，70%至90%的生产率增长是靠劳动者的教育水平和掌握科学技术的能力。因此，各国智力投资迅速增长，有些国家的教育经费开支已经仅次于军费开支。

二是努力提高全民的教育水平，大力培养高级专门人才，培养高技术专门人才。美国已经普及了高等教育，其他发达的国家也基本上实现了这一目标。

三是大力推进创造教育，实行早期教育，重视超智教育。美国几乎每个州都建立了创造教育中心，日本建立了三十多所星期日发明学校。

四是大力推广职业教育或终生教育。日本88%的企业都实行了企业内的职业教育。美国80%的企业公司，都制订了科技人员的进修计划。

五是大力引进和招揽世界人才。很多国家都提出要培养“国际通用人才”，国与国之间争夺优秀人才的状况也日益加剧。美国从1949年到1969年，从发展中国家引进了14.3万高级专门人才；在20世纪60年代的科学院院士中，有1/4是外国出生的科学家。

六是加强教学设备现代化建设。计算机辅助教学正在向普及方向发展，卫星教育已在不少国家被采用。

七是提高教师地位，增加教师的工资，培养和提高教师的教学技能，加强教师队伍的建设。

八是加强教育未来学的研究，对未来人才的需要与培养进行预测，特别是对未来高技术所需要的人才进行预测，如新能源、新材料、激光工业、机器人、光导纤维、生物工程、仿生电子学以及太空技术等。

九是加强教育科学的研究，为制订有利于智力开发的教育政策提供决策的依据。

十是全面进行教育改革，树立新的教育观和人才观，建立新的教育运行机制，采用新的教学内容和方法。

当前，我国正在进行现代化建设，开发人才的浪潮也已经波及各个部门。从城市到农村，从现代化的大型企业到专业户，都在谈论人才，都在寻求人才。在这种形势面前，教育工作怎么办？邓小平同志在1983年指出：“教育要面向现代化，面向世界，面向未来。”这是我国教育当前的发展方针，也是今后教育发展的方向。“三个面向”的核心是教育要面向现代化，这是因为教育的目的是要为建设现代化服务，而面向世界和面向未来也还是要促使我国现代化早日实现。教育面向现代化包括两层意思：一是教育要为现代化建设服务；二是教育要全面改革，实现自身的现代化。教育要面向世界也包括两层意思：一是要吸收世界先进的科学知识，借鉴外国的一切有益的教育制度和做法，广泛开展国际教育交流与合作；二是培养在国际上具有竞争性的人才，也就是所谓的国际通用人才。教育要面向未来，一是指对未来所需要的专业人才进行预测，做到未雨绸缪；二是指对未来教育模式进行研究，做到随着时代的发展，使现代教育向未来教育转变。总之，“三个面向”是辩证统一的，是相互促进的。

贯彻“三个面向”的思想，是教育适应21世纪需要的重要战略思想。当前，教育上存在的问题很多，一些具体问题也应当逐一解决。但是，当务之急还是全面推进教育改革，只有改革才能促使具体问题得以解决，只有改革才能开创教育工作的新局面。在这场改革中，最主要的是彻底转变从领导到群众，从学校到社会的教育思想观念，建立新的人才观和价值观，以培养创造型人才为总目标。坚决打破僵化的大一统的教育体制，实行教育独立、学校自治，要办不同风格的学校，造就不同风格的人才；建立崭新的教育机制，把竞争引入到教育的各个环节，增强教育与经济、社会发展相适应的能力。如果按照这个方向来改革，我国的教育是大有希望的，人才匮乏的状况也会从根本上解决，大批优秀的创造型人才也将源源不断地涌现出来。

21世纪是世界巨变的时代，是创造教育的世纪，是我们伟大的祖国腾飞之时。让我们以创造的姿态，迎接更加美好的未来吧！

主要参考文献

1. [美] S. 阿瑞提，著．创造的秘密 [M]．钱岗南，译．沈阳：辽宁人民出版社，1987.

2. [美] 特丽萨·M. 艾曼贝尔，著．创造社会心理学 [M]．方展面，文新华，胡文斌，译．上海：上海社会科学院出版社，1987.

3. 周昌忠，编译．创造心理学 [M]．北京：中国青年出版社，1983.

4. 陈树勋，著．创造力发展方法论 [M]．台北：中华企业管理发展中心，1985.

5. [日] 藤永保，编．创造性幼儿教育 [M]．莫伽，译．长春：吉林人民出版社，1984.

6. [日] 藤井康男，著．怎样使你更聪明：人怎样使用自己的右脑和左脑 [M]．王珺，译．北京：国际文化出版公司，1988.

7. [日] 畠山芳雄，著．人才培养百原则 [M]．鲁军，等编译．北京：生活·读书·新知三联书店，1988.

8. 朱智贤，林崇德，著．思维发展心理学 [M]．北京：北京师范大学出版社，1986.

9. 智力问题资料汇编 [C]．华中师范学院智力问题研究小组，1980.

10. 怎样培养创造型人才．哈尔滨师范大学教育科学研究所情报研究室，1985.

11. 赵振清，等．成才之路 [M]．北京：中国广播出版社，1981.

12. 彭文晋，编著．人才学概说［M］．哈尔滨：黑龙江人民出版社，1983.

13. ［苏］巴拉诺夫，等．教育学［M］．李子卓，等译．北京：人民教育出版社，1983.

14. ［美］A.C. 奥恩斯坦，著．美国教育学基础［M］．刘付忱，等译．北京：人民教育出版社，1984.

15. ［美］欧内斯特·博耶，著．美国大学教育——现状、经验、问题及对策［M］．上海：复旦大学出版社，1988.

16. 黄济，著．教育哲学［M］．北京：北京师范大学出版社，1985.

17. 刘道玉，等著．高等教育改革的理论与实践［M］．武汉：武汉大学出版社，1986.

18. 柏拉图，等著．教育的艺术［M］．台北：志文出版社，1985.

19. 吕俊甫，著．教育与人才［M］．台北：台湾商务印书馆，1973.

20. 张建邦，等．知识的爆发［M］．台北：惊声文物供应公司，1971.

21. 陈英豪，吴铁雄，简真真，著．创造思考与情意的教学［M］．高雄：复文图书出版社，1982.

22. ［美］S.E. 佛罗斯特，著．西方教育的历史和哲学基础［M］．吴元训，等译．北京：华夏出版社，1987.

23. 孙振青，著．知识论［M］．台北：五南图书出版公司，1982.

24. ［英］约翰·密尔，著．论自由［M］．程崇华，译．北京：商务印书馆，1986.

25. ［英］培根，著．培根论说文集［M］．水天同，译．北京：商务印书馆，1987.

第1版跋语

当我写完本书最后一个字的时候，一块石头终于从心里落了下来。但是，我并没有因此而感到轻松了许多，而是更加勾起了许多心事。

我自幼立志发明创造，寒窗苦读20载，也是为着创造。可是，正当而立之年，某种误会的原因，使我过早地脱离了科学实验研究。后来，又先后被委任以教育部高等教育司司长、大学副校长和校长，历时15个春秋，更是无法实践创造之梦。于是，我只能把全部心血倾注在我的那些可爱的学生们身上，衷心地渴望他们成为创造之才。炽热之情，使我萌发撰写《创造教育概论》一书，此念存心已8年之久，虽苦思良久，但终无暇动笔。只是在我被免职以后，才因祸得福，始能了却此愿。

本书的写作过程，是我进一步学习的过程，也是对我所经历的教育改革道路的某些回忆。其中，既有学习国内外论著的心得，也有个人的一孔之见；既有教育改革的经验总结，也有我的切身感受。我的长子刘维宁博士得知我要写作此书时，从大洋彼岸投书支持，他要我"写真情，说实话"。此愿颇合我意。我想，本书基本上体现了我的这一初衷。

我要特别提到的是，我在写作中，参阅了很多国内外学者们的论著，颇受启发，引用了不少的观点和资料，在此，谨向他们致以谢忱。武汉大学高教所的卫道治、李兴业、尚志超、韩桂芳、洪秀丽等同志，分别为我收集和提供了不少资料，我要借此机会，向他们表示衷心的感谢！在我的写作过程中，还有不少单位和许多热情的朋友们表示了极大的关心，或在精神上予以鼓励，或提供写作条件，在此一并鸣谢，并铭记不忘！

由于作者学识有限，成书仓促，疏误之处在所难免，敬请读者指正。

最后，我愿将此书献给一切有志于发明创造的朋友们！如果此情能得到广大朋友们的理解与共鸣，也许是我所能得到的最大快慰了！

作者谨识

1989年1月22日

于北京铁狮子胡同

后　记

这套“创造教育书系”是我创造教育研究的合集，包括了我二十余年来的教育研究成果。这几本书的内容，基本上可以反映出我研究创造教育的经历和思考的脉络。我毕生从事教育工作，执著于创造教育的研究与实践，这套书凝结了我大半生的心血，它们聚结出版，终于了却了我多年的夙愿。

需要说明的是，这套图书并不是从一开始就设计好的完整计划，而是随着我学习与研究创造教育的深入而不断拓展的，因此，它们在时间、实践性和体系上都不相一致。其中，修订出版的四本书，时间跨越 20 年，涉及四家出版社，他们为图书的编辑、修订、校对和勘误都做了大量的工作。因此，当它们修订出版时，我要向湖南教育出版社责任编辑陈民众（后任总编辑），中国青年出版社副社长陈绍沛、责任编辑李丕光，湖北教育出版社社长娄齐贵、责任编辑尚甫署，武汉大学出版社前社长江建勤、责任编辑陶洪蕴等人表示衷心的感谢！

感谢这套图书的责任编辑夏敏玲、陶洪蕴，她们工作认真、严谨、细心，为这套书的出版做了大量细致的工作。

这套书虽几经修订出版，但难免还存在疏漏之处。因此，希望教育界的同行和读者不吝指正。

我希望把这套书献给致力于研究和实践创造教育的同仁，献给一切有志于从事发明创造的广大青少年们！

刘道玉　谨识

2008 年 8 月 5 日

于寒宬斋